ESTRELA BREVE

Apoio à pesquisa FAPESP

Leila V. B. Gouvêa

※ ESTRELA BREVE ※

Lupe Cotrim: uma biografia literária

SUMÁRIO

APRESENTAÇÃO • 7

POESIA E FILOSOFIA
1 Na sala de aula • 15
2 Uma batalhadora elegante • 42
3 Na terra de Neruda • 61

A PROCURA DA POESIA
4 Ser escritora • 89
5 Flores vermelhas no vento • 115
6 Ser poeta • 126

NO LIMIAR DA INVENÇÃO
7 Poesia até o fim • 175

ANEXOS
O lamento de Caio Fernando Abreu
[excerto de uma carta] • 260
DESPEDIDA • Hilda Hilst • 261
LUPE, RÁPIDA • Carlos Drummond de Andrade • 262
LUPE, A LUZ • Helena Silveira • 265
TODO POETA… • Renata Pallottini • 266
LUPE COTRIM GARAUDE • André Carneiro • 267
UM CRAVO AZUL PARA LUPE • Urbano Tavares Rodrigues • 269

LUPE COTRIM, UMA CRONOLOGIA • 271
BIBLIOGRAFIA • 279
ÍNDICE ONOMÁSTICO • 300
POSFÁCIO • TELÊ ANCONA LOPEZ • 310
AGRADECIMENTOS • 312
SOBRE O LIVRO • YÊDDA DIAS LIMA • 314
SOBRE A AUTORA • 315

APRESENTAÇÃO ✺ No verão de 1970, encontrei casualmente a poeta Lupe Cotrim Garaude, então minha professora de Estética na Universidade de São Paulo, nas imediações da rua Maria Antônia. Estava com sua filha, Lupe Maria, na época com uns sete anos, e logo me cumprimentou com alegria e a simpatia de sempre. Conversamos por alguns instantes e ela se despediu dizendo: "Acho que em março a gente se vê". Referia-se ao calendário de retomada das aulas, que ela planejava, como sempre, seguir à risca.

Não nos vimos mais. Dias depois, os jornais noticiavam que Lupe, com apenas 36 anos, havia partido para a mais longa viagem, consternando os meios literários e acadêmicos, já então assombrados pelo Ato Institucional n. 5 e o advento dos "anos de chumbo". A mesma idade com que se foram outros poetas, como o já silenciado Rimbaud e Florbela Espanca.

Naturalmente, eu não poderia imaginar que, algumas décadas mais tarde, viria a reencontrar a poeta e intelectual inquieta Lupe Cotrim, como tema de um pós-doutorado no Instituto de Estudos Brasileiros da mesma universidade (IEB-USP), onde, na condição de bolsista da Fundação de Amparo à Pesquisa do Estado de São Paulo (Fapesp), me tornei sua biógrafa além de curadora de seu acervo, organizando e catalogando os seus papéis. Nesse período, pude estudar a sua refinada poesia lírica, enfeixada em sete livros, que mereceram destacada recepção da crítica da época. Uma produção desafortunadamente interrompida, quando a escritora reunira a experiência e o repertório de recursos que a colocavam no limiar de um salto criador – o que é possível depreender, sobretudo, na leitura de suas duas últimas coletâneas, *Inventos* (1967) e *Poemas ao outro* (1970 – publicada meses depois de sua morte e triplamente premiada),[1] livros que ela considerava inaugurais de uma nova fase poética.

---

1 • Concorrendo com obras dos mais importantes poetas de seu tempo, *Poemas ao outro* recebeu o prêmio Governador do Estado, o de Poesia da Fundação Cultural do Distrito Federal e, postumamente, o Jabuti.

Resultante de minha pesquisa, *Estrela breve – Lupe Cotrim: uma biografia literária* procura dar conta da trajetória de alguém que foi cedo mordida pelo "demônio da literatura", como disse Dinah Silveira de Queiroz, amiga e incentivadora de Lupe. Aos 12 anos, a leitora de Shakespeare e Machado de Assis comunicava ao pai o seu projeto de tornar-se escritora e, aos 19, transmudava-o no de "ser poeta" – *télos* desde então de sua breve vida.

Em sua procura da poesia e de uma dicção autoral, Lupe Cotrim buscou também a Faculdade de Filosofia da USP, então na rua Maria Antônia, onde se nutriu das filosofias da existência de Heidegger e Merleau-Ponty, acercou-se do pensamento ainda emergente de Foucault e Barthes, do estruturalismo ascendente de Lévi-Strauss, e sorveu a sua porção de Marx. Ali desenvolveu empenhados estudos com o intuito de adensar a sua "concepção do mundo", pesquisar uma nova linguagem poética e depurar sua escrita, já econômica e contida, de modo a dizer de maneira mais limpa e moderna aquela preocupação com o homem (ou "o Homem"), latente desde as primeiras tentativas literárias.

Da mesma "geração" de Hilda Hilst, Renata Pallottini ou Rubens Rodrigues Torres Filho – como ela, poetas de formação filosófica –, Lupe cultivou o diálogo e a troca de cartas com escritores, principalmente com Carlos Drummond de Andrade, o maior interlocutor epistolar de sua vida breve. O poeta não lhe poupou estímulos: "que venha o livro anunciado, com seus novos belos poemas"; ou: "Fico à espera da publicação [...], em que pressinto a boa poesia que seu avanço constante está prometendo", escreveu-lhe Drummond, a propósito de seu sexto livro, então em preparo, *Inventos*.[2]

A intelectual sintonizada com seu tempo iniciou um doutorado em Estética, sob a orientação da professora Gilda de Mello e Souza, chegando a

---

2 • Cartas de Carlos Drummond de Andrade a Lupe Cotrim, 25 ago. 1966 [FLCG-IEB]; e 8 set. 1965 [original Fundação Casa de Rui Barbosa, cópia IEB]. A correspondência entre os dois poetas, cujos originais em sua maior parte encontram-se sob custódia da FCRB, no Rio de Janeiro, inclui cerca de cinquenta documentos, dos dois lados.

ministrar a disciplina nos primeiros anos da atual Escola de Comunicações e Artes da USP (ECA), cujo centro acadêmico leva o seu nome.

A sua condição de escritora, poeta, professora formada em Filosofia lhe permitiu enfrentar, melhor do que ninguém, [os desafios da nova escola e a busca] de uma relação viva com o contemporâneo, conduzindo um diálogo intenso com os estudantes onde se exprimiam toda a sua sensibilidade e seu modo peculiar de estar no mundo,

lembrou recentemente um de seus alunos, o professor e crítico Ismail Xavier, justificando a homenagem dos estudantes ao batizarem com o nome da professora-poeta o centro de representação discente da escola.[3]

As quase duas décadas em que Lupe Cotrim escreveu a sua lírica (1952-1970), entre as vésperas do governo JK e a ditadura, constituíram um período de alta efervescência na vida político-cultural do país, e do mundo, com fortes ressonâncias na literatura brasileira. Na poesia, havia, de um lado, a "geração de 1945", que reintroduziu as formas fixas, especialmente o soneto, e se afastou de práticas do modernismo de 1922, como a dicção prosaica, o verso *pour épater* e o humor; de outro, as vanguardas estéticas que emergiram na cena literária desde 1956, com a Exposição Nacional de Arte Concreta, e depois o grupo da revista *Tendência* (1957), o neoconcretismo (1958), o movimento Práxis (1962) ou o poema/processo (1967). Tempos em que, com os desdobramentos da poesia concreta, a própria sobrevivência do verso estava ameaçada, e o lirismo, em alguns círculos, era (ainda é?) olhado de soslaio.

Lírica de raiz, Lupe deixou-se impregnar inicialmente pelo subjetivismo formalista e pelo apego ao sublime dos poetas de 45. Contudo, em sua busca pertinaz de um caminho próprio e independente, transitou do lirismo confessional e intimista dos primeiros versos aos poemas de viés participante e de crítica social, onde desponta um engajamento em linguagem elíptica e antioratória, principalmente os de seu último e premiado livro,

---

3 • Comunicação apresentada no seminário *Ser poeta: Lupe Cotrim, 40 anos depois*, realizado no IEB-USP, em 23 mar. 2010.

Poemas ao outro – decerto uma ressonância da "exigência ética sentida por toda a cultura brasileira", nos anos 1950-60.[4]

Lupe Cotrim considerava-se "poeta pós-drummondiana" – "filha" literária, algo rebelde, é verdade, da poesia reflexiva do mineiro –, e se empenhou em aprender com a "nova objetividade" e a escrita concisa de João Cabral de Melo Neto. Em sua última fase, a partir principalmente da leitura dos dois autores brasileiros e da poética da "volta às coisas" do francês Francis Ponge – que perseguia o desvendamento do "ser da linguagem das coisas" [5] –, andou pesquisando a viabilidade de uma sorte de "poesia fenomenológica", que já havia de algum modo ensaiado em um livro do meio do caminho, *Cânticos da terra* (1963). Em suas reflexões sobre a linguagem, é como se Lupe tencionasse encerrar a vertente "explicativa" de sua lírica, em prol de uma escrita descritiva, fenomenológica.

Tomando como pano de fundo os anos de "esperança" de 1950 e as turbulências políticas, universitárias, culturais e estéticas da década de 1960, *Estrela breve* procura reconstruir a trajetória das buscas poéticas de Lupe Cotrim, o seu itinerário literário e intelectual, não isento de corajosos posicionamentos contra as injustiças e o arbítrio; e também recuperar o seu percurso humano, movido por uma personalidade ímpar e uma sensibilidade singular. Nessa narrativa, norteada pela tentativa de compreensão de sua poesia, optei por um tratamento da temporalidade não linear. O texto se abre com o ingresso de Lupe na Faculdade de Filosofia, Ciências e Letras da USP, em pleno período de "impasse" em sua lírica, ainda durante o governo João Goulart; a segunda parte recupera a infância da escritora e o seu projeto de "tornar-se escritora" e, depois, poeta; a parte final percorre os anos de maior produtividade intelectual de Lupe Cotrim, com a escritura de seus talvez melhores poemas, o início de uma produção ensaística e sua passagem meteórica, porém marcante, como docente da ECA-USP.

4• Alfredo Bosi. *História concisa da literatura brasileira*. São Paulo: Cultrix, 1970, p. 523.
5 • Leyla Perrone-Moisés. *Inútil poesia*. São Paulo: Companhia das Letras, 2000, p. 78.

O projeto de pesquisa de pós-doutorado que resultou neste ensaio biográfico desdobrou-se, em seu término, em um tríplice evento, denominado *Ser poeta: Lupe Cotrim, 40 anos depois*, realizado no IEB-USP, em 23 de março de 2010. Primeiro, um seminário sobre obra e vida da escritora, aberto pela professora Ana Lúcia Duarte Lanna, então diretora do Instituto, com comunicações dos professores, críticos e escritores Ismail Xavier, Luís Milanesi, Waldir Ferreira, Fábio Lucas, Telê Ancona Lopez, Eduardo Peñuela Canizal, Anamaria Fadul, Renata Pallottini, Carlos Felipe Moisés, Manuel da Costa Pinto e César Leal.[6] O encontro foi encerrado com depoimentos da escritora Lygia Fagundes Telles, amiga próxima de Lupe Cotrim nas décadas de 1950 e 60, e do filósofo e professor emérito da USP José Arthur Giannotti, com quem a poeta era casada. A segunda face do evento consistiu em um recital com a primeira apresentação de três do ciclo de seis canções criadas, com apoio da Fapesp, especialmente pelo grande compositor José Antônio de Almeida Prado – que lamentavelmente nos deixou, em 21 de novembro de 2010 – sobre poemas do bestiário *Cânticos da terra*, de Lupe Cotrim. Elas foram interpretadas pelo barítono Pedro Ometto e pelo pianista Eduardo Tagliatti – talentoso e jovem instrumentista também desaparecido em 2010. Por fim, foi aberta a exposição, na Sala Marta Rossetti Batista do IEB, com documentos e imagens do acervo da escritora, mantido sob custódia do Instituto.

São Paulo, dezembro de 2010

---

6 • Este poeta enviou o seu texto do Recife, onde mora. [Parte das comunicações apresentadas foi publicada no número 15 da *Revista ARS*, da ECA].

Lupe Cotrim Garaude   S. Paulo, 3 st 63

Caríssimo amigo e poeta Carlos

Há muita saudade, nas amizades reais depois de hoje comum. Fiquei contente p/ você tivesse gostado do meu estar entre os bichos. O meu livro novo será lançado ainda êste ano, espero.

Enquanto isso — novidades: entrei na faculdade de Filosofia, há anos que eu e minha vida morrendo de sonho. Minha realização como poeta só se efetivará na medida da minha compreensão do mundo — quero dar-lhe a objetividade de que necessita. Você irá se surpreender como é admirado e querido entre os professores (todos jovens, cultos, inteligentes, um Brasil de coragem a nossa esperança) sua poesia é sentida e entendida lá no fundo.

Em outubro irei mesmo ao Rio — estará conosco um gde professor francês de filosofia que quer conhecer essa beleza aí — espero que você nos "receba". Além do mais, o importante para mim é revê-lo e reconfirmar tôda a admiração e carinho de sempre. 3 abraços,   Lupe

Estive com poeta entre filósofos. Juca escreveu um poema chamado "Paisagem numa aula de filosofia" pra nós podermos fazer com êle. Ficaram estasiados e encantados. — abraços.
                                        L

Carta em que Lupe comunica ao amigo Carlos Drummond de Andrade
ter entrado na Faculdade de Filosofia da USP, em busca de sua "realização como poeta" •
1963 • Original, FCRB • cópia FLCG-IEB

1. NA SALA DE AULA ✹ Março de 1963. Com o restabelecimento do regime presidencialista por ampla maioria no plebiscito de janeiro, o governo de João Goulart inscrevia as "reformas de base" na agenda de debate nacional, polarizado entre "progressistas" e "reacionários". A União Nacional dos Estudantes (UNE) assume a vanguarda na defesa das reformas, sobretudo a da educação, que visava acabar com o analfabetismo e disseminar universalmente ensino público de qualidade; e a agrária, que propunha a distribuição de terras dos latifúndios aos camponeses. O clima geral do país se dividia entre a esperança dos que apoiavam as propostas de combate ao "subdesenvolvimento" e a desconfiança dos conservadores e "pró-imperialistas" que as execravam.

No prédio da rua Maria Antônia, na Vila Buarque, centro de São Paulo, onde o debate em prol das reformas atingia o paroxismo, a sala do primeiro ano do curso de Filosofia já se encontrava apinhada de calouros, à espera da primeira aula, a ser dada pelo professor Bento Prado Júnior. Entre mais de cem candidatos inscritos nos exames eliminatórios, apenas 23 tinham sido aprovados. A ruidosa algaravia dos jovens estudantes quase silencia, por um momento, com a entrada de uma mulher mais madura, de impressionante beleza. O vestido com estampas em azul pastel e os cabelos alourados realçavam os grandes e inquietos olhos verdes da retardatária. Tilintantes pulseiras num dos braços, sapatos de salto alto, perfume discreto, ela senta-se apressadamente no fundo da classe e, caneta à mão, abre um volumoso fichário. Com gestos apressados, nervosos, logo acende um cigarro. "É a poeta Lupe Cotrim...", sussurra um estudante em uma das rodas de conversa. "Quem?" "Lupe Cotrim Garaude." Mesmo que não tenha ouvido, por sorte não foi chamada de "poetisa", o que abominava, replicando sempre à queima-roupa, com sua fala rápida, o sorriso aberto e o olhar brilhante, não isento de uma ponta de timidez: "Poetisa? Poetisa é a mulher do poeta...".[7]

---

[7] • Boa parte da reconstituição dessa cena se deve a lembranças da professora Anamaria Fadul, colega de Lupe Cotrim no primeiro ano de Filosofia, a quem agradeço pelos depoimentos.

Lupe no lançamento de seu terceiro livro,
Entre a flor e o tempo • 1961 • FLCG-IEB

Maria José Cotrim Garaude, nos documentos civis, era já conhecida de meio mundo como Lupe, o apelido de infância, depois nome social e literário. Até poucos meses antes, apresentava no antigo canal 2 da televisão paulista o programa "A semana passada a limpo", ao lado do jornalista e escritor Joaquim Pinto Nazário. Ali o duo fazia a resenha semanal dos principais acontecimentos na política, na literatura, nas artes. Comentavam, analisavam, discutiam, entrevistavam. Eventos como a aposentadoria de Carlos Drummond de Andrade no Departamento do Patrimônio Histórico e Artístico Nacional, em 1962; a última exposição de Wesley Duke Lee ou de Clóvis Graciano; o lançamento do livro *Revolução e contra-revolução no Brasil*, de Franklin de Oliveira, na época colaborador do governo gaúcho de Leonel Brizola, viravam assunto no semanário televisivo de Lupe e Joaquim. Ela tivera, antes, outra passagem pela televisão paulista, ao lado da escritora e jornalista Helena Silveira, produzindo e apresentando "Mulheres confidencialmente". Os programas só fizeram aumentar a notoriedade da jovem poeta, já então presença assídua nas páginas literárias e, ao mesmo tempo, nas colunas sociais de São Paulo e do Rio.

Com quatro livros de poesia lírica publicados, o quinto a caminho, aos trinta anos recém-completados e com uma filhinha de meses, Lupe não hesitara em prestar os dificílimos exames para o ingresso na então Faculdade de Filosofia, Ciências e Letras da Universidade de São Paulo (USP), em 1963. Com a intrepidez característica, não se intimidou ao enfrentar a banca de, embora jovens, severos e sisudos professores, encabeçada por José Arthur Giannotti. Insatisfeita com o que tinha escrito até então, estava decidida a buscar nos estudos de Filosofia fundamentos que a ajudassem a repensar a efusão do eu lírico em sua escrita; a refletir sobre a linguagem, guindada então ao primeiro plano da atenção de número crescente de poetas (e de filósofos). Determinada, ainda, a passar a limpo a baudelairiana busca, como que numa contrapartida ao turbilhão interior, de *ordre et beauté* soletrada na ARS POÉTICA de seu segundo livro; e aquele empírico humanismo, entranhado aqui e ali em sua poesia desde os primeiros volumes – a detectada "raiz comum", título de seu segundo livro, que afinal enlaça todos os seres humanos numa mesma condição. Recorrente preocupação com o "Homem", por vezes grafado em maiúscula:

> Mas é do futuro,
> é do instante que serve
> a continuidade da vida
> [...]
> que desejo o meu poema.
>
> O Homem,
> sofrido a prosseguir
> na eternidade construída –
> – eis o meu tema.
> ARS POÉTICA • *Raiz comum*

Chegava, enfim, à Faculdade de Filosofia movida pela busca de uma nova dicção poética, que a libertasse de vez das ressonâncias engalanadas da "geração de 45" – "imponência maníaca dos ritos poéticos tão frequente agora na poesia brasileira", percebera Mário de Andrade ainda no final de 1944, pouco antes de morrer.[8] E pelo desejo de compreender melhor o país e o mundo, naquela fase de ebulição extraordinária que, no Brasil, fazia emergir desafios e esperanças por toda parte, em meio aos mais acalorados debates e polêmicas sobre a "realidade brasileira", o imperialismo ianque e as raízes do "subdesenvolvimento". Num clima de certa utópica euforia entre trabalhadores, intelectuais e artistas, era como se o país pudesse começar a ser reinventado no dia seguinte; cultivava-se como que um sonho para amanhã.

Na considerável biblioteca que tinha em casa ou pelos empréstimos de amigos, lia de tudo: além de muita poesia e ficção, psicanálise, um pouco de sociologia, os diálogos de Platão. Tinha acabado de descobrir *Histoire de la*

---

[8] • Mário de Andrade, GERALDO VIDIGAL, em Geraldo Vidigal, *Predestinação*. São Paulo: Martins, 1944. p. 7-19.

folie, de Michel Foucault, e vinha buscando em Erich Fromm, autor muito lido na época, a alternativa (possível?, perguntava-se) de um "socialismo humanista". Três anos antes, tinha devorado e anotado, com múltiplos comentários, um ensaio então obrigatório, *O segundo sexo*, de Simone de Beauvoir, na edição em dois volumes traduzida por Sérgio Milliet, publicada quando a autora passou uma temporada no Brasil com seu companheiro, o filósofo Jean-Paul Sartre, em 1960. Chegou até a elaborar, a pedidos, um resumo da obra para debates no Sindicato dos Jornalistas de São Paulo. E quantas histórias sobre a passagem do casal de existencialistas franceses Lupe ouviu de duas de suas maiores amigas, Lygia Fagundes Telles e Helena Silveira, que tinham até jantado com Simone no restaurante Ca D'Oro, então na rua Basílio da Gama, a poucos passos da ainda amena praça da República.[9] Sentiu não ter encontrado sua autora, mas o importante era que *O segundo sexo* vinha ao encontro do que, há tempo, ruminava sobre o desafio de emancipação da mulher dos papéis impostos pelas "estruturas" (palavra da moda) da sociedade patriarcal. Um dos poemas de sua segunda coletânea, *Raiz comum* (1959), um soneto, não deixava de convergir, *avant la lettre*, para algumas reflexões feministas de Simone de Beauvoir. Como a de que não seria "aumentando o seu valor humano" que a mulher, na lógica patriarcal, poderia se valorizar aos olhos dos homens, mas sim "moldando-se aos sonhos deles", sublinhara em vermelho nas margens do livro da francesa. Ainda em linguagem velada, ressonância decerto de suas pesquisas da lírica trovadoresca, escreveu Lupe:

> O teu amor decorre na procura
> da mulher ideal, de tudo ausente,
> que existe sem passado, e que consente,
> em ver-se como a vês, clara ou impura. [...]
> NAU DE ASSOMBRO – III • *Raiz comum*

---

9 • Helena Silveira. *Paisagem e memória*. Rio de Janeiro: Paz e Terra, 1983, p. 214-215; e entrevista de Lupe Cotrim a Leila Marise, *A Nação*, [Rio de Janeiro], s.d.

Mas o que mais importava, agora, era a convicção de que os estudos na USP ajudariam a abrir um caminho novo para sua poesia. Na encruzilhada de trilhas poéticas de vanguarda que se abriam à sua frente – poesia concreta, neoconcretismo, movimento práxis, afora uma nova florada do surrealismo, e com a paternalista e estetizante "geração 45" na retaguarda –, nenhuma a atraía como alternativa. O seu caminho, lírico de raiz, teria de ser outro, próprio. Não demorou a segredar ao já então amigo e correspondente fiel, Carlos Drummond de Andrade, o seu preferido entre todos os poetas:

> Entrei na faculdade de Filosofia, há anos que eu a vinha namorando de longe. Minha realização como poeta só se efetivará na medida da minha concepção do mundo – quero dar [à minha poesia] a objetividade de que necessita. [E comunicava:] Você não imagina como é admirado e querido entre os professores (todos jovens, cultos, inteligentes, um Brasil de causar a maior esperança). Sua poesia é sentida e compreendida lá no fundo.[10]

– talvez aí ecoando Lukács, para quem não pode haver composição sem "concepção do mundo". Do Rio, o autor de *A rosa do povo* não pouparia estímulos à amiga empenhada em "aumentar o equipamento cultural que tantos literatos desdenham, por preguiça".[11]

Quando Lupe entrou na faculdade da rua Maria Antônia, o professor José Arthur Giannotti, o mais temido dentre os membros da banca do exame oral, já preparava a sua livre-docência, embora contasse então pouco mais de trinta anos. O trabalho consistia em uma análise do pensamento de Feuerbach e do "jovem Marx", que resultaria no livro *Origens da dialética do trabalho*, logo classificado como exemplar pela "profundidade e o

---

10 • Carta de Lupe Cotrim a Carlos Drummond de Andrade, 3 set. 1963. *[Em Um departamento francês de ultramar* (Rio de Janeiro: Paz e Terra, 1994, p. 178), Paulo E. Arantes confirma essa predileção por Drummond entre os mestres filósofos.]

11 • Carta de Carlos Drummond de Andrade a Lupe Cotrim, 8 set. 1965.

rigor".[12] Na época, Giannotti ainda partícipava do célebre Seminário sobre *O Capital*, que reuniu em torno da principal obra de Karl Marx jovens estudiosos que viriam a se tornar alguns dos mais influentes intelectuais do país: Fernando Novais, Fernando Henrique Cardoso, Ruth Cardoso, Roberto Schwarz, Octávio Ianni, Francisco Weffort, entre outros. Foi ele quem, "com aquele jeito de [...] missionário trazendo as luzes – um iluminista no sentido estrito", fundamentou "a discussão, na criação do grupo", lembraria mais tarde Fernando Novais.

> A questão na época era ser intelectual, acadêmico, universitário, de esquerda e insatisfeito com o marxismo soviético [...] e, portanto, insatisfeito com o marxismo partidário que estava em curso.[13]

Já famoso pelo rigor acadêmico e pela extrema independência intelectual, José Arthur Giannotti, com suas "obsessões lógicas" e perguntas incisivas, atemorizava os jovens pretendentes aos estudos filosóficos. Mas Lupe Cotrim não deixou se intimidar com aquele jeito severo e exigente. A poeta e o filósofo, dois piscianos de personalidade forte, encararam-se, e decerto bem se entenderam desde o início, apesar da vocação lírica de uma, e lógica do outro. Mais do que isso, acabariam por se apaixonar, casando-se em fins do ano seguinte, o fatídico 1964. Desde muito jovem espectador atento das artes e bom leitor de poesia, Giannotti mais tarde viria a ser reconhecido por alguns como o "primeiro filósofo brasileiro". Lembrou certa vez como conheceu Lupe, e o impasse lírico com que ela então se deparava:

> Eu a conheci no vestibular. Eu estava na banca quando obviamente fui obrigado a notar a presença e a beleza dela. [...] Lupe [procurou] a Faculdade de Filoso-

---

12 • João Paulo Monteiro. PROBLEMAS DA DIALÉTICA. *O Estado de S. Paulo*, São Paulo, 28 out. 1967, [Suplemento Literário].

13 • Entrevista de Fernando Novais. Em Flávio Moura e Paula Montero (orgs.). *Retrato de grupo – 40 anos do Cebrap*. São Paulo: Cosac Naify, 2009, p. 199-223.

fia com uma preocupação muito precisa: ela tinha percebido que sua poesia tinha chegado a um impasse, na medida em que o ímpeto lírico não era mais suficiente para que pudesse construir os seus poemas. E é preciso situar essa questão, porque Lupe participava de um processo da poesia brasileira, em particular paulista, que [...] tinha começado, de certo modo, a voltar a certos padrões mais tradicionais. Nós temos a geração de 1930, inegavelmente com grandes poetas, mas que perde a virulência da geração de 1922; temos a geração de 1945 em poesia, que é, certamente, um retrocesso em relação a essa virulência da modernidade já de 1930 e, em particular, à de 1922. [...] Havia um problema na produção de Lupe antes de 1963: justamente esse "desbalanço" entre a sua inspiração lírica, propriamente dita, e a necessidade de um método de cortar e de conformar essa inspiração a padrões mais enxutos. [...] É a partir desse momento que ela [passa a ter] consciência de que era aprendiz de poeta e precisava fazer um longo percurso [...] [a fim de] organizar a sua inspiração lírica [...].[14]

Longo e árduo percurso. Na criação literária e também na vida pessoal. Pouco antes de iniciar a nova etapa de estudos – aos 19 anos formara-se em biblioteconomia e cultura geral no Sedes Sapientiae, passando a estudar línguas e canto lírico –, Lupe separa-se do marido, o fazendeiro Mário Ribeiro Lima Filho, ou apenas Marinho, figura das mais queridas nas rodas boêmias paulistanas. Capaz, diziam os amigos, de conviver entre milionários ou entre o povo humilde com a mesma *nonchalance*, sempre transpirando a mesma "serena bondade". Aparentemente, pouco havia em comum entre a poeta e intelectual com ideias de esquerda e o *playboy* boêmio, apreciador do bom uísque – "mamadeira de criança grande e triste", disse certa vez Lupe –, amigo dos artistas, alguns anos mais jovem do que ela.

---

14 • Depoimento em *Lupe Cotrim – Simpósios em comunicações e artes*, n. 7. São Paulo: ECA-USP, 1990, p. 7-15.

Mal se conheceram, provavelmente em uma festa de verão no Guarujá, Marinho levou a namorada à fazenda Campo Verde, da família Simonsen, nas cercanias de Jundiaí. Sede, na década de 1960, de recitais, tertúlias e banquetes dignos de fazer inveja, se inveja pudesse se deslocar no tempo, aos promovidos nos salões modernistas dos anos de 1920. Guiomar Novaes, Sousa Lima, Haeckel Tavares, Anna Stella Schic, Yara Bernette, Bernardo Segall, Eleazar de Carvalho... Todos eles deram suas canjas no piano de cauda Zeitter & Winkelmann do salão Clair de Lune em Campo Verde, regidos pela animação insaciável e a pródiga generosidade dos proprietários, Victor e Dulce Simonsen, decididos decerto a transformar sua fazenda em uma interminável festa. Conta Dulce em suas memórias que até a bailarina russa Tamara Tumanova e artistas de Hollywood passaram por lá: Vivian Leigh, Debbie Reynolds, Earl Grant. Sem esquecer outras celebridades locais das mais diversas atividades, como o costureiro Dener – que na época desenhava as roupas das mulheres "mais elegantes" do país, inclusive as da primeira dama, Maria Teresa Goulart – ou o artista plástico Wesley Duke Lee, assíduos frequentadores. Até mesmo um grande barco chegou a ser ancorado no lago da festiva propriedade, para diversão dos hóspedes.[15]

Pois foi no salão Clair de Lune de Campo Verde, palco de exclusivos recitais, conferências e concertos, que Marinho Ribeiro Lima entrou com Lupe Cotrim Garaude pela mão, na noite de 16 de março de 1961, dia do aniversário de 28 anos dela, dizendo-se apaixonado e apresentando-a como sua noiva. Logo se uniram (Lupe ainda aguardava o processo de anulação de um casamento anterior, feito aos 21 anos) e foram morar em um apartamento da rua Luís Coelho, quase esquina da Augusta, decorado pela madrinha do casal, Dulce Simonsen, com antiguidades raras. Foi de Marinho que Lupe recebeu um presente de há muito ansiado: a *Obra poética* de Fernando Pessoa, na primeira edição da Aguilar. O volume encontra-se todo anotado e sublinhado por ela, especialmente nos "segmentos filosóficos"

---

15 • Dulce Ribeiro Simonsen. *Onde está Sherlock?*. São Paulo: Almed, 1985; e idem, depoimento em *Lupe Cotrim – Simpósios em comunicações e artes*, cit., p. 36-40.

do poeta português. Como em Alberto Caeiro: "[...] É preciso também não ter filosofia nenhuma/Com filosofia não há árvores: há ideias apenas. [...]". Tempos depois, ao estudar obras de Merleau-Ponty, como *O visível e o invisível*, o foco de suas marcas de leitura seria a produção pessoana que alude ao olhar: "O que nós vemos das cousas são as cousas. [...] O essencial é saber ver [...]."

Para Marinho, a poeta escreveu um soneto em decassílabos e alexandrinos. Por sinal, um dos últimos poemas nesse formato de uma safra iniciada com seu segundo livro, *Raiz comum*:

> Anjo barroco é a fonte do teu rosto
> e és fiel e grave como as crianças tristes.
> Pela tua alma de infância ainda persiste
> a pureza, na sombra de um desgosto.
>
> Teus olhos, de um castanho manso e denso,
> têm ternuras de terra e de brinquedo
> e teu riso é sonoro e sem segredo
> e em tudo és sempre o mesmo e sempre intenso.
>
> A vida te perturba. A tempestade
> que por vezes te rasga o sentimento
> vem da aurora de um mundo sem idade
>
> onde o homem solitário, na selvagem
> surpresa do primeiro sofrimento,
> tinha um deus ainda intacto em sua imagem.
> ANJO BARROCO • *O poeta e o mundo*

O "anjo barroco" estava ao lado de Lupe quando ela lançou, em 8 de junho de 1961, na Livraria Teixeira, em São Paulo, o seu terceiro livro, *Entre a flor e o tempo*. Concorrida tarde de autógrafos em que a poeta assinou

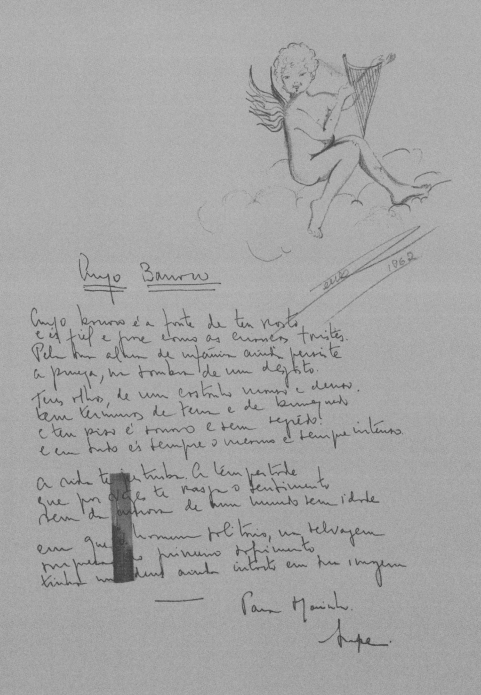

Manuscrito do poema *Anjo barroco*; no alto, desenho de Dener •
Álbum de família, pertencente a Lupe Maria Ribeiro Lima (Pupe) • cópia IEB

dedicatórias por mais de duas horas, "sem parar". Acorreram algumas das personalidades da vida cultural paulistana da época: Hilda Hilst – poucos anos antes de se refugiar no interior paulista –, Guilherme de Almeida, Mário da Silva Brito, Renata Pallottini, Ida Laura, Helena Silveira, Lygia Fagundes Telles, Wesley Duke Lee, Luís e Ana Maria Martins, Paulo Dantas, Joaquim Pinto Nazário, Lívio Xavier. Semanas depois, o lançamento do livro acontecia no Rio, em plena segunda edição do Festival do Escritor Brasileiro, promovido pela União Brasileira de Escritores no shopping Copacabana, do qual participaram Manuel Bandeira, José Lins do Rego, Dinah Silveira de Queiroz, entre dezenas de outros autores. Mas, se esteve com o autor de *Estrela da manhã* – citado na Poesia à imitação de Manuel Bandeira, de seu primeiro livro, e de quem receberia um exemplar autografado dos *50 poemas escolhidos pelo autor* –, daquela vez desencontrou o já velho amigo Carlos Drummond de Andrade. Não deixaria, contudo, de a ele relatar, em uma carta:

> Depois desse delírio carioca – em que não o vi – vou para uma fazenda meditar sobre as essências [referia-se à A Onça, herdade da família de Marinho voltada para gado e café, no sul de Minas]. Fui possuída de uma "mania vendedora", aliás até agora não entendi bem por que. Levar as coisas muito a sério conduz a algumas deformações. Não fiz nada, não conversei com ninguém, mas vendi 56 livros, o que para escritor brasileiro [...] foi ótimo. [16]

Contava ainda ter encontrado a filha do poeta, a escritora Maria Julieta, "muito simpática, com o olhar firme e incisivo, lucidez do pai". E não deixava de cobrar uma opinião sobre o tão autografado livro ou, ao menos, uma respostazinha "em versos". Avaliação sobre sua nova coletânea, propriamente não obteve, mas os versos, glosando os títulos de seus três primeiros livros,[17] chegaram pelo Natal de 1961:

16 • Carta de Lupe Cotrim a Carlos Drummond de Andrade, jul. 1961.
17 • *Monólogos do afeto* (1956), *Raiz comum* (1959) e *Entre a flor e o tempo* (1961).

Condenado ao monólogo?
Mas, de jeito discreto,
contigo é que aprendi
monólogos do afeto.

Ausente, ensimesmado
na solidão do um?
Repara bem, e sente
nossa raiz comum.

Ela fala por mim,
alheia a contratempo,
leva-te meu carinho
por entre a flor e o tempo.

E um desejo infantil,
grave, puro, fervor,
de que sejas feliz
por onde a vida for.[18]

Com estas quadras em hexassílabos, Drummond como que procurava aplacar os ciúmes não disfarçados em uma carta de Lupe, escrita quando viu na imprensa versos dedicados à amiga comum Hilda Hilst: "Abro a folha da manhã/ Por entre espécies grã-finas/ Emerge de musselinas/ Hilda, estrela Aldebarã [...]". Ciúmes que ele, afinal, já tinha procurado dissipar em uma missiva:

---

18 • O pequeno poema seguiu anexo a cartão de boas-festas de Carlos Drummond de Andrade a Lupe Cotrim, 16 dez. 1961.

Não, não andei fazendo poemas para a Hilda; agradeci em verso, no meio de uma crônica, o livro que ela me mandou; eu estava em falta com a nossa poetisa. [...] Mas para você, ou sobre você, fiz uma crônica inteira, Lupe, divulgando aquela bela entrevista.[19]

Drummond se referia à entrevista-relâmpago que fizera com Lupe em 1958, em uma das passagens dela pelo Rio, publicada no *Correio da Manhã*, em que flagrava a vivacidade intelectual da jovem amiga.

[...] Tive com ela uma conversa meio maluca, porque fui perguntando coisas, muitas e misturadas, à traição, e Lupe foi respondendo na flor do natural. [...]: *A vida tem sentido?* – Enorme. O de continuar a humanidade e criar coisas. *Gostaria de ser mãe ou filha de Dostoiévski?* – Gostaria de ser filha dele. *Deve-se dar esmola?* – É inevitável. Não soluciona, mas não se pode deixar de dar. *Que falta ao teatro brasileiro?* Dinheiro. *E ao cinema brasileiro?* Tudo. [...] *Se pudesse ser amiga de Rilke ou Camões* [...], *qual escolheria?* Rilke. [...] *Que é inferno?* É não poder mais amar. *Viver é difícil?* Dificílimo. Mas é uma delícia. *Que tal o imposto de renda?* Devia ser elevado ao triplo, para grandes fortunas. [...][20]

Entre a flor e o tempo viria a ser contemplado com o prêmio Carmem Dolores Barbosa de poesia, segundo noticiou a imprensa, e obteve menção honrosa do Pen Clube de São Paulo. E mereceu resenhas e comentários de vários dos principais militantes da crítica da época. A tônica geral era de que Lupe Cotrim se firmava entre os novos nomes da poesia lírica paulista e brasileira. Menotti Del Picchia chegou a emparelhar a "altitude lírica" da jovem autora à de Cecília Meireles, que no ano anterior publicara *Metal*

---

19 • Carta de Carlos Drummond de Andrade a Lupe Cotrim, 15 out. 1959.
20 • LUPE, À TRAIÇÃO. *Correio da Manhã*, Rio de Janeiro, 7 nov. 1958. [Imagens conversadas].

Condenado ao monólogo?
Mas, de jeito discreto,
contigo é que aprendi
monólogos do afeto.

Ausente, ensimesmado
na solidão do um?
Repara bem, e sente
nossa raiz comum.

Ela fala por mim,
alheia a contratempo,
levo-te meu carinho
por entre a flor e o tempo.

É um desejo infantil,
graça, puro, fervor,
de que sejas feliz
por onde a vida for.

Lupe! o melhor abraço do
Carlos
Rio, 1961-62

Manuscrito de versos de Carlos Drummond de Andrade, em que o poeta glosa
os títulos dos três primeiros livros de Lupe • 1961-62 • FLCG-IEB

rosicler. E acrescentava: "[...] fico mesmo a pensar se a mocidade de Lupe não traz para nossa poética uma nota nova, mais vibrante e colorida [...], dando-nos uma vibração humana que a distancia da penumbra elegíaca". No Rio, Renard Perez assinalava a "linguagem depurada" e inseria a coletânea entre os "melhores" lançamentos de poesia do semestre.[21]

O volume traz apresentação de Cassiano Ricardo, que, ressalvando "pequenas falhas em assunto de métrica" – afinal, um dos mestres da jovem poeta em suas explorações do soneto não terá sido, além de Camões, um metrificador tido como pouco rigoroso, o grande Antero? –, assinalava:

> O leitor encontrará neste seu novo trabalho um lirismo claro, contido e, por isso mesmo, convincente. Lirismo claro e enxuto que não quer dizer ausência de ternura humana. [...] Lupe concilia gentilmente "la logique du coeur" com aquilo que Pound chamou "jogo do intelecto com as palavras". Que resulta [...]? Não um caso de sensibilidade à flor da pele mas de poesia feita de autêntica emoção e, a um tempo, de radiosa inteligência. [...] [22]

De Antero de Quental, Lupe não terá talvez herdado apenas certo feitio de soneto, mas também certa inclinação filosofante e, ainda, o gosto pelas sequências de poemas em torno de um tema ou assunto e pelas odes e hinos que compareçem em *Entre a flor e o tempo*. Livro mais ambicioso do que os anteriores, cujo título já prenuncia o duplo desejo de busca do domínio da forma e da técnica e de não passar incólume pelo tempo histórico, pelo seu tempo presente; de solidarizar-se, enfim, com o "próximo", com o "outro". Ao lado de SUBJETIVIDADE – "Se contenho em mim o mundo/quando falo de mim, falo do mundo. [...]" – e de algumas das canções e sonetos, um dos

---

21 • Menotti Del Picchia, em *A Gazeta*, São Paulo, 3 ago. 1961; Renard Perez, em *Última Hora*, Rio de Janeiro, 8 jul. 1961. [Os registros do prêmio Carmem Dolores Barbosa indicam que, em 1961, na ficção a laureada foi Clarice Lispector, por *A maçã no escuro*.]
22 • *Entre a flor e o tempo*. Rio de Janeiro: José Olympio, 1961.

DIÁLOGO ENTRE
O TEMPO E A FLOR

Este livro tem o dom de suscitar logo um [de Lupe Cotrim Garaude] diálogo do leitor com a sua autora.

Um exemplo dêsse (suposto) diálogo:

P. -Bastará ser lúcido para ser poeta?
R. -Não basta ser lúcido. Trata-se, não de uma simples "lucidez", mas de uma "lucidez encantada".("Hino das Fontes").
P. -Deverá a poesia estar associada ao destino do mundo de hoje?
R. -"É um incêndio êste caminho/ que sòmente o pranto do futuro/ poderá apagar".("Trégua")
P. -Qual o seu conceito de "forma e fundo"?
R. -O do isomorfismo entre "superfície" a "profundo". ("A Marítima Aventura").
P. -Será possível, como quer o concretismo, isolar a palavra da frase?
R. -"Sòzinhas/ as palavras são mudas".("A Palavra é Carente").

Realmente, e como tanta vez se tem dito, é pela reinvenção da palavra que o poeta "funda o ser". A primeira palavra, a palavra-origem, foi:"faça-se". Deus disse: "façam-se as coisas". E as coisas se fizeram por sua ordem. O poeta não diz: "faça-se o poema". É êle mesmo quem o faz.

Com palavras, mas não isoladas.

[anjos] É o que faz Lupe, com a "lucidez encantada" que os lhe concederam.

P. -Qual a sua concepção de ritmo?
R. - Agora respondo eu mesmo que certas pequenas falhas em assunto de métrica não comprometem, em absoluto, o valor dos seus versos em moldes tradicionais. Antes, obtém ela — e com que graça— um ritmo infenso à pura fisicalidade do metro; isto é, a serviço da expressão — linguagem e imagística.

Em qualquer hipótese, já o fato de um livro assim suscitar problemas é, para mim, ótimo sinal. Mas o que êle contém de poesia é que melhor justifica a nova e fascinante aventura lírica de Lupe.

O leitor encontrará neste seu novo trabalho um lirismo claro, contido e, por isso

mesmo, convincente. Lirismo claro e enxuto que não quer dizer ausência de ternura humana. Essa é que não lhe falta, como nas admiráveis Canções I e IV, que se ligam às fontes mais puras de nossa poesia.

Juntando os "monólogos de afeto" aos de raciocínio, Lupe concilia gentilmente "la logique du coeur" com aquilo que Pound chamou "jôgo do intelecto com as palavras".

Que resulta do seu comportamento?

Não um caso de sensibilidade à flor da pele mas de poesia feita de autêntica emoção e, a um tempo, de radiosa inteligência. [entretanto,]

Jovem e bela, já preocupam conceitos graves sôbre a inquietação da época em que vivemos. Amostras bastante expressivas em tal sentido são, a meu ver, o denso poema inicial, as Odes e os Sonetos I e II de "Entre a Flor e o Tempo".

Quem ler êste livro sairá, enfim, enriquecido dêle. E o lerá de novo, por certo, pra lhe sentir melhor a "intimidade da beleza".

Datiloscrito do texto de apresentação de Cassiano Ricardo ao livro de Lupe
Entre a flor e o tempo • 1961 •
FLCG-IEB

melhores poemas do volume é A PALAVRA É CARENTE, de viés metapoético e crítico à poesia concreta, dedicado ao próprio Cassiano Ricardo. Texto em versos livres que se desprendem da trama de enovelamento interior e dos temas recorrentes de amor, solidão e morte, predominantes no livro. Descontados alguns versos menos felizes, emergem nesse poema traços da dicção mais substantivada e elíptica que Lupe, provavelmente já seduzida pela "nova objetividade" de João Cabral, agora indicava buscar:

> Isoladas,
> as palavras são mudas. [...]
> [...] o som se perde em nada.
> As palavras sobrevivem
> unidas umas às outras
> numa força de ponte
> para alcançar o ritmo
> do horizonte. [...]
> A PALAVRA É CARENTE • *Entre a flor e o tempo*

Autor de um abrangente estudo sobre a lírica de Lupe Cotrim, o crítico inglês John M. Parker viu, depois, em *Entre a flor e o tempo*, além da presença de Antero, um passo em direção "ao controle e à organização da matéria poética" pela autora.[23]

No início da década de 1960, Lupe consolida-se como um dos promissores nomes da nova poesia brasileira, embora em dicção tradicional, mais afeita à primeira que à segunda recomendação da recente palavra de ordem do poeta-crítico Mário Faustino: "Repetir para aprender, criar para renovar". Em 1961, seu nome aparece entre os verbetes da enciclopédia *Brasil*

---

23 • John M. Parker. THE POETRY OF LUPE COTRIM GARAUDE: Em *Ibero-amerikanishes Archiv*. Londres, Berlim, 1975, p. 39-60. [Parker terá sido o primeiro crítico a assinalar ressonâncias de Antero de Quental na poesia de Lupe, especialmente nos sonetos.]; e Mário Faustino. *De Anchieta aos concretos*. São Paulo: Companhia das Letras, 2003.

e brasileiros de hoje, organizada por Afrânio Coutinho. Walmir Ayala a inclui na antologia *A novíssima poesia brasileira* e Alberto da Costa e Silva em *A nova poesia brasileira*, publicada em Lisboa. Por sua vez, logo depois o crítico e tradutor norte-americano Gregory Rabassa publicava nos Estados Unidos uma breve resenha de *Entre a flor e o tempo*, avaliando que o volume trazia "boa poesia moderna", antes melancólica do que positiva, e que alguns dos poemas, como em Juan Ramón Jiménez, mostravam certa "tentativa de sentir com o intelecto".[24]

Mas uma de suas maiores alegrias foi ter recebido a primeira carta de um leitor desconhecido, movido pela admiração por seus poemas – especialmente "Retrato de moça morta", de seu segundo livro, *Raiz comum*. Assinava-se Bernd Bell, escrevia versos, morava em São José dos Campos, interior de São Paulo. Em carta a Drummond, é perceptível seu contentamento, como que se sentindo na posição de Rilke em relação a um jovem poeta (ou na dela mesma, *vis-à-vis* ao grande mineiro):

> Recebi a primeira carta do primeiro fã, pedindo para corresponder-se comigo. Gosta de Rilke e gostou de *Raiz comum*. Que sensação estranha e feliz, pensar que os nossos livros vão estabelecer diálogos. Sinto-me, agora, poeta também "oficialmente".[25]

Seria, contudo, em seu próximo livro, o pequeno bestiário *Cânticos da terra*, publicado no final de 1962, onde Lupe procura afastar-se mais resolutamente do tom intimista e confessional das coletâneas anteriores, interrompendo ainda a prática das formas fixas, privilegiada nos dois livros anteriores. Volta-se agora, como num deliberado exercício de objetivação, de apreensão do real concreto, para a natureza, o mundo sensível, grafando versos polimétricos em ritmos breves, por vezes tendendo à redondilha e ao

---

24 • Gregory Rabassa. [sem título] Em *Books Abroad*. Norman: University of Oklahoma Press, jul.-set. 1962.

25 • Carta de Bernd Bell a Lupe Cotrim, 28 jan. 1961; carta de Lupe Cotrim a Carlos Drummond de Andrade, 25 maio 1961.

decassílabo. Num discurso de maior leveza, busca conciliar o lúdico e o viés reflexivo, prenunciando que seria nessa vertente, a da fuga da nebulosa do eu, a do olhar o mundo à sua volta – a qual já vinha despontando aqui e ali em suas coletâneas, desde a estreia –, onde poderia lograr melhor fatura.

> O homem pode tirar noções profundas dos animais, porque eles pertencem a uma forma de vida mais antiga, que conseguiu resolver [de maneira] melhor problemas, como a solidão. Assim, a humanidade tem muito a aprender com eles. [26]

Nessas composições em torno de motivos zoológicos, que oscilam entre o descritivo e alguma inflexão metafísica, Lupe Cotrim ensaia imagens inventivas, algumas de grande delicadeza.

> [O pavão]
> caminha pela terra um orgulho
> sincopado,
> sabendo que a natureza
> derramara nele
> um gesto distraído e delicado,
> no instante em que criava o verme
> e sonhava a estrela.
> II • *Cânticos da terra*

Em seus "passos de ar", a aranha tece "frágil teia transparente/inventando um céu/em qualquer lugar"; a formiga surge como "pequeno sísifo/insistindo em nada"; o cavalo evoca "íntima memória cavalgando/a síntese do centauro". Algumas dessas metáforas trazem certa coloração ceciliana – como também no caso do poema em torno da borboleta, em que "jamais cor tão leve/pairou/no céu da imagem"; ou do macaco, que

---

[26] • Entrevista de Lupe Cotrim a Cyro Queiroz Guimarães. *Última Hora*, São Paulo, 29 out. 1962.

"levanta em arco/o mistério da origem/e a consequência do fato". Já o poema que "dialoga" com o "peixe vermelho" – e faz sonhar seu "líquido percurso" – termina com uma alusão à poesia que faz lembrar O ALBATROZ de Baudelaire: "o poema é este mistério/de ter asas/sem poder alçá-las".

A série de 11 poemas em que o eu lírico, à São Francisco de Assis, dialoga com bichos e insetos tem como epílogo uma nova arte poética, ENTRE ARMA E TORRE, na qual busca delinear o compromisso do poeta. Aí grafa a sua recusa à "torre de marfim", assim como à poesia panfletária, reafirmando uma vez mais aquele latente humanismo que começaria a investigar nos estudos de Filosofia.

> [...]
> Antes
> olhar o homem para o homem
> dentro da natureza,
> linguagem secreta no eterno
> presente do que vale.
>
> E permanece.
>
> Assim ser poeta.
> ENTRE ARMA E TORRE • *Cânticos da terra*

Em edição especial de Massao Ohno, ilustrada por admiráveis desenhos de Aldemir Martins, *Cânticos da terra* foi lançado em 27 de dezembro de 1962. Então, o "anjo barroco" já não estava presente. À concorrida sessão de autógrafos, na Galeria São Luís, em São Paulo, compareceram Guilherme de Almeida e Aldemir Martins, o artista em terno discreto, sem envergar como de hábito um de seus famosos paletós vermelhos, sobre igualmente vistosa camisa de cor. O lançamento aconteceu pouco antes dos exames eliminatórios que levariam a insatisfeita poeta à velha escola da rua Maria Antônia e à vida acadêmica; mais tarde, ainda à prática docente.

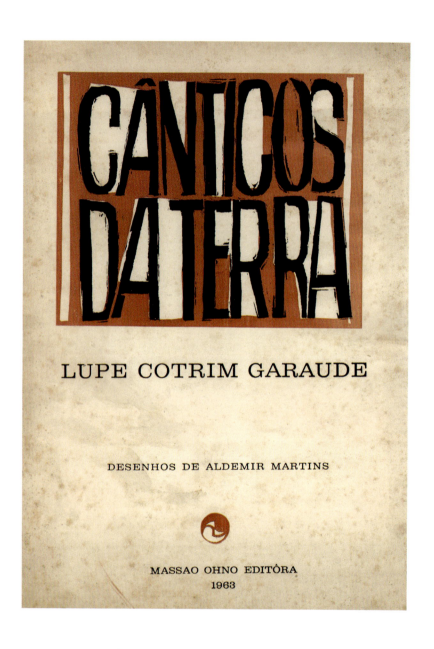

Capa de *Cânticos da terra*, quarto livro de Lupe Cotrim •
Edição de Massao Ohno. Desenhos de Aldemir Martins • 1963 • FLCG-IEB

Os poemas do bestiário terão sido escritos no contato direto com a natureza. Primeiro, na fazenda A Onça, da família de Marinho Ribeiro Lima, nas cercanias de Guaranésia ("pássaro da ilha", em guarani), no sul de Minas; e também junto à cultivada flora e à fauna cuidadosamente criada na fazenda Campo Verde – para os íntimos, *Dulcelândia* –, dos Simonsen, onde pavões *caminhavam naturais* pelo caminho dos hóspedes, bem-te-vis, sabiás, juritis, beija-flores pululavam pelos ares, cavalos, cães, macacos e gatos conviviam em harmonia. Sem esquecer os minúsculos insetos igualmente esquadrinhados pelo olhar atento e perscrutador da poeta nessa coleção de exercícios em torno do mundo natural.

> Vida da formiga
> na pesada carga,
> círculo incessante,
> pequeno sísifo
> insistindo em nada.
> IV • *Cânticos da terra*

Por essa época, Lupe já se tornara frequentadora assídua dos recitais, conferências e saraus programados nos fins de semana em Campo Verde. Por vezes apresentava-se ela mesma, cantando, palestrando ou dizendo poemas. Ao som do violão ou do alaúde, a ex-aluna de canto lírico recorrentemente juntava música e poesia, sua ou de outros autores, naquelas apresentações. "Por exemplo, ela conseguia musicar cada poema de [seu livro] *Cânticos da terra*, com todas as vozes dos bichos, com uma inigualável realidade", lembraria Dulce Simonsen, uma das mais próximas amigas da poeta, e depois triplamente sua comadre.[27] Também pela irreverência e humor, Lupe logo

---

27 • Depoimento de Dulce Simonsen em *Lupe Cotrim – Simpósios em comunicações e artes*, n. 7, cit., p. 36-40. [Dulce e Victor Simonsen foram padrinhos da união de Lupe com Marinho Ribeiro Lima, da filha do casal, Lupe Maria, e posteriormente do casamento da poeta com José Arthur Giannotti.]

cativava. Num dos jantares de Campo Verde, provocou o riso de todos ao ironizar o anfitrião, que tinha anunciado solenemente um purê de *marrons*, quando a iguaria era feita de legítimas batatas, lembrou outra amiga, Yolanda (Danda) Prado. Já cursando Filosofia, Lupe Cotrim participaria com Danda, filha do historiador Caio Prado Júnior, e outros amigos de um novo círculo de leitura de *O Capital* de Marx, em reuniões semanais. Integrou também outros grupos de debates e saraus literários, como os organizados pelo médico Atílio Flosi, um de seus amigos próximos, no Clube Harmonia. Lia poemas, debatia literatura e artes. "Foi Lupe quem despertou o interesse que me levaria à profissionalização nas artes", recordou a amiga Mariela Kantor.[28]

Como os anteriores, *Cânticos da terra*, o quarto livro de Lupe, mereceu ampla recepção crítica em São Paulo e no Rio de Janeiro, em notas, resenhas e comentários assinados por gente renomada. Guilherme de Almeida, por exemplo, escreveu em sua coluna "Eco ao longo dos meus passos" que os cânticos do "sedutor *in-folio* [...] nos dão asas para subir aos céus"; o cro-

---

28 • Depoimentos de Yolanda Prado e Mariela Kantor, em entrevistas concedidas à autora. [Lembraria José Renato Nalini em outra entrevista que, "muito autêntica, Lupe Cotrim era dos poucos convidados a ousar contestar até mesmo o 'senhoril' anfitrião, Victor Simonsen. De outro lado, dava muita atenção aos mais jovens, perguntando-nos o que estávamos lendo e sugerindo-nos títulos e autores. Entre os americanos, lembro-me de ter indicado obras de Faulkner, Steinbeck e Gore Vidal. Na poesia, dos franceses Mallarmé, Rimbaud, Verlaine, e também dos ingleses Keats e Shelley." Muito nova na época, também Moira Andrade, filha do professor de Filosofia José Aluysio Reis de Andrade, amigo de Giannotti, se recorda das atenções que lhe dispensava Lupe. Por exemplo, enviou-lhe um exemplar de *Cânticos da terra*, com a dedicatória: "A Moira, que está nascendo para a poesia, com muita simpatia [...]".]

nista Luís Martins, dividindo seu comentário com *Sete cantos do poeta para o anjo*, de Hilda Hilst, também em bela edição de Massao Ohno, transcreveu versos do poema sobre a gaivota, sob o título de Dois belos livros. No Rio, o poeta e crítico Walmir Ayala assinalou o "delicado pulsar que em cada página confirma o amor e a fraternidade" em *Cânticos da terra*, concluindo que com o novo livro Lupe caminhava no "rumo certo".[29] Mas o talvez mais aguardado comentário, o de Drummond, ficou inédito – na forma de uma cartinha manuscrita, que seria colada em um dos álbuns de recortes organizados pela poeta. Volumes nos quais palavras de elogio e de crítica demolidora (estas em franca minoria, é verdade) sempre se acomodavam ecumenicamente. Com certo atraso, elogiou o autor de O elefante:

> Lupe, amiga querida: O mais faltoso e omisso de seus amigos aqui está para agradecer *Cânticos da terra*, livro que não é belo só na aparência e por artes do Aldemir Martins, mas também, e fundamentalmente, pela poesia Entre arma e torre, de que nele você dá exemplos tão realizados e completos. Sou um velho apaixonado do mistério dos animais, Lupe, e encontro com emoção em seus poemas esse poder de ir até o mais delicado deles, essa essência de vida e significado que a natureza não oferece cabalmente senão através da intuição poética. Você abriu uma avenida larga em sua poesia, e nela cabem as mais intensas formas de existir com o animal e no mundo. Obrigado, Lupe, e um abraço maior pela lindeza de seu livro.[30]

O *animus ludens* que se entremeia ao lirismo de *Cânticos da terra* talvez tenha sido estimulado, sobretudo, pela expectativa e, depois, a experiência recente da maternidade. Em meio a foguetes, rojões e buzinaços – come-

---

29 • Guilherme de Almeida, em *O Estado de S. Paulo*, São Paulo, 23 jan. 1963; Luís Martins [L.M.], ibidem, 31 jan. 1963; Walmir Ayala, em *Jornal do Comércio*, Rio de Janeiro, 5 fev. 1963.
30 • Carta de Carlos Drummond de Andrade a Lupe Cotrim, 22 abr. 1963.

Rio, 22 abril 1963.

Lupe, amiga querida:

O mais faltoso e omisso de seus amigos aqui está para agradecer "Cânticos da Terra", livro que não é belo só na aparência e por artes do Aldemir Martins, mas também, e fundamentalmente, pela poesia "entre arena e torre", de que você dá exemplos tão eloquentes e completos. Sou um velho apaixonado do mistério dos animais, Lupe, e encontro com emoção em seus poemas esse poder de ir até o mais delicado deles, essa essência de vida e significado que a natureza nos oferece cabalmente senão através da intuição poética. Você abriu uma avenida larga em sua poesia, e nela cabem as mais intensas formas de existir com o mundo e no mundo. Obrigado, Lupe, e um abraço muito pela lindeza do seu livro, do seu amigo

Carlos

Carta em que Carlos Drummond de Andrade comenta o bestiário *Cânticos da terra*, de Lupe Cotrim • 1963 • FLCG-IEB

morava-se naquela noite o bicampeonato do Brasil na copa do mundo de futebol –, havia nascido em 17 de junho de 1962 a filha de Lupe e Marinho, Lupe Maria Ribeiro Lima, logo apelidada Pupe. O quarto da mãe de primeira viagem, na Beneficência Portuguesa, por pouco não se transformou em salão de interminável tertúlia. Num grande caderno de capa preta, por ela metamorfoseado em álbum de bebê, Lupe escreveu frases e poemas com letra caprichada – e surpreendentemente legível, deixando de lado naquela circunstância a caligrafia sempre enigmática. O volume tem como epígrafe versos dela própria: "Não sou uma vitória ou uma derrota/mas me conquisto sempre cada dia", linhas tiradas de um soneto de seu segundo livro. E segue, em verso e prosa, com textos de muitos outros autores, entre os quais André Gide: "Eu te ensinarei o fervor". De Fernando Pessoa, heterônimo Ricardo Reis, inscreveu os bem "lupeanos" versos "Nunca a alheia vontade, ainda que grata/cumpras por própria". Diria depois considerar a filhinha a sua "maior criação".

O álbum registra ainda assinaturas (e até obras) de visitantes que pareciam empenhados em fazer do nascimento da garota algo próximo de uma celebração artística: o colunista Luís Martins, os poetas Jorge Mautner e Jorge Medauar – que ali também grafaram poemas –, a atriz Maria Fernanda, a escritora Lygia Fagundes Telles, o crítico Miroel Silveira, a concertista Anna Stella Schic, e tantos mais, deixaram o registro de sua presença no volume. O artista plástico Aldemir Martins ali fez um desenho e o costureiro Dener esboçou, a lápis, de próprio punho, o berço que criou especialmente para Pupe, reproduzindo ainda a figura luminosa da poeta.

Cessadas as celebrações, Lupe Cotrim voltou a recolher-se à emoção da maternidade, que, desde a gravidez, tinha gerado a escritura de um quarteto de poemas – todos por ela transcritos à mão logo no início daquele inusitado, literário álbum de bebê. Um deles foi publicado no Suplemento Literário de *O Estado de S. Paulo* antes mesmo do nascimento da filha. Os quatro poemas seriam depois reunidos em seu quinto livro, *O poeta e o mundo*. O primeiro deixa transparecer a percepção de que dar à luz equivale a ofertar o mundo a outro ser, para "além do céu e da miséria".

Meu filho, iniciemos já
nosso diálogo.
Tua vida está suspensa em mim,
inédita seiva nos percorre.
Não sou apenas um, mas dois em ti
– um sangue de esperança nos inunda. [...]
Meu filho, ofereço-te
uma terra que amo,
um próximo que sinto como próximo,
um amanhã que confio,
um universo humano. [...]

Meu filho, eis o mundo,
que saibas recebê-lo.
Iniciemos • *O poeta e o mundo*

2. UMA BATALHADORA ELEGANTE ❋ No início de 1963, ao ingressar na Faculdade de Filosofia, Lupe Cotrim seguia um caminho trilhado por vários poetas de sua geração, a de "60", eclético agrupamento alinhavado por critério apenas cronológico, uma vez que desprovido de programas comuns.[31] Por alguma razão ainda não suficientemente sondada – uma ressonância algo tardia de Mário de Andrade, em sua Elegia de abril, quando investe contra a "absurda e permanente ausência de pensamento filosófico" entre os intelectuais brasileiros? Ou seria a poesia reflexiva de Drummond? –, vários poetas inseridos nessa faixa intersticial entre a "geração de 45" e a "poesia marginal" dos anos 1970 revelaram e desvelaram intensa "curiosidade filosofante".

---

31 • Carlos Felipe Moisés. *Uma geração 60*, ensaio e entrevistas inéditos.

Assim se inicia

a vida

de Pupe Maria

S. Paulo - 1962.

Não sou uma vitória ou uma derrota mas me conquisto sempre cada dia

Primeira página do álbum
preparado por Lupe no nascimento da filha, Pupe • 1962 •
Arquivo Lupe Maria Ribeiro Lima • cópia IEB

Retrato de Lupe Cotrim
por Darcy Penteado • Tinta de caneta
s/tela • 78,7 x 59,8 cm • Coleção de Artes
Visuais IEB – USP

Como Lupe, alguns deles chegaram mesmo a buscar formação acadêmica em Filosofia como aporte para sua escrita. Caso da mineira Adélia Prado, que, para além da religião, viria a se certificar na recém-fundada faculdade de Divinópolis: a "Filosofia escova o pensamento". Ou, apenas entre os paulistas, de Rubens Rodrigues Torres Filho – que por muitos anos conciliou a atividade de poeta e a de professor de História da Filosofia Moderna, na USP; de Renata Pallottini, que procurou investigar as relações entre poesia e filosofia, "mais do que gêmeas, irmãs xipófagas", no curso da Pontifícia Universidade Católica (PUC-SP) – na busca, talvez, de "filosofar de maneira poética, o que leva à sondagem dos temas transcendentais da morte, do efêmero, do amor, da vida", diria; da *cadette* Orides Fontela, que em 1972 se bacharelou na USP e qualificou certa vez de "quase inato" o seu interesse pela filosofia, "como pela poesia". Na linguagem dos poetas, ponderou Orides que a filosofia,

> fruto da maturidade humana, emerge lentamente da poesia e do mito, e ainda guarda as marcas de conascença, as pegadas vitais da intuição poética. [...] filosofia na poesia é "filosofia" que se ignora, que canta – que dá nervo aos poemas e tenta entrar onde o raciocínio não chega. Filósofos podem servir de exemplo aos poetas. [...] como os poetas, Sócrates era inspirado – e era fiel à sua inspiração. Só isso cabe ao poeta: ser fiel à voz interior, sem [...] filosofar explicitamente. [filosofia e poesia] nasceram juntas, sob a forma de mito, e juntas, sempre, sempre colaboram para criar e renovar a nossa própria humanidade.[32]

---

32 • As frases de Adélia Prado e Orides Fontela estão em *Poesia (e) filosofia – por poetas e filósofos em atuação no Brasil*. Alberto Pucheu (org.). Rio de Janeiro: Sette Letras, 1998, p. 12 e 13-16; de Renata Pallottini, em depoimento à autora, em 1º maio 2007. [Numa entrevista concedida pouco antes de morrer, Hilda Hilst dizia ter lido, como autodidata, "tudo o que existe de Platão e de vários outros filósofos". SER POETA É DIFÍCIL EM QUALQUER LUGAr, em *DO Leitura*. São Paulo, maio 2003, p. 52-58.]

Decerto Lupe Cotrim assinaria embaixo essa elucubração de sua confreira, com quem provavelmente cruzou nos tempos de sua pós-graduação, na Cidade Universitária. Lupe não temeu submeter o seu entranhado lirismo ao "massacre sistemático entre o ser e o não-ser", procurando, paradoxalmente, em sua formação na USP, drenar o "ranço filosófico" que identificava em sua escrita. Em carta a Carlos Drummond de Andrade, partindo do motivo da dúvida, traçaria um breve paralelo entre a arte de pensar e a arte de cantar:

> [...] apenas a criação [...] pode transpassar a dúvida, sem superá-la definitivamente, como sonham nossos vizinhos, os filósofos, que têm fé inabalável na razão. O seu poema A MÁQUINA DO MUNDO demonstra isso com grande evidência [...].[33]

No início de seu curso, na rua Maria Antônia, onde pelos anos de 1960 todos e cada um pareciam oscilar entre a fenomenologia e o marxismo, Lupe possivelmente terá se deixado atrair, antes de tudo, pela "força encantatória da linguagem cifrada da filosofia".[34] Passaria então a acompanhar com extremo interesse e aplicação as aulas, em sua maioria ministradas pela nova "prata da casa" – ou pelos "jovens turcos", como preferia dizer o veterano Cruz Costa:[35] Bento Prado Júnior, ele próprio poeta bissexto, que de há muito vinha refletindo sobre o diálogo entre literatura e filosofia; Oswaldo Porchat, docente de Filosofia Antiga, cujas incursões pelo mundo grego, à luz do helenismo de Victor Goldschmidt, de imediato maravilhavam os alunos; e José Arthur Giannotti, que logo daria para a

---

33 • Cartas de Lupe Cotrim a Carlos Drummond de Andrade, 20 ago. 1965, 20 nov. 1965 e ago. 1966.

34 • Paulo E. Arantes. *Um departamento francês de ultramar*, cit., p. 53. [Arantes considera tal força da "linguagem cifrada da filosofia" apenas uma suposição.]

35 • Depoimento de Rubens Rodrigues Torres Filho em *Poesia (e) filosofia – por poetas e filósofos em atuação no Brasil*. Alberto Pucheu (org.), cit., p. 19.

turma do primeiro ano um curso de introdução à fenomenologia – não sem antes, preliminarmente, enfatizar à audiência a responsabilidade de cada um, em face do que custavam ao Estado, enquanto alunos de universidade pública. "Porchat e eu colocamo-nos em opostos da pedagogia [...]. Ele faz a cabeça dos seus alunos; eu procuro cortá-las", diria Giannotti muito tempo depois.[36]

A tradição de extremo rigor na Faculdade de Filosofia da USP era prolífera na distribuição de notas baixas, quando não acachapantes. Nas disciplinas de Giannotti, porém, o rigor ganhava dimensão hiperbólica. No primeiro trabalho de avaliação da turma de 1963 – um comentário a partir da questão "Qual o sentido filosófico do problema da origem da Filosofia?", com base em Karl Jaspers e Wilhelm Dilthey –, os alunos iam recebendo as notas com consternação: 1, 1,5, 3,5 no máximo, afora os muitos zeros. Embora tivesse alcançado aquele "teto" (3,5), recebendo de volta a prova crivada de observações como "contraditório", "ambíguo" ou "é bom não confundir lógico com racional", Lupe Cotrim não se conformou. Falando em nome dos alunos, se rebelou.

> Ela questionou o professor Giannotti, argumentando que aquele tipo de nota, além de manchar o histórico escolar, podia comprometer nosso futuro. Desde então, Lupe ficou sendo como que a nossa representante, aquela que dizia aquilo que os alunos não tinham coragem de dizer.[37]

O corajoso protesto empolgou os colegas, mas não surtiu grande efeito. A ênfase, herdada ainda da "missão francesa" que ajudou a fundar a faculdade, era posta na formação de excelência dos estudantes. Projeto que

---

36 • Em *Cerimônia de outorga do título de professor emérito a Oswaldo Porchat*. USP, 2002.
37 • Depoimento de Anamaria Fadul em *Lupe Cotrim – Simpósios em comunicações e artes*, cit., p. 34-36 [Esta e outras provas e trabalhos universitários da escritora constam do FLCG-IEB.]

tencionava transmitir uma sólida cultura histórico-filosófica e estimular o desenvolvimento da capacidade dos alunos de ler e comentar com rigor os textos dos mestres pensadores.[38]

Em classe, Giannotti costumava "intimar" seus alunos de fenomenologia a "triturar sem piedade" a experiência vivida e o seu "cortejo de quimeras", lembraria Paulo Arantes. Falava a "língua dos fenomenólogos, que agregara ao seu repertório" depois de um pós-doutorado na França, no biênio 1956-57.[39] Uma vez mais, Lupe não se deixou intimidar com tais exortações. Sua resposta, literalmente lírica, foi aparecer na classe seguinte com um poema, PAISAGEM DE UMA AULA DE FILOSOFIA, que não deixou de surpreender e mesmo encantar o rigoroso jovem filósofo. Ele mesmo lembraria, tempos depois: nesse poema de Lupe, "o tema da fenomenologia e da volta ao cotidiano era colocado em versos, não mais como uma estrutura de conhecimento, mas voltado para uma estrutura de emoção e de transpiração lírica".[40]

> Porque a pedra
> está fora do tempo
> e eu por dentro;
> porque a terra se desata,
> vegetal,
> e a mim falta
> esse fôlego verde,
> em tênue movimento;
> porque entre raiz e folha
> o animal salta,

---

[38] • O episódio da "rebelião" foi lembrado, em depoimento à autora, pela professora Anamaria Fadul, colega de Lupe Cotrim no curso de Filosofia.

[39] • Paulo E. Arantes, op. cit., p. 36 e 47-48.

[40] • *Lupe Cotrim – Simpósios em comunicações e artes*, cit., p. 10.

elástico, e desconheço
liberdade tão alta; [...]
— sei-me de outra espécie.
Em que sou fraco. E antes
de tudo — breve.
Mas nessa extensão tão plena
é que mais compreendo.
Tomo nos meus braços,
intersubjetivamente,
o espaço total, que conduz o infinito. [...]
a morte é apenas uma flor
vermelha, que passa no vento [...]

Olhando dentro de mim,
de dentro da natureza,
eu a refaço — e invento a beleza.
PAISAGEM DE UMA AULA DE FILOSOFIA
O poeta e o mundo

Apesar de, num pecado poético, aludir a um conceito da fenomenologia de Husserl (a "intersubjetividade", ou as relações entre sujeitos), o poema acabaria representando um marco na escrita de Lupe, que, desde aí, terá começado a sondar a viabilidade de certa vertente de "poesia fenomenológica". O que decerto contribuiu para que acabasse por escolher o poeta francês Francis Ponge como tema de um doutorado, iniciado anos depois. Uma vez, quando o escritor Fábio Lucas elogiou em carta outro poema dela, FORMAS E HUMORES DO MAR, publicado no Suplemento Literário de *O Estado de S. Paulo* — "belo, belo poema [...], mergulho em profundidade para desvelar o mundo das riquezas submersas [...]" [41] —, a poeta lhe escreveu:

---

41 • Carta de Fábio Lucas a Lupe Cotrim, 19 fev. 1968; carta de Lupe Cotrim a Fábio Lucas, 23 mar. 1968.

Fiquei contente em saber que V. gostou [do poema]; [...] pretendo fazer uma série [...] – acredito que esse tipo de poesia "fenomenológica" tenha muita coisa [a] explorar [...]. Afinal, está nos primórdios, e [hoje, no Brasil] é liderada pelo [João] Cabral.

Com efeito, explicam os filósofos que a fenomenologia, anunciando o retorno às coisas, é um "permitir ver o que se mostra" e o "fenômeno é o que se mostra por si mesmo".[42]

Em Paisagem de uma aula de filosofia, haverá ainda alguma ressonância de dois poetas espanhóis da predileção da escritora: Federico García Lorca, no procedimento de colorir o abstrato, incorporado na imagem cromática do "fôlego verde"; e Juan Ramón Jiménez, na referência à beleza, um dos avatares do anseio romântico de absoluto que percorre toda a lírica da autora. E que Cacaso, tempos depois, bem diferenciaria da "beleza" cultuada pela "geração 45": "Essa busca da beleza, em Lupe, diferentemente do academismo retórico dominante na geração de 45, não é um ideal apenas literário, mas também moral e existencial. Vem daí, dessa amplitude de visão, outra dimensão essencial de sua poesia: a filosófica".[43]

Logo Lupe comentaria em carta a Drummond: "Estou como poeta entre filósofos. Imagine que escrevi um poema chamado Paisagem de uma aula de Filosofia, para mostrar o que podemos fazer com eles. Ficaram

---

42 • A "poesia fenomenológica" à qual se refere Lupe Cotrim difere, obviamente, daquela que tem sido identificada como a vertente do concretismo que "evoluiu para o neoconcretismo" – ver Álvaro de Sá, Poema/processo, em *A literatura no Brasil* v. V, Afrânio Coutinho (org.). Rio de Janeiro: José Olympio, 1986; Roberto Pontes. A poesia brasileira do século XX, em *Comunidades da língua portuguesa*, n° 12, II série. São Paulo, jan./jun. 1998, p. 108-123; Benedito Nunes. *Passagem para o poético – filosofia e poesia em Heidegger*. São Paulo: Ática, 1986, p. 60-61.

43 • Encontro marcado com Lupe, em *Folha de S.Paulo*, São Paulo, 22 abr. 1984 [o texto foi publicado também em *Não quero prosa*. Campinas: Editora da Unicamp; Rio de Janeiro: Editora da UFRJ, 1997, p. 97-99].

estarrecidos... e encantados". [44] O poema da aplicada e altiva aluna acabou equivalendo como passaporte em seu ingresso ao minguado grupo dos eleitos e admitidos a conviver além das paredes da sala de aula com os professores. A partir daí, Lupe seria identificada como uma "ponte para a poesia" em meio à efervescência cultural, intelectual e política que, para além do rigor reflexionante, também se detectava na rua Maria Antônia. Ajudada involuntariamente ainda pela extraordinária beleza física, ela era "basicamente aceita", lembrou Giannotti.

Beleza que por vezes causava embaraços à poeta. Ela chegou a se queixar, certa vez, de que no início de sua vida literária os críticos, quando a conheciam, logo mostravam uma "amabilidade irônica". Lupe avaliou então que a "beleza atrapalhava a literatura", fundamentando o argumento em três motivos:

> Os preconceitos seculares que [destinavam] a mulher apenas aos afazeres domésticos, quando muito a objeto de adorno. Depois, o conceito de superioridade masculina – só agora desaparecendo –, que sempre exigiu que a mulher fosse "inferior" ao homem. Finalmente, a impressão generalizada de que ser bonita já é uma carreira.[45]

Naquele início dos anos 1960, à antevéspera das revoluções sexual e feminista, ainda proliferavam os preconceitos de toda ordem, sem sombra de pudor ou mesmo hipocrisia. O namoro com José Arthur Giannotti selaria de vez a inserção da escritora no fechado círculo dos *maîtres à penser*, no qual sempre revelou desenvolta autonomia. O envolvimento do casal foi se intensificando. Em setembro de 1963, o Suplemento Literário de *O Estado de S. Paulo* já trazia um dos frutos do sentimento que, desde os primeiros encontros, aproximou a poeta e o filósofo – o poema INVENTO DE AMOR,

---

44 • Carta de Lupe Cotrim a Carlos Drummond de Andrade, 3 set. 1963.
45 • A POESIA É NECESSÁRIA. *Jóia*, São Paulo, jun. 1962. [Ver também depoimento de José Arthur Giannotti em *Lupe Cotrim – Simpósios em comunicações e artes*, n. 7, cit.].

ainda numa versão bem mais prolixa do que aquela, extraordinária pelo denso lirismo, que apareceria em seu penúltimo livro, *Inventos*.

> Hei de inventar amor, ávida e atenta.
> Amor de ser a outro que é demais
> o amor que em coisas hoje se alimenta. [...]
> Hei de inventar amor num desafio
> às mais concretas frases, aos dias úteis,
> amor de ser a outro que é demais
> ter um mundo por dentro desprovido.
> MONÓLOGO I · *Inventos*

Com a separação de Marinho Ribeiro Lima, Lupe transfere-se com a filha da região da Augusta para o bairro de Pinheiros, instalando-se em uma pequena e charmosa casa da rua Ferreira de Araújo, arrumada com peças e fragmentos do mobiliário barroco – tocheiros iluminavam o belo retrato da poeta quando mais jovem, desenhado por Darcy Penteado, antigas portas coloniais serviam de estantes de livros, um oratório se dispunha sobre canastra antiga. Para lá transportou seus quadros (entre eles, um desenho de Di Cavalcanti) e muitos discos e livros, que davam à sala da residência certo ar de estúdio de criação. A necessidade de responder por boa parte das despesas fez com que Lupe não titubeasse em prontamente aceitar o convite do amigo e admirador Joaquim Pinto Nazário, com quem já tinha trabalhado na televisão, para um novo emprego, agora na Caixa Econômica Federal. Pouco antes, ele havia sido nomeado vice-presidente da sede paulista do banco pelo governo de João Goulart. Ao solidário e fiel amigo, ela dedicou uma das canções de seu terceiro livro:

> [...]
> Se não aceitasse a máscara

em que muitos se disfarçam,
seria apenas luz áspera
na sombra dos que se afastam. [...]
Canção I • *Entre a flor e o tempo*

    Lupe deveria integrar-se ao gabinete de Nazário, mas por questões de burocracia acabou sendo contratada como caixa do banco. Não era a primeira vez que se via obrigada a trabalhar em atividades pouco condizentes com seu ofício de eleição, a literatura. Bem jovem, vendera roupas, a fim de reforçar o orçamento do apartamento que dividia com a mãe, na rua Avanhandava, no centro de São Paulo. Depois, teve uma passagem pelo então denominado Instituto de Psicometria, junto à seção de seleção de pessoal; e ainda outro emprego, na função de relações públicas da antiga Brasilwagen, cujos escritórios na época ficavam no Conjunto Nacional, na avenida Paulista.

    O salário da Caixa Econômica acabou assegurando recursos que viabilizaram sua independência financeira. Passou a conciliar então trabalho e os estudos de Filosofia, os quais nem remotamente pensava em interromper. Ao mesmo tempo, o emprego possibilitou que Lupe prosseguisse o tratamento psicanalítico iniciado tempos antes. Depois de uma desastrada experiência anterior, sentia agora que a análise (ortodoxamente freudiana) a fortalecia, ajudando a desbravar caminhos. Uma de suas mais próximas amigas, a jornalista e escritora Helena Silveira, disse uma vez que a psicanálise foi o que possibilitou a Lupe Cotrim usar "toda a sua potencialidade". Com algumas interrupções e mudanças de terapeutas, ela seguiria o tratamento por quase dez anos. Segundo Helena, para Lupe "a psicanálise era uma forma de conhecimento; e ela se apegava a todos os meios de abordagem do conhecimento".[46]

    As novas exigências de horário em seu emprego obrigaram a poeta a transferir sua matrícula para o curso noturno, na faculdade da rua Maria

---

46 • Mônica Soutello. Lupe: a morte depois da chuva. *Jornal do Brasil*, Rio de Janeiro, 7 mar. 1970, [Caderno B].

Antônia. Foram anos de uma rotina complicada e adversa, lembraria José Arthur Giannotti. Quase todos os dias, ela saía de casa pela manhã e ia para a análise. Antes do meio-dia, entrava na agência da Caixa Econômica Federal, em plena praça da Sé. Quando não havia muita gente, tirava algum livro que sempre deixava guardado na gaveta e estudava um pouco mais. Saía do emprego por volta das seis e, às sete da noite, entrava na faculdade, onde seguia os cursos até as 23 horas, voltando então exausta para casa. Mas sem nunca perder o entusiasmo e o *humour*. Afinal, sempre viveu em ritmo de urgência, lembraria depois a amiga Helena Silveira. Só lamentava ter pouco tempo para conviver com a filha. "A Pupe está, esteve e sempre estará em primeiro lugar, para mim; tudo o que estudei não servirá de nada se meu amor por ela não a fizer uma pessoa feliz", disse em uma carta.[47] E a poeta nunca deixou de cantar a vida e a alegria. Como em seu último livro, num dos poemas em que dialoga com um imaginário homem do povo:

> [...]
> Se o gesto é escrito
> e perduras analfabeto,
> se o pão é farto
> e teu estômago descalço
> se alguns vão à lua
> no esplendor da técnica
> e prossegue a miséria
> em sua chaga satélite,
> alegria, João.
> Por um outro dia
> necessitamos fazer parte
> do que nele principia. [...]
> JOÃO, FRAGMENTOS • *Poemas ao outro*

[47] • Carta de Lupe Cotrim à sua ex-sogra, Lourdes Ribeiro Lima, 9 out. 1964.

A dura rotina não lhe subtraiu tampouco a intensa dedicação à literatura. A poesia e a filha eram suas prioridades, repetia. Quando lhe perguntaram sobre seus planos na época, disse uma vez: "Além de amar e crescer, crescer junto com minha filhinha Pupe, [continuar estudando] filosofia e [me dedicando à] poesia, este milagre de síntese entre o sensível e o racional".[48] No que tange à poesia, a frase talvez reflita um pouco o auge de seus estudos de fenomenologia, cujo método descritivo permite combinar "reflexão e intuição".

Muitos trabalhos de aproveitamento para o curso de Filosofia foram redigidos no verso de folhas de papel timbrado da Caixa Econômica Federal. Um comentário sobre uma passagem do *Timeu*, de Platão, outro acerca de "Ato e Potência" em Aristóteles, e ainda outro sobre uma frase da *Ética*, de Spinoza; uma dissertação sobre "O significado de agir", para o curso de Ética; outra baseada no tema "Cubismo e Poesia", com reflexões em torno de Guillaume Apollinaire, Picasso e Braque. E tantos mais.

Em 1º de abril de 1964, o golpe militar, que derrubou o governo constitucional de João Goulart, caiu como um raio sobre o país, espalhando consternação e revolta entre os professores e estudantes da faculdade da rua Maria Antônia. Era um basta a certa atmosfera eufórica e utópica, que disseminava a percepção de que os problemas estruturais do Brasil poderiam, enfim, ser resolvidos no futuro próximo. A começar por uma reinvenção do sistema educacional, com ensino de qualidade para todos, e a quebra das amarras que prendiam o país ao subdesenvolvimento. Logo adveio a primeira temporada de caça às bruxas: fechamento de organizações estudantis, inquérito policial-militar na universidade, repressão feroz nos sindicatos e junto às lideranças camponesas, invasão de igrejas, perseguição a intelectuais, políticos e jornalistas.

Em meio ao clima de indignação, no saguão e nos corredores da faculdade ou no vizinho "Bar do Zé" seguiam-se discussões intermináveis sobre os possíveis desdobramentos do *putsch*. Entre as muitas histórias que

---

48 • Entrevista de Lupe Cotrim a Leila Marise. *A Nação*, São Paulo, s.d. [1964].

passaram a circular, uma pelo menos soava como simbólica e humorada revanche. Um dos mais reverenciados professores, o catedrático João Cruz Costa, enquadrado em um inquérito militar, tinha sido intimado por um coronel a cantar o Hino Nacional, como prova de "patriotismo". Com as conhecidas irreverência e verve, o mestre replicou que só costumava cantar com acompanhamento musical. E sugeriu algo assim: "Então o Sr. assobia e eu canto". Já o professor Florestan Fernandes teve sorte pior e acabou preso. Contudo, lembraria Roberto Schwarz, apesar da ditadura de direita, até 1968 continuou existindo "hegemonia cultural da esquerda no país". E a rotina na Maria Antônia, sem perder a efervescência, seguiu sua marcha.[49]

A rotina esforçada de Lupe também. Ela se dividia entre intensos estudos, a escrita poética regular, a psicanálise sofrida, as responsabilidades redobradas de mãe, o ganha-pão desinteressante, mas que afinal viabilizava a sua independência e a continuidade de seu curso. No entanto, sempre que podia, procurava ainda alegremente se divertir. Um vizinho de sua nova casa em Pinheiros, já conhecido dos animados recitais e festas na fazenda Campo Verde, empenhava-se em contribuir para isso. Era o figurinista Dener Pamplona de Abreu (1936-1978). Considerado o inventor da moda brasileira – antes dele, apenas a alta costura europeia tinha vez entre as brasileiras endinheiradas –, Dener era o estilista das celebridades da vida social e artística do tempo. Vestiu até mesmo Guiomar Novaes, que em concertos no Brasil e no exterior costumava se apresentar com roupas assinadas por sua grife.

Dener também assistiria "ao desaparecimento de um Brasil inteiro" com o golpe de 1964, perdendo ainda sua mais ilustre cliente, a primeira-dama Maria Teresa Goulart, refugiada no Uruguai com o presidente deposto. Considerando Lupe Cotrim uma das mulheres "mais inteligentes do Bra-

---

[49] • Roberto Schwarz. CULTURA E POLÍTICA, 1964-1969. Em *O pai de família e outros estudos*. Rio de Janeiro: Paz e Terra, 1978, p. 61-92.

sil", como dizia, o costureiro gostava de chamá-la a sua casa, quando ela tinha um momento de folga, para "desemburrecer". Ou para dar nome a modelos recém-criados. Um deles, com certo ar gótico, foi batizado por Lupe de "Catedral submersa", título de uma composição de Debussy; mas também uma variação de alguns versos de seu livro *Entre a flor e o tempo*: "catedral do universo/imerso/nas sonoras pedras [...]". Assim a escritora passou a integrar o seleto elenco de personalidades nomeadoras dos modelos do figurinista, formado também pelo poeta Guilherme de Almeida, o teatrólogo Paschoal Carlos Magno ou o artista plástico Clóvis Graciano.

Ao irrequieto e boêmio vizinho, Lupe viria a dedicar o poema Apresentação de Dener, no qual bem captou os traços macunaímicos da vertiginosa trajetória do costureiro – afinal, um equivalente tardio do modernismo no segmento da moda nacional: "Um quê de sofisticado/que lhe vem da Europa/combinado com o segredo/de ter guardado em si/uma criança brasileira/marajoara./ [...] Numa paisagem surrealista,/Dener desliza/entre plumas,/alamedas roxo-escarlates,/anjos dourados/miragens./ [...] Artista que brinca com a beleza,/talvez com a verdade./Mas nelas acredita/dentro do seu coração azul,/guardado escondido/num vison-sauvage". Diria depois o figurinista que o poema, cujo manuscrito foi por ele cuidadosamente emoldurado, terá sido o melhor presente que recebeu na vida.[50]

Foi provavelmente pela mão de Dener que Lupe Cotrim viria a afirmar mais que nunca aquele lado algo contraditório, para alguns fútil mesmo (*socialite* hoje?), ao ser eleita em 1964 uma das "dez mais elegantes" do Brasil pela revista *Manchete*. Antes mencionando a sua atividade literária, salientou a revista a "maneira simples e elegante de vestir" da "poetisa" e sua "presença constante na alta roda paulista". De fato, a escritora de esquerda, frequentadora de dois grupos de estudos de *O Capital* de Marx (o segundo

---

50 • Os versos transcritos de *Entre a flor e o tempo* são da Ode VIII; os sobre o costureiro estão em Dener Pamplona de Abreu, *Dener, o luxo*. São Paulo: Cosac Naify, 2007; e também: A vez de Lupe. *Última Hora*, São Paulo, [1962].

deles com colegas da Maria Antônia), por vezes surpreendia seus amigos intelectuais ao aparecer nas colunas sociais em festas chiques. Quase sempre, é verdade, reuniões com certo apelo cultural. Como as do já velho amigo, o misto de dândi e empresário Aparício Basílio da Silva, considerado pioneiro da perfumaria no Brasil, em sua cobertura na rua da Consolação; do editor José de Barros Martins, no bairro do Paraíso; do artista plástico Wesley Duke Lee, que em 1963 tinha organizado, na então célebre boate João Sebastião Bar, "O grande espetáculo das artes", tido como um dos primeiros *happenings* no Brasil; ou do casal Dulce e Victor Simonsen, na fazenda de Jundiaí ou em sua mansão da rua Turquia, no Jardim Europa. Para Wesley, ela chegou a escrever um Poema subiográfico, inserido no catálogo da exposição *O espírito da coisa*, feita pelo artista na antiga Galeria Sistina:

> Wesley Duke Lee, paulista de nascimento,
> coloriu sua vida como quis.
> Cronista das essências, o seu itinerário
> é íntimo do tempo:
> das margens do Tâmisa
> à ilha de Saint Louis,
> trouxe o sentimento depurado,
> o dom da sombra e a solidão
> de um pálido sofrimento requintado.
> O ritmo que ondeia suas linhas
> vem da Madri d'El Rey D. Sebastião
> e o ascetismo que ocorre em seus tratados
> é o retrato de sua vida de templário [...]
> Roda em si mesmo o seu destino vário [...]
> (anjos pessoalmente ele viu três). [...] [51]

---

[51] • Não incluído nos livros de Lupe Cotrim, o poema consta do catálogo da mostra *O espírito da coisa*.

Mas as surpresas de muitos ao ver a poeta e estudiosa de filosofia nas colunas sociais, além das literárias, acresceram quando, certa vez, ela teve uma passagem relâmpago pelas páginas policiais. Acusada, ao lado de Helena Silveira, de ser uma das mentoras do "sequestro" de uma amiga comum, logo os rumores se dissiparam. Se sequestro houve – e Lupe jurou inocência, alegando estar na época em férias em Ubatuba, um álibi irretorquível –, tratava-se de uma causa politicamente mais que correta: a amiga grã-fina tinha sido internada pelo marido em uma clínica psiquiátrica por ter comunicado que se separaria dele. Inconformada, apelou a amigos – entre os quais, Lupe e Helena. Como o feminismo nascente poderia silenciar diante de tal prepotência marital? Não se lera *O segundo sexo* em vão. O caso nunca se esclareceu completamente, mas o certo é que, libertada da clausura, a amiga foi vista mais de uma vez assistindo aulas de Filosofia na Maria Antônia. Seja como for, os colegas de sala de Lupe Cotrim vibraram, quando viram a notícia no jornal: "Vocês viram a ousadia da Lupe? Que mulher corajosa...", comentavam. O episódio aumentou ainda mais seu prestígio junto aos estudantes.[52]

> Lupe parecia ter um vulcão por dentro, se entregava inteira em tudo o que fazia. Sua volúpia de viver era tanta que, embora desse prioridade à vida intelectual, não queria tampouco abrir mão da vida social,

lembraria a psicanalista Lília Cintra Leite, uma das mais próximas amigas da escritora, que atribui à poeta o contágio da "paixão intelectual".[53]

Essa voracidade pela vida emerge em muitos dos versos da escritora. "Numa paixão tranquila/amo a tudo e em tudo vivo", escreveu no livro *Entre a flor e o tempo*. "Brasas por dentro/e a vida em seus trilhos", inscreveria no póstumo *Poemas ao outro* (1970). Ou ainda em sua segunda coletânea:

---

52 • LUPE. *Última Hora*, São Paulo, s.d. [1963]; e lembrança da professora Anamaria Fadul. A amiga que desencadeou a denúncia de sequestro foi a sra. Lygia de Freitas Valle.

53 • Depoimento à autora, 19 jan. 2007.

> Ó que imenso dissipar
> por assim gostar de tudo! [...]
> Por que ter tantos sentidos,
> o sentimento tão apto
> e o coração vulnerável? [...]
> Ó QUE IMENSO DISSIPAR • *Raiz comum*

Por vezes Lupe comparecia às festas, eventos e reuniões sociais vestida com roupas assinadas *by* Dener. Em algumas ocasiões, ele presenteava ou fazia pechinchas à amiga batalhadora, que, mesmo com pouco dinheiro, não abdicava da "paixão pela forma". Ela costumava privilegiar as cores, vivas ou em tons pastel, e não dispensava o uso de brincos, pulseiras, anéis – e, como chegou a dizer em entrevista, escolhia preferencialmente sapatos de "salto alto e bico fino". Lupe Cotrim não se conformava com o jeito sóbrio com que costumava se vestir a amiga Lygia Fagundes Telles, dizendo-lhe: "Liginha, você se veste tão sem cores... Eu sou uma cigana". Cores, especialmente o verde, o azul e o vermelho, brilhos e cintilâncias que também comparecem em muitos de seus poemas, encarnando a vertente fortemente sensorial de sua lírica – por vezes combinados com a denúncia social. Como em MEMÓRIA BARROCA, o mais extraordinário dos quatro poemas que dedicou a Carlos Drummond de Andrade.

> [...]
> Seduzidos pela brisa
> mergulhamos na poeira dourada
> e nos azuis incontáveis:
> mas rompe-se entre os olhos
> uma miséria sem trégua
> – essa é a nossa treva.
> MEMÓRIA BARROCA • *Poemas ao outro*

Lygia interpretou certa vez: "Ela amava os objetos, tinha paixão pela forma, pelas cores. Sentia-se cintilante como as joias, que adorava, mas não pelo seu valor".[54]

Naquela longa entrevista a Drummond, feita no Rio em 1958, cinco anos antes do início de seu curso de Filosofia, Lupe ainda respondeu ao poeta, que indagara, como que num vaticínio: "Poeta e filósofo se completam?". E ela, sem titubear: "Creio no poeta e desconfio do filósofo: ele apenas sistematiza o que o poeta descobriu". Em meados dos anos 1960, ela acabaria decerto mudando, aos poucos, essa opinião, ao menos em seu dia a dia. "Quero lhe afiançar que poeta e filósofo se entendem bem – estou de fato feliz", segredou ao poeta mineiro em uma carta, referindo-se à sua ligação com o filósofo de carne e osso com quem, pouco depois, veio a se casar.[55]

3. NA TERRA DE NERUDA

Em junho de 1964, Lupe Cotrim publicava seu quinto livro de poemas, *O poeta e o mundo*. A epígrafe, de autoria de Salvatore Quasimodo, considerado o mais hermético dos poetas italianos, já aludia a uma questão obsessiva em sua escrita: a do papel do poeta num tempo desencantado e num mundo desconcertado, em que a própria sobrevida da poesia era questionada. Segundo Quasimodo, na epígrafe escolhida,

> a posição do poeta na sociedade não pode ser passiva. Dizemos que ele "modifica o mundo". A poesia se converte em ética pela sua oferenda de beleza; sua responsabilidade está em direta relação com sua perfeição. Escrever versos é "sustentar um juízo".[56]

---

54 • Mônica Soutello. LUPE: A MORTE DEPOIS DA CHUVA, cit.

55 • Carta de Lupe Cotrim a Carlos Drummond de Andrade, 20 ago. 1965.

56 • Lupe Cotrim, *O poeta e o mundo*. Rio de Janeiro: José Olympio, 1964. [Otto Maria Carpeaux afirma que a poesia de Quasimodo foi a mais hermética "porque o poeta teve urgência de esconder muita coisa: foi antifascista militante e, depois, líder da Resistência". *História da literatura ocidental*. Rio de Janeiro: O Cruzeiro, 1966, p. 3352, v. 7.].

Se os filósofos já haviam interpretado demasiadamente o mundo, caberia aos poetas transformá-lo? – parecia indagar-se Lupe com a epígrafe de seu novo livro, que se situa a meio do caminho entre a dicção inaugural dos primeiros volumes e a do início da maturidade poética em gestação, de que daria mostra nas outras duas coletâneas que estavam por vir. Mas como poderia um poeta, recusando-se à posição "passiva", transformar o mundo? Pelo ideal elevado de uma ética transfigurada em "beleza" e "perfeição"? E que "juízo" e que ética *sustentariam* os seus versos? Aqueles fundamentados em um agudo "sentimento do tempo", que ela buscava adensar e problematizar nos estudos de filosofia, desembaraçando-se arduamente do que João Cabral chamou de "espetáculo" do eu? No elíptico Inédito diálogo, de *O poeta e o mundo*, coletânea segmentada em cinco partes, delineia-se o desafio de renovação poética que parecia espicaçar Lupe, então:

> Renovar-se poema
> no poema,
> tempo no tempo,
> sem temer conceito e sentimento
> – fatal estar na terra
> e além dela. [...]
> Inédito diálogo • *O poeta e o mundo*

Projeto de renovação que descartava a trilha da poesia concreta: "Renovar-se a palavra/ (não desmembrada)/inteira, fora e dentro/concatenada". Observaria uma crítica perspicaz, ao abordar a poesia lírica de Lupe Cotrim: "É da palavra fundadora do poeta que surgirá o novo mundo, o novo ser".[57] Com alguma alusão a Drummond, porém dedicado a Cas-

---

57 • Nelly Novaes Coelho. *Dicionário crítico de escritoras brasileiras*. São Paulo: Escrituras, 2002.

siano Ricardo, o poema seguinte inscreve nova reflexão sobre a matéria primordial do fazer poético:

> A palavra é móvel, fluida
> em seu corpo interpretado.
> De tudo que era,
> mantém ainda o traçado,
> permanecendo contínua
> em seu devir.
> A palavra é um rio de pedra.
>
> Mantida em dicionário
> eis que palpita
> qual pássaro contido
> no alcance de seu voo
> – cabe à voz de um gesto libertá-la.
> Inviolada, cede
> à aguda penetração do amor,
> entra nos contextos,
> examina sua vizinha de sentido,
> as combinações são alquimias
> do sentir do tempo [...]
>
> A palavra é humana. [...]
> VISÃO DA PALAVRA • *O poeta e o mundo*

Em sua coluna em *O Estado de S. Paulo*, Sérgio Milliet se disse impressionado com os primeiros versos da segunda estrofe ("Mantida em dicionário..."), meditando brevemente sobre eles. Pena não haver se estendido em seu comentário. Manuel Bandeira, ao receber um exemplar, enviou um cartãozinho de agradecimento a Lupe Cotrim pelo "tão bonito livro". Já Nogueira Moutinho, crítico paulista, não sem antes assinalar certo desânimo diante do "estágio" da poesia brasileira da época, anotava o quanto Lupe havia caminhado, desde o livro de estreia, e "quão aplicada e atentamente" vinha "acompanhando as lições da poesia nacional contemporânea", chamando-a de "discípula atenta".[58]

Mas seria o professor inglês John M. Parker quem, tempos depois, avaliaria mais detidamente *O poeta e o mundo*. Sublinhando a forma concisa e elíptica, como que brotada de um esforço de "limpeza" da linguagem, observa o crítico:

> O livro ganha com a incursão da poeta por áreas mais amplas da experiência, tanto no plano dos temas como no plano da forma. [...] A metafísica e as soluções estéticas dos primeiros volumes foram abandonadas em prol de algo próximo a um socialismo utópico, uma certa forma de humanismo [...].

Lembra Parker a seguir que a lírica de Lupe Cotrim, dirigida "ao intelecto", requer muitas vezes leitura paciente, por não se tratar de "poesia fácil". Aqui Parker estava em acordo com o crítico Gumercindo Fleury, que antes observara: "Não é raro que o leitor se demore um pouco mais, ao fim da leitura de um verso, tentando penetrar o exato pensamento da poetisa. Sente que está nele mesmo a interpretação".[59] Advertência, de resto, feita pela própria autora, no primeiro poema de seu ainda ingênuo livro de estreia: "Se não me compreenderes/peço-te ainda que voltes/mais uma vez para meus versos".[60]

---

58 • Sérgio Milliet. *O Estado de S. Paulo*, São Paulo, s.d. [1964] [DE HOJE, DE SEMPRE]; cartão de Manuel Bandeira a Lupe Cotrim, 11 set. 1964; Nogueira Moutinho, em *Folha de S.Paulo*, São Paulo, 30 ago. 1964.

59 • John M. Parker. THE POETRY OF LUPE COTRIM GARAUDE, cit.; Gumercindo Fleury. RAIZ COMUM. *Diário de São Paulo*, São Paulo, 22 jul. 1959.

60 • PRIMEIRO ENTENDIMENTO, em *Monólogos do afeto*. Cit. 1956. [Poema que faz lembrar um quarteto de Emily Dickinson: "Sua mensagem, eu a confio/A mãos que nunca vou ver – / Por causa dela – gente minha – / Julgai-me com bem-querer". Em *Uma centena de poemas*. Trad. Aíla O. Gomes. São Paulo: T.A. Queiroz, Edusp, 1984, p. 147.]

Cartão de Manuel Bandeira a Lupe Cotrim • 1964 • FLCG-IEB

Depois de *O poeta e o mundo*, que trazia ainda o soneto em decassílabos SAUDADE, dedicado ao amigo Guilherme de Almeida – "um passado insistindo em ser presente" –, Lupe chegou a dizer que pretendia fazer uma "pausa" poética, para refletir e repensar sua escrita. Mas, no turbilhão em que sempre viveu – "tinha a capacidade de viver intensamente o momento"; "através dos cinco sentidos, ela vivia intensamente a vida", descreveriam suas amigas[61] –, a "pausa" não durou três anos, até a publicação do próximo livro, *Inventos*, que, afinal, representaria um *tournant* em seu discurso lírico. Ainda em 1964, contava a uma jornalista ter, também, abolido algumas palavras "que não servem mais ao poeta", entre as quais "eternidade" e "verdade".[62] Neste caso, efeito, talvez, de suas leituras de Nietzsche, e da "destruição sem retorno" da ideia de verdade.

O lançamento de *O poeta e o mundo* foi comemorado em uma dupla festa, que celebrava também o surgimento de uma nova edição do romance *Ciranda de pedra*, de Lygia Fagundes Telles. Em seu apartamento de Higienópolis, a pintora Anésia Pacheco Chaves reuniu naquela noite vários nomes do *grand monde* literário e artístico da época em torno das duas escritoras: os professores e críticos Antonio Candido de Mello e Souza, Décio de Almeida Prado e Paulo Emílio Salles Gomes, os poetas Guilherme de Almeida e Hilda Hilst, a escritora Edla van Steen, o artista plástico Antonio Bandeira, em passagem por São Paulo. Além, naturalmente, do filósofo José Arthur Giannotti, com quem Lupe Cotrim se casaria no final daquele conturbado 1964.

A lua de mel aconteceu no Chile, no verão de 1964 - 65. Na capital, Santiago, tinham se refugiado alguns amigos do casal, perseguidos depois do

---

61 • Dulce Simonsen, em *Lupe Cotrim – Simpósios em comunicações e artes*, cit.; Lygia Fagundes Telles, em Mônica Soutello, cit.

62 • Entrevista de Lupe Cotrim a Leila Marise. *A Nação*, cit.

golpe militar de 1º de abril. Entre eles, os sociólogos Francisco Weffort e Fernando Henrique Cardoso, que passaram a trabalhar na antiga Comissão Econômica para a América Latina (Cepal), órgão de pesquisas da Organização das Nações Unidas (ONU), com sede na capital chilena, e a antropóloga Ruth Cardoso, até pouco antes também colegas de Giannotti na faculdade da rua Maria Antônia. Lá os exilados tinham encontrado, entre outros, o poeta amazonense Thiago de Mello, então adido cultural na embaixada brasileira, nomeado ainda pelo governo de João Goulart. Thiago logo se tornara amigo íntimo de "Paulinho", isto é, o poeta Pablo Neruda, que anos depois viria a receber o Nobel de literatura.

Os preparativos da viagem repercutiram atrás dos Andes. Os recém-casados gostariam de dar uma esticada até os lagos do Sul? – queriam saber os amigos. Que levassem roupa de verão e também agasalhos, para a noite. Não, não deviam se preocupar com excesso de bagagem, pois a Panair, a companhia aérea, era condescendente, tolerando sempre uns quilinhos a mais. E que não se esquecessem de colocar na mala um pouco de feijão e farinha, para alegrar o exílio dos perseguidos, e mais alguns discos de música brasileira, da "bossa nova ou velha", além de um bom Sílvio Caldas. Ah, já estavam providenciando um estoque de bons vinhos para regar as conversas com os esperados visitantes.

Uma bem-humorada carta da antropóloga Ruth Cardoso dá conta do entusiasmo com que Lupe e Giannotti eram aguardados no Chile. Então sob a presidência do democrata-cristão Eduardo Frei, o país vivia uma sólida democracia, quase à europeia, na época considerada indestrutível.

> Lupe, respondo imediatamente sua carta, tão entusiasmada fiquei com a notícia de que vocês estão de viagem marcada. Todos os amigos que prometeram visita roeram a corda. Só Vs. se mantêm fiéis. [...] Tragam roupa de banho, porque moramos ao lado de um clube com uma piscina, onde as alemãs exibem biquínis não muito ousados. [...] E quando souberem que está "en Chile" uma das dez mais, será o fino! Estou exibindo aqui a *Manchete* em que V. aparece [...]. Nosso cartaz subiu muito depois que anunciamos que vamos recebê-la. Diga, pois, ao Giannotti que

deixe de amolar com essa história de viajar à europeia, que isto é para gente feia. [...] Tenho procurado para V. os "20 Poemas de Amor..." do Neruda, [que] continua na Isla Negra, [...] "enojado del mundo". [...] [63]

Pablo Neruda... do *Canto general*, de *Residencia en la tierra*, de *España en el corazón*. O poeta engajado e telúrico, cantor como poucos da mulher e do amor. Embora sua poesia por vezes um tanto eloquente e oratória muito diferisse da sua, com ele Lupe esperava poder se encontrar para alguma boa conversa. Decerto, Thiago de Mello os poria em contato.

E, de fato, os pôs. Sensibilizado com o acabrunhamento dos brasileiros após o golpe de abril, no qual "gigantescos símios tinham se transformado em governantes" em Brasília, Neruda sublinhava o orgulho pela vocação de seu país de sempre acolher o "pensamento perseguido".[64] Thiago de Mello, que então preparava a publicação de seu novo livro, *Faz escuro, mas eu canto*, já no título alusivo à ditadura no Brasil, morava na época em La Chascona ("a descabelada", em língua quíchua), uma das três moradas chilenas do autor de *Canto geral*, hoje transformada em sede da Fundação Pablo Neruda. Próximo ao centro de Santiago, no bairro boêmio de Bela Vista, La Chascona era a casa que o poeta ergueu para sua bem-amada Matilde Urrutia, a grande companheira de sua vida. Com um cantante fio de água cruzando o terreno, a casa, em vários níveis, entrecorta-se em módulos interligados por escadas e terraços, com a vegetação externa servindo como elemento de integração. Por trágica ironia, de lá sairia, logo após o golpe militar de 1973, o corpo de Neruda em grande cortejo que se transformaria no primeiro protesto público contra os "gigantescos símios" liderados por Pinochet, em direção ao cemitério. Já doente, o poeta chileno seria ferido de morte pelo golpe que veio a soterrar as esperanças de uma sociedade mais justa que tinham aflorado, como nunca, no governo de seu amigo Salvador Allende.

63 • Carta de Ruth Cardoso a Lupe Cotrim, 30 nov. 1964.
64 • Thiago de Mello. *Faz escuro, mas eu canto*. [Apresentação de Pablo Neruda]. Rio de Janeiro: Civilização Brasileira, 1965.

Mas, naqueles anos 1960, respirava-se no Chile uma atmosfera de grande liberdade, civilizada e amena. Mais do que isso, havia ali "um ambiente inteiramente aberto à poesia", lembraria Francisco Weffort, em cujo apartamento se hospedaram Lupe Cotrim e José Arthur Giannotti. "Por vezes nos reuníamos para cantar e ler poemas." Da passagem de Lupe por Santiago, Weffort guarda "uma impressão muito forte. Além de linda, ela tinha luz própria, brilhante como uma estrela".[65] Estrela breve.

A morada de La Chascona abrigava, além de Thiago e sua mulher, a chilena Anamaria, e em meio a uma pletórica coleção de objetos de arte popular e indígena, um retrato de Matilde Urrutia pintado por Diego Rivera – com o perfil de Neruda emergindo da despenteada cabeleira da retratada; e alguns quadros de Fernand Léger, autor das ilustrações da edição francesa do *Canto geral*, um dos pintores da predileção de Lupe. Nessa casa, Thiago e Anamaria prepararam alguns jantares para Lupe e Giannotti, Ruth Cardoso e os "três Fernandos" que estavam por lá: Fernando Henrique, Fernando Gasparian e Fernando Pedreira. Certa noite, "Paulinho" e Matilde, então instalados na casa à beira-mar de Isla Negra, também apareceram, recorda Thiago de Mello, guardando a "lembrança dos agradáveis encontros" que teve com a "pessoa fina e culta" de Lupe.[66]

Fernando Henrique Cardoso bem se recorda daquela estada de Lupe e de seu já velho amigo Giannotti no Chile. "Lupe com seus belos olhos, sorriso sedutor e afabilidade natural." Já então um *habitué* dos jantares e saraus organizados por Thiago de Mello em La Chascona, muitas vezes com a presença de Pablo Neruda, Fernando Henrique relembra aquela noite em que Lupe Cotrim lá esteve com o marido.

---

65 • Em breve depoimento à autora, por e-mail. [As palavras de Weffort fazem lembrar o que me disse, elipticamente, Marilena Chauí sobre Lupe: "Uma bela poeta e uma linda mulher".]

66 • Breve depoimento de Thiago de Mello à autora por e-mail.

Como sempre, Neruda era figura dominante, um ícone, de pouco falar, pausado, anasalado. Tinha o ar de um Buda, tanta era a reverência de todos nós a ele. Só Thiago de Mello, com seu jeito amazônico, ousava ser gracioso e atropelar o poeta.

O ex-presidente da República releu a obra poética de Lupe nesse exercício de relembrança.

Lupe Cotrim Garaude deixou saudades. Foi-se cedo demais, legando-nos alguns lindos poemas, cuja qualidade pude aferir ainda agora. Deixou marcas em sua visita a nós, no Chile, e esparramou simpatia em muitos amigos, aqui em São Paulo. [67]

Naquela noite em La Chascona, os confrades conversaram animadamente, trocaram livros, disseram poemas; e Pablo Neruda deu um conselho à poeta brasileira: "Escreva todos os dias". Mas ela prosseguiria com sua rotina poética mais intuitiva do que disciplinada. Até pelas contingências de trabalho, estudos e vida familiar, jamais seria uma escritora de gabinete. "Seu processo de criação era catártico", lembraria José Arthur Giannotti. "De um modo geral sua poesia saía pronta e quase sempre representava aquilo que ela estava vivendo no momento."[68] Com efeito, alguns poemas de Lupe eram escritos, conforme revelam os manuscritos de seu arquivo no IEB,[69] em plena rotina do dia a dia, por vezes esboçados em cadernos do curso de Filosofia ou em páginas dos livros que estava lendo. Por exemplo, em uma das últimas folhas de seu exemplar, bastante assinalado, das *Oeuvres* de Arthur Rimbaud (edição de 1956, organizada por Henri Matarasso), encontra-se o primeiro registro manuscrito de O DÚPLICE, poema que seria incluído em sua coletânea póstuma:

---

[67] • Depoimento à autora por e-mail, mar. 2009.
[68] • *Lupe Cotrim – Simpósios em comunicações e artes*, cit.
[69] • Instituto de Estudos Brasileiros da Universidade de São Paulo (IEB-USP), que desde 2007 guarda em custódia o arquivo pessoal de Lupe Cotrim Garaude.

> [...]
> Cúmplices,
> o poeta e eu
> nos salvamos do crime.
> E do outro que somos
> ainda por dizer
> devoramos a fome.
> O DÚPLICE • *Poemas ao outro*

E em meio às suas copiosas anotações de estudos há um rascunho de um dos "monólogos" de *Inventos*, o livro seguinte, em que a segunda série de poemas, DE AMOR, gira em torno da paixão entre dois amantes – tema brotado da experiência que, afinal, vivia então na vida real com o filósofo, seu marido. Vale lembrar que a experiência pessoal emergia quase sempre elusiva na poesia lírica de Lupe – poeta, entretanto, capaz de captar e registrar de imediato também alguns dos principais eventos da história presente. Como, entre outros, o início das explorações espaciais (HINO AO AUGUSTUS, *Raiz comum*); depois a morte de "Che" Guevara (PASSAPORTE DE HERÓI – RETRATO, do último livro, *Poemas ao outro*); ou o início dos "anos de chumbo", com a edição do Ato Institucional n. 5 (MEMÓRIA BARROCA, *ibidem*).

No Chile, a passagem por Valparaíso, cidade à beira do Pacífico Sul, separada de Santiago por arrepiadas montanhas, onde "a pobreza se derrama nos morros como uma cascata" e as noites de céu estrelado maravilhavam Neruda, ficaria gravada em um poema de Lupe Cotrim.[70] Para além do estímulo da paisagem marítima, recorrentemente cantada pelo autor do *Canto geral* e também por ela, a poeta lê a gramática latino-americana da pobreza e da miséria, nessa composição emocionada e cromática, em que também evoca o grande confrade chileno. Em sua volta a São Paulo, esse

---

70 • Parte da reconstituição desse segmento se baseou em Pablo Neruda, *Confesso que vivi – Memórias*. Trad. Olga Savary. 16 ed. São Paulo: Difel, 1983.

poema seria publicado na imprensa, em versão um pouco mais longa do que a que sairia postumamente em livro; versos como "ternamente/nos [abrigam] os companheiros exilados" seriam cortados – possivelmente na fase de obsessiva concisão e depuração do que ainda restasse de excessivo e adocicado em sua escrita. (Ou seria, também, uma precaução em não expor, mesmo que elusivamente, já no início dos "anos de chumbo", os amigos exilados depois do golpe no Brasil?)

> Assim estamos, face
> ao frio mar azul – pousados
> entre pombas.
> Uma longa superfície comum
> de mar a mar, de entranha
> a entranha, torna próximo
> nosso olhar estrangeiro.
> Casas do mesmo mundo, homens
> além ou dentro
> das margens da pobreza
> nos envolvem; o tempo é de janeiro [...]
> Súbito a pomba, a alimentar-se
> humildemente entre as areias,
> corta o céu, contra o céu
> da áspera gaivota, em seu mar
> de coragem. São os voos que Neruda
> tomou em seus braços, há muito
> que lavra pacientemente
> os amplos sentidos da paisagem.

> Por mais familiares que estejamos
> face a estes cerros,

há um acento marrom,
uma palavra que certo tom
mantém secreta, são árvores
que surgem com um verde íntimo,
é o olhar de uma criança
a encaminhar-se entre as fronteiras
de outra consequência,
é uma miséria que ainda pede,
como todas as misérias
mas que é única, face à cor
que se detém de seu poente. [...]

Também nós, ora detidos
entre os crispados voos,
face ao agudo mar de rumos frios,
também nós passaremos
sem saber subterraneamente
além das semelhanças.
Somente uma adesão profunda
nos tornará segura
a memória deste mar de lápis-lazúli
cravejado de gaivotas [...]
e de alcatrazes, a dar envergadura

às águas, como um grave exército
guardando as ondas [...]
Inquietos terremotos
profundo olhar de cobre
a designar o possível de outra aurora [...]
CANTO CHILENO DE MAR A MAR • *Poemas ao outro*

O azul de "lápis-lazúli" do Pacífico "cravejado" pelo branco das gaivotas seguiria com Lupe no manuscrito de seu poema, decerto também em sua "memória", mas o poncho vermelho que recebeu de presente, e tanto lhe agradara, ficou esquecido e teve de ser despachado pelos amigos que haviam ciceroneado o casal. Mal deixaram o Chile, um terremoto de 7,5 graus abalou a região de Santiago, salvando-se afortunadamente todos. Logo Thiago de Mello, que havia enfrentado o tremor em plena estrada, durante viagem de carro ao som de Mozart, deixaria o posto na embaixada, por injunções da ditadura brasileira. Pablo Neruda seguiria em direção a Oxford e Paris, para cumprir compromissos de sua agenda literária. Para Lupe, era hora de retomar a convivência com a filha, o trabalho na Caixa Econômica Federal e os estudos noturnos na Maria Antônia. E de voltar a debruçar-se na busca de uma inflexão em sua poesia lírica.

Pouco antes da viagem, Lupe e Giannotti haviam se instalado, com a pequena Pupe, em um apartamento da rua Itambé, bairro de Higienópolis, no 12º andar de um imponente edifício, denominado Limoges. A poucos passos da Faculdade de Filosofia da rua Maria Antônia e bem em frente à ideologicamente antípoda Universidade Mackenzie. Ao ser informado do novo endereço, Carlos Drummond de Andrade não deixaria de comentar, evocando sua mitologia pessoal em uma cartinha: "Rua Itambé: que nome para mim! Lembra Itabira e um lugar que fica para lá de Itabira, Itambé-do-Mato-Dentro, nos longes de Conceição-do-Serro, geografia da infância...".[71] A escolha do endereço era também uma forma de facilitar os deslocamentos do casal, os dela especialmente. À saída do expediente na Caixa, Giannotti costumava buscar

---

71 • Carta de Carlos Drummond de Andrade a Lupe Cotrim, 24 nov. 1965.

Lupe de carro, deixando-a na faculdade da rua Maria Antônia. E a volta para casa era um pulo.

Cursando, em 1965, o terceiro ano de Filosofia, a poeta procurava pôr em prática o hábito de ler cerca de oitenta páginas por dia, de há muito cultivado por Giannotti. São copiosas as anotações de leitura e pesquisas de Lupe Cotrim, em fichários, cadernos, folhas e fichas avulsas, datilografadas ou manuscritas. Sobre obras e temas múltiplos, como "O conceito de humanidade no jovem Marx", "Heidegger e a poesia – Poiesis", *Le visible et l'invisible* e *Signes*, de Merleau-Ponty, *L'imaginaire*, de Sartre, *Matière et mémoire*, de Bergson... sem contar comentários sobre textos da filosofia antiga, e de Spinoza, Descartes, Hegel, Lévi-Strauss, Foucault, e tantos mais. Em bom ritmo, ela ia transitando febrilmente por filosofias, autores e obras não raro díspares, cumprindo uma vasta bibliografia em português, francês e espanhol, em alguns casos também em italiano e inglês. Um de seus trabalhos de aproveitamento, sobre Jean-Jacques Rousseau, escrito para um dos cursos de Bento Prado Júnior, seria mais tarde publicado na forma de um estimulante ensaio, ROUSSEAU – O OFÍCIO DO IMAGINÁRIO. Retomava nesse texto sua antiga indagação acerca do "humano do homem" – fundamento, talvez, daquele seu precoce "socialismo utópico", identificado pelo crítico John M. Parker. Examinando antes ideias de Hegel e de Merleau-Ponty, Lupe escreve nesse artigo:

> [...] Eis assim, dado de um só golpe, o estabelecimento da humanidade do homem: toda a obra de Rousseau há de ser a retomada, em diferentes níveis, dessa afirmação que o sentimento, mais do que a razão, torna possível a existência de um homem que seja de fato humano, ligado a sua afetividade, que comunga com a natureza, da qual é parte integrante, e cujo afastamento significa sua perda. O *Discurso sobre a desigualdade* será a narração desse processo insidioso e fatal: a posse da terra e o trabalho, sinais visíveis de domínio do homem sobre a natureza, vão ocasionar sua alienação dela e do próximo. [...] Podemos pois de início nos perguntar se para Rousseau o que funda a humanidade do homem não tem o mesmo caráter do que condiciona o improvável de uma revolução: retido no núcleo da

afetividade, na imersão fiel dentro da natureza, o homem recupera uma dimensão humana que enfim não o emancipa em sua vida social [...].[72]

E prossegue seu pensamento, detendo-se adiante na abordagem de Lévi-Strauss sobre o autor das *Promenades*, considerado pelo antropólogo o "fundador das ciências do homem". E, por fim, traçando um paralelo e um diálogo entre Rousseau e o Rilke das *Elegias de Duíno*. Isto é, mesmo em suas tentativas de reflexão sobre filósofos, Lupe Cotrim acabava chegando aos poetas.[73]

Por vezes, partia mesmo deles. Quando precisou preparar uma monografia para a disciplina de Filosofia Geral, ministrada pelo professor Cruz Costa – que então se despedia da cátedra, aposentando-se logo a seguir –, não teve dúvidas: decidiu escrever sobre a poesia de Drummond, com pleno apoio do velho mestre. Em uma carta, ela comunicou ao amigo poeta:

[...] formo-me no ano que vem (felizmente mais lírica do que nunca, depois desse massacre sistemático entre o ser e o não ser). [...] Devo fazer um trabalho para [o curso] dado pelo professor Cruz Costa – você deve conhecer. Ele, que é uma inteligência arguta e sensível, é taxativo: [no Brasil] história mesmo das ideias é na literatura que se encontra. Assim, me decidi a escrever a seu respeito, como poeta meu dileto [...]. Vou verificar a "dúvida drummondiana" com rápidas e sumárias relações ao ceticismo e ao cartesianismo. [...] Espero [depois] fazer [desse trabalho] um artigo ou material para palestra [...].[74]

---

72 • *Revista da Escola de Comunicações Culturais*. São Paulo: Universidade de São Paulo, n. 2, 1968, p. 93-104.

73 • Idem, ibidem.

74 • Carta de Lupe Cotrim a Carlos Drummond de Andrade, 20 ago. 1965.

Sem desmentir a legenda de que uma das alegrias de um escritor é ver sua obra estudada, a resposta do amigo não tardou: "Fiquei todo embandeirado ao saber que serei objeto de estudo universitário feito por você. Que bom! E mais contente pelo gosto com que você vai fazendo o seu curso [...]".[75] Prosseguiria a troca de cartas em torno do estudo *in progress*. Diante da bibliografia ainda relativamente escassa sobre a sua obra – naquele mesmo ano, Antonio Candido escrevia o seu conhecido ensaio sobre a poesia do mineiro[76] –, o que Drummond recomendava? Um pouco relutante em responder a respeito, o poeta afinal menciona o recém-aparecido *Razão do poema*, de José Guilherme Merquior, onde havia um estudo sobre A MÁQUINA DO MUNDO. Dois meses depois, Lupe avisava que o trabalho estava pronto: "Já entreguei, o professor gostou muito", porém, a conselho de dois amigos exigentes, pretendia ainda "aperfeiçoá-lo para publicação".

> O projeto, como lhe disse, é mostrar como a dúvida aparece para a arte e para a filosofia: como a primeira procura assumi-la fundamentalmente [...]; já que o conhecimento é precário, não captura de fato a coisa: apenas a criação [pode] transpassar a dúvida, sem superá-la definitivamente, como sonham os nossos vizinhos, os filósofos, que têm a fé inabalável na razão. O seu poema A MÁQUINA DO MUNDO demonstra isso com grande evidência, mas mostro como essas conclusões já estavam mais ou menos implícitas em toda a sua obra. Não aprontei ainda [a revisão do texto] porque estou em exames.[77]

Em meio a mil afazeres, Lupe apenas terminou a revisão do trabalho quase um ano depois. Intitulado A DÚVIDA NA POESIA DE CARLOS DRUMMOND DE ANDRADE, o texto abre com um preâmbulo sobre a presença da

---

75 • Carta de Carlos Drummond de Andrade a Lupe Cotrim, 8 set. 1965.
76 • INQUIETUDES NA POESIA DE DRUMMOND, em *Vários escritos*. 4 ed. São Paulo: Duas Cidades, Rio de Janeiro: Ouro sobre Azul, 2004, p. 67-97.
77. Carta de Lupe Cotrim a Carlos Drummond de Andrade, 20 nov. 1965.

"dúvida" na filosofia e na arte – embora com "motivações diversas [...] tanto o artista como o filósofo têm, como disposição fundamental, pôr o dado em questão". Passa a uma breve abordagem sobre a dúvida metódica de Descartes, saltando para citações de Shakespeare e Goethe, concernentes a seus "heróis" dubitativos Hamlet e Fausto, e sua angústia diante do "problema da insatisfação face ao conhecimento". Detém-se no estudo de Heidegger sobre a poesia de Hölderlin, passando então a abordar o "ceticismo" de Drummond. No qual detecta uma brecha, consubstanciada na práxis da criação. Procurando identificar a "dúvida no conhecimento" na "poesia desmistificadora" do mineiro, Lupe entende que ela culmina a partir de *Claro enigma*, muitas vezes por via da "ironia lúcida" – "sentimento matriz do estar-no-mundo" drummondiano, analisaria mais tarde o crítico Alcides Villaça em seu ensaio PASSOS DE DRUMMOND[78] – com que o poeta "relativiza a seriedade pobre que espelha uma interpretação superficial dos fatos". Lê-se, por fim, na linguagem ainda tateante da ensaísta aprendiz, não isenta de alusões à fenomenologia e ao ser enquanto "possibilidade do ver" de Merleau-Ponty:

> Sub-repticiamente, a esperança na própria vida, na conexão profunda entre o homem e a existência, pôde sustentar a dúvida no poeta, fazendo [com] que sua renúncia ao conhecimento [em A MÁQUINA DO MUNDO] não se tornasse morte, mas vida através da arte, da criação. [...] Não há heroísmo na poesia de Drummond, no que este significaria [...] fé indestrutível, amor inabalável, convicções absolutas. Há, isso sim, a força poderosa de uma criação incessante. [...] Através das palavras, Drummond procura capturar diretamente a realidade, capturar a própria coisa, transcendida a problemática sujeito-objeto. [...] Através do lirismo exato, da ironia sutil, de um profundo interesse pela vida de qualquer e todos os homens, Drummond cumpriu a melhor realização artística. De seu lugar, "ponto de ver e não de ser", sua obra se lança com extraordinária força; a dúvida que dilacerou o conheci-

---

78 • Alcides Villaça. *Passos de Drummond*. São Paulo: Cosac Naify, 2006.

mento, que desmentiu, em relação ao Ser, suas conquistas mais extremas, faz parte da própria criação artística, servindo-lhe de contraponto. Se o Ser não se reduziu também à conquista do poeta, este lhe responde com sua poesia, pois, como ele nos diz em "Isto é aquilo", [de] *Lição de coisas*, a forma abarrota "o largo armazém do factível/onde a realidade é maior do que a realidade".[79]

Além da admiração enorme pelo poeta mineiro, Lupe não deixava de aludir, embora *en passant*, à "volta às coisas", que então emergia não só na escrita de Drummond, mas como tendência poderosa da poesia de seu tempo. E que a levaria, pouco depois, ao estudo da poética do francês Francis Ponge, poeta do "concreto", de uma "nova auto-identificação com as coisas".[80]

Ao ler o estudo sobre sua "dúvida", Drummond – que guardou cuidadosamente o texto em seus arquivos, posteriormente transferidos para a Fundação Casa de Rui Barbosa – logo escreveu à ensaísta, com perceptível entusiasmo:

> Sim senhora, seu estudo me encheu as medidas: lúcido, seguro, provando bem que o seu curso de filosofia não foi mero divertimento do espírito; ele deu a você um instrumento de análise que falta habitualmente à nossa crítica. E eu lhe confesso que enxerguei mais claro na massa de meus versos, ajudado pela luz que você projetou sobre eles. Agrada-me ver confirmada essa "infiltração" da esperança no seio da minha dúvida, que você apresenta como elemento criador e não negativista. Como também me emocionou ver tanta atenção e carinho postos no desvendar em minha poesia alguma coisa mais do que o simples dizer imediato, a forma e o jogo verbal, atribuindo-lhe um sentido, uma posição diante do enigma da vida e do

---

[79] • Agradeço à Fundação Casa de Rui Barbosa pela cessão de uma cópia do datiloscrito desse estudo de Lupe Cotrim, a qual foi inserida no FLCG-IEB.

[80] • Michael Hamburger. UMA NOVA AUSTERIDADE. Em *A verdade da poesia*. São Paulo: Cosac Naify, 2007, p. 332-333.

Rio, 19 outubro 1966.

Lupe, amiga querida:

      Sim senhora, seu estudo me encheu as medidas: lúcido, seguro, provando bem que o seu curso de filosofia não foi mero divertimento do espírito; êle deu a você um instrumento de análise que falta habitualmente à nossa crítica. E eu lhe confesso que enxerguei mais claro na massa de meus versos, ajudado pela luz que você projetou sôbre êles. Agrada-me ver confirmada essa "infiltração" da esperança no seio da minha dúvida, que você apresenta como elemento ativo e criador, e não negativista. Como também me emocionou ver tanta atenção e carinho postos no desvendar em minha poesia alguma coisa mais do que o simples dizer imediato, a forma e o jôgo verbal, atribuindo-lhe um sentido, uma posição diante do enigma da vida e do mundo. Muito, muito te agradeço, amiga e poeta, o que isto representa de afetuoso interêsse ligado à avaliação intelectual.

      Pois aqui estou de plantão aguardando seu prometido aparecimento em fevereiro. Será motivo de grato encontro e de um papo amigo, de que ando sentindo falta. Até lá, o melhor abraço, extensivo a teu marido, a quem, por esta qualidade, estimo como se o conhecesse. Vai junto o autógrafo para a Campanha da Criança Defeituosa, só que receio ter passado a ocasião útil, por culpa dêste atrasado correspondente; neste caso, desculpe.

      De coração,

Drummond

Carta em que Carlos Drummond de Andrade cumprimenta Lupe Cotrim pelo estudo sobre sua poesia, escrito para o curso de Filosofia da USP • Original FCRB-RJ • cópia FLCG-IEB

mundo. Muito, muito te agradeço, amiga e poeta, o que isto representa de afetuoso interesse ligado à avaliação intelectual [...].[81]

Em 1965, a convite de Gérard Lebrun, "último capítulo da missão francesa", que aportara na Maria Antônia cinco anos antes com a tarefa de "desencalhar o marxismo do atoleiro humanista", chega ao Brasil um professor misto de historiador e filósofo ainda pouco conhecido, mesmo na França: Michel Foucault.[82] De quem Lupe havia lido no original, pouco depois de ser publicada, a *História da loucura na idade clássica*. Vinha Foucault debater, num seminário, alguns capítulos do livro que estava terminando de escrever, *Les mots et les choses*, fruto de sua tese de doutoramento, que seria publicado em Paris no ano seguinte. Diante de uma densa e tensa plateia, ele punha em xeque a própria noção de literatura e expunha seu método da "arqueologia do saber" – segundo ele mesmo, a análise do funcionamento histórico do saber, ou da cooptação do saber pelo poder na contemporaneidade. Ao abrir para perguntas no final de suas exposições, Lupe uma vez o interpela: "Esse método pode ser aplicado por outros, além de V.?" Não há registro da resposta que lhe terá dado o filósofo, mas nos cadernos da poeta são extensas as anotações do seminário e, depois, de sua leitura do livro que sacudiria tantos saberes naqueles anos 1960, traduzido posteriormente no Brasil sob o título de *As palavras e as coisas*. Em todo caso, ambos devem ter conversado e se aproximado depois, uma vez que o endereço parisiense de Foucault consta do minifichário de capa preta que serviu de agenda a Lupe Cotrim em 1965 (13, rue Docteur Finlay), recheado de nomes de intelectuais e escritores. Dois anos mais tarde, ela seria uma das primeiras, entre os docentes brasileiros, a incluir a obra, mal tinha sido publicada na França, no programa do curso que veio a ministrar na Universidade de São Paulo.

---

81 • Carta de Carlos Drummond de Andrade a Lupe Cotrim, 19 out. 1966.
82 • Servi-me, nesse trecho, de algumas páginas de *Um departamento francês de ultramar*, de Paulo E. Arantes, cit., entre outros textos.

Para Lupe, o ano de 1965 terminou com a grata surpresa de uma segunda gravidez. Afinal, ela uma vez chegou a incluir em seus planos ter "quatro filhos"; e com frequência se referia à alegria e à emoção da maternidade, motivo também de seu canto. Ser mãe é também "criar concretamente o futuro", sintetizou em uma entrevista.[83] Em meio à atividade intelectual intensa e à escritura de um novo livro de poemas, aproveitaria as férias de verão, sob o sol de Ubatuba, também para recolher-se. Tempo de devanear, dialogar consigo mesma, rememorar a infância, fazer reviver a menina que guardava dentro de si.

83 • Maria Aparecida Saad. UMA POETISA ENTRE A FLOR E O TEMPO. *Diário de São Paulo*, São Paulo, [1961].

Fichamento de leitura de Lupe sobre obra de Albert Camus, com poema manuscrito de autoria dela no verso • 1964 • FLCG-IEB

Lupe na casa dos pais, em Araçatuba • c. 1937-38 • FLCG-IEB

4. SER ESCRITORA ✼

> Fui menina de olhos tristes,
> menina de longas esperas,
> que ao chegar da noitinha
> isolada entre céu e mar
> pensava já nos problemas
> nascidos em cada luzinha
> que do dia se ia acendendo...
> Fui menina crepuscular.
> MENINA DO PÔR DO SOL • *Monólogos do afeto*

São Paulo ainda vivia os rescaldos da crise do café e da Revolução Constitucionalista de 1932, sufocada por Getúlio Vargas, quando nasceu, em 16 de março de 1933, Maria José Cotrim Garaude na já desvairada Pauliceia. Naquele ano, tendo como pano de fundo as velozes transformações da paisagem urbana decorrentes do surto industrial, Tarsila do Amaral pintava as telas *Operários* e *Segunda classe*, dando início à chamada pintura social no Brasil. Esgotado o primeiro tempo modernista, os protagonistas da Semana de 1922 buscavam redefinir a "questão da modernidade" nas artes. Oswald de Andrade publicava *Serafim Ponte Grande*. Villa-Lobos fundava a orquestra que levaria o seu nome. E, tomando como matéria aquela crise do capitalismo, configurada na "semicolônia" em brusca decadência da economia cafeeira, Mário de Andrade escrevia o primeiro esboço de sua "tragédia secular" *Café*, libreto para ópera em que um dos "personagens corais" é a Fome, dando início ao projeto de um canto utópico de solidariedade.[84]

Logo ao nascer, a futura poeta de *Poemas ao outro*, bisneta do modernismo de 1922, enfrentaria sem saber um problema de identidade. Conta-se que Maria de Lourdes Lins Cotrim queria dar o nome de Lupe à filha, mas

---

84 • Flávia Camargo Toni e Marcos Antonio de Moraes. MÁRIO DE ANDRADE NO CAFÉ. Em *Estudos Avançados* 13 (37), 1999, p. 261-264.

ou porque o médico Pedro Garaude, o pai, não tivesse aprovado, ou porque ao padre que batizaria a menina desagradasse o prenome "exótico", foi preciso buscar uma alternativa. A solução foi homenagear a tia da menina, Maria José, irmã de Maria de Lourdes, batizando-se a recém-nascida com o seu nome. Porém, desde o berço, os pais, agora em acordo, passaram a chamar a garota de Lupe. O poético apelido seria a junção (sem um *r*) do som das primeiras sílabas dos prenomes dos pais. Houve quem dissesse que, na verdade, teria sido inspirado pela atriz mexicana Lupe Vélez, que fazia grande sucesso na época, admirada pelos então cinéfilos Lourdes e Pedro. Já outra possível inspiração, a do romance *Lupe*, de autoria do conde Affonso Celso, soará menos plausível, em razão de certos aspectos heterodoxos da trajetória da protagonista, Lupe Hedges.[85]

Onde estaria o futuro médico Pedro Garaude na época da Semana de 1922? Não se sabe. Mas, em 1919, aos 17 anos, é certo que seu discurso como orador da turma de formandos no antigo Collegio Archidiocesano de São Paulo, então na avenida Tiradentes, bairro da Luz, foi elogiado pelo paraninfo, professor Carlos de Moraes Andrade, irmão de Mário, o grande modernista – que anos depois dedicaria a Carlos o "idílio" *Amar, verbo intransitivo*. Naquela noite chuvosa de novembro, o orador ainda adolescente ajudou a aquecer o salão repleto de convidados com seu denso discurso. Num ambiente ainda dominado pelo parnasianismo, Pedro falou depois de um colega haver recitado O CAÇADOR DE ESMERALDAS, de Olavo Bilac. E revelou, além de ardente convicção católica, formação cultural considerável, para a idade. Elogiou a escolástica tardia, afirmando a "verdadeira filosofia" de Aristóteles, Santo Tomás e Santo Agostinho contra o positivismo de Comte. Citou autores como Dante e Boileau – cuja célebre poética, algumas décadas mais tarde, sua filha viria a estudar, prezando desde as primeiras tentativas literárias os ideais clássicos de concisão e clareza. Por fim, dirigiu palavras ao paraninfo: "E vós, nobre Sr. Paraninfo

---

85 • A POETISA MORREU?. S/ass. *Correio do Livro*. [São Paulo]: Ed. Jorués, mar. 1970. [Devo a Antonio Candido a lembrança da novela *Lupe*, de Affonso Celso.]

aqui chamado, acorrestes a encorajar-nos com vossas sábias palavras, a incutir valor em nossas almas, quebrantadas já pela nova luta do porvir". Registrou a revista do colégio:

> O tal Garaude, que não assusta ninguém, nem pelo porte, nem pela pose, ressurgiu! Falou [...] como filósofo, como poeta, como literato. [...] Mostrou claramente com suas palavras de poeta a tristeza em separar-se [da] casa de ensino onde, por tantos anos, [trabalhou] com afinco.[86]

Poeta, filósofo, estudioso... se não realizou plenamente todas essas potencialidades, canalizadas decerto para sua atividade clínica, Pedro as terá, em parte, transmitido à filha, a quem desde cedo passou a presentear com muitos livros.

Em verso ou prosa, Lupe Cotrim Garaude resumiu em múltiplas ocasiões o seu próprio percurso biográfico e genealógico, por vezes referindo a origem do apelido que a acompanhou pela vida toda, adotado também como nome literário. Um desses relatos seria condensado por Carlos Drummond de Andrade na apresentação da entrevista relâmpago que fez, em 1958, no Rio, com a jovem poeta: "Lupe Cotrim Garaude traz Pernambuco, Bahia, Espanha e França no sangue, na cabeleira loura, nos olhos claros. No tipo, é só francesa; na simpatia, é brasileiríssima [...]". Dois anos antes, em entrevista à jornalista Eneida de Moraes, Lupe fora mais explícita, mencionando também um certo lado de "fazendeira do ar", herdado dos parentes maternos:

> Nasci em São Paulo, na capital, no dia 16 de março de 1933. Como vê, ainda posso dizer o ano de nascimento... Meu pai, Pedro Garaude, é médico, filho de francês e mãe espanhola; minha mãe é Maria de Lourdes Lins Cotrim, dos Lins de Per-

---

86 • *Revista do Collegio Archidiocesano*, São Paulo, 1919, p. 27 e 34-36.

nambuco. Não há chance da gente escapar dos nordestinos, não é? Cotrim é uma família de antigos fazendeiros de São Carlos do Pinhal, coisa que me orgulha, mas que só o soube agora. Nesse entrelaçamento de famílias tão diversas, nasci eu.[87]

Não aludia aí, entretanto, a um eventual parentesco da família materna com os baianos Cangussu (ou Canguçu), "gente ligada a Castro Alves", mais tarde especulado por um articulista. Nem se deteve na avó paterna, Júlia, de quem terá herdado os grandes olhos verdes e a estontante beleza física.[88] Numa espécie de fragmento de autobiografia em versos — que por certo deliciaria os cultores das "escritas do eu", jamais publicada —, Lupe refez a sua trajetória, começando pela primeira infância: "Nasço em cidade grande/e vou morar em Araçatuba./Fui desse modo criada/em ruas sem artifícios/em ruas de muito pó/e de muita simplicidade [...]".

Araçatuba, terra de muitos araçás em língua tupi, distante mais de quinhentos quilômetros da capital onde nasceu. Foi para esse *locus amoenus* que a menina se mudou com os pais, por volta de 1935, onde o dr. Pedro Garaude havia sido contratado diretor clínico da Santa Casa local. Lá o médico, especialista em doenças infectocontagiosas, formado pela Faculdade Nacional de Medicina da praia Vermelha, no Rio de Janeiro, se tornaria benquisto inclusive por trabalhos de benemerência junto à comunidade da cidadezinha, fundada ainda há pouco. Foram morar numa casa com quintal grande, à rua Oswaldo Cruz, 71. Lembraria Lupe: "Gostei dos meus cinco anos no interior paulista [...], onde papai era médico. Cidade simples, ruas de pó unindo-nos à terra, com sua fisionomia sem pretensões. Podíamos brincar na rua sem medo e com espontaneidade. Hoje as cidades se igualam em asfalto, Kibon, Coca-cola e vícios estereotipados", recordou, sempre com seu olhar crítico, em uma entrevista — na qual a entrevistadora

---

87 • Entrevista a Drummond, LUPE, À TRAIÇÃO, cit; Eneida [de Moraes]. UM DIA ELA TENTOU VOAR. *Diário de Notícias*, Rio de Janeiro, 7 out. 1956.

88 • Necrológio s/ ass., A POETISA MORREU?, cit. [Agradeço a Pedro Garaude Júnior pelas informações sobre seu pai, dr. Pedro Garaude.]

Desejo de relembrar-me;
a memoria so me responde
em estilo telegráfico.

Nasço em cidade grande
e vou morar em Araçatuba.
Fui dêsse modo criada
em ruas sem artifícios
em ruas de muito pó
e de muita simplicidade.
lembro a casa de bonecas
em que eu tambem possuía.
O grande amor por meu pai
e o meu primeiro bichinho
que amarrado no balanço
foi um dia assassinado
sem ao menos poder fugir...
a minha primeira ternura
estraçalhada também.

Depois a outra aventura;
ensaio querer voar
dando vôos em minha cama...
Dolorosa descoberta
de meu corpo vulnerável...
lembro o medo do escuro
e meus pais se fazendo luz
na minha noite criança...

Nostalgia dos moleques
se divertindo na rua
eu a olhar pela janela
como filhinha do médico
como menina comportada!

Depois aquela dor imensa
da minha primeira partida...
o meu lar fica perdido
e a minha infância quebrada.

Vou para o Rio de Janeiro
Bennett, o colégio querido
em que me senti tao amada
por tantos...tantos!
a grande fé nos estudos
minha primeira afirmação
e a minha tristeza
se formando adolescente.

Surge também na lembrança
o

Primeira parte do datiloscrito da autobiografia em versos
escrita por Lupe Cotrim, sem título • c. 1955 • FLCG-IEB

reiterava a "irradiante simpatia" da entrevistada.[89] Qualidade, com efeito, confirmada por inúmeras pessoas que a conheceram.

Foi em Araçatuba que Lupe tentou, aos quatro anos, um "voo" concreto: "Doente, com uma gripe que me prendia à cama, fiz um ensaio de voo – grande pulo no colchão de molas –, resultando [em] braço quebrado e [na] clara percepção de que jamais poderia voar. Fiquei perplexa [...]".[90] O desejo "violento" de aprender a ler, a fim de se libertar da dependência dos adultos "para viver as histórias dos livros" – "Creio que saber ler foi a primeira grande alegria da minha vida", diria mais tarde[91] –, as brincadeiras de rua ou em casa, em cujo quintal logo se instalou uma casa de bonecas, o amor pelo pai, que lhe contava histórias na hora de dormir, a alegria com as festas de aniversário – quando "todos pareciam gostar mais de mim" – seriam sempre lembrados:

> Lembro a casa de bonecas [...]
> o grande amor por meu pai
> e pelo primeiro bichinho
> que amarrado no balanço
> foi um dia assassinado [...]
> Lembro o medo do escuro
> e meus pais se fazendo luz
> na minha noite criança.
>
> Nostalgia dos moleques
> se divertindo na rua
> eu a olhar pela janela
> como filhinha do médico [...]
> menina bem-comportada.

---

89 • Eneida [de Moraes]. U<small>M DIA ELA TENTOU VOAR</small>, cit.

90 • Idem, ibidem.

91 • Idem, ibidem.

– registrou naquela pequena autobiografia em versos, escrita na fase de primeiras tentativas poéticas, por volta de 1955. Em Araçatuba, a "menina bem-comportada" escrevia, aos sete anos, sua "primeira poesia", Mendinga [sic] do coração, que esta, sim, preferiu esquecer, só retomando a escritura de versos no final da adolescência. Lá, ainda, ganhou de presente um bicho de pelúcia, evocado em versos ainda imaturos, em seu primeiro livro: "Meu ursinho azul de infância/tu andas bem desbotado/[...] tua aparência de agora/é fruto de muita lágrima/[...]de tua doninha de outrora/a mesma de tranças (lembras-te?) [...]".[92]

Aqueles cinco anos de infância feliz, que tanto marcaram a vida de Lupe, foram abruptamente encerrados. "Depois aquela dor imensa/da minha primeira partida/o meu lar fica perdido/e a minha infância quebrada.// Vou para o Rio de Janeiro [...]". Com a separação dos pais, por volta de 1940, ela se transfere com a mãe para a então capital da República, onde residia parte da família materna. Vão morar em Copacabana, num suntuoso prédio da rua Domingos Ferreira, a poucos passos do mar – que viria a ser um motivo recorrente na escrita da futura poeta.

Aos 13 anos, abordava com precoce resignação em seu diário a separação de Lourdes e Pedro, evento que tanto a traumatizara:

> Eu era uma criança como as outras, gostava de brincar com bonecas e sonhar com mundos encantados [...]. Mamãe se separou de meu pai, aliás uma coisa até banal nesse mundo em que vivemos, homens e mulheres sem juízo que se casam, constroem um lar com alicerces fracos que, hora menos hora, acaba por ruir [...]. Isso para mim, que sou muito sensível, calou na minha alma de criança, [o que] os anos não conseguirão destruir. Fiquei sonhadora, com uma sensibilidade exagerada, algo pessimista.[93]

---

92 • Maturidade primeira, em *Monólogos do afeto*, 1956.
93 • Primeiro diário de Lupe Cotrim, que integra seu arquivo pessoal, FLCG-IEB.

A garota alegre e despreocupada que corria com o pai pelos campos de Araçatuba, que com ele ia ao circo e, quietinha, espiava o alvoroço dos moleques pela janela de casa vai se transformar, no Rio, na adolescente "de olhos tristes", "introspectiva e melancólica", segundo ela mesma depois descreveu. Passa então a se refugiar nos livros, na música e na escritura de um diário íntimo, em cuja primeira página avisava: "Meu diário, aliás minha vida. Ninguém [...] pode ler". Naquele pequeno caderno tipo brochura, de capa bege, anotaria com letra firme – à época ainda legível – "pensamentos" e sentimentos contraditórios, típicos da adolescência, em que ora se vê dotada de insuspeitada força, ora fragilizada.

"Adoro ler, adoro música, adoro poesia [...], conversar com pessoas inteligentes, trocar opiniões sobre os variados assuntos que se debatem no cérebro humano. [...] Tenho [...] personalidade muito forte, [...] opinião própria sobre todos os assuntos, e discuto com os outros. [...] Não sou tímida e apagada, doce e terna, sou altiva, me imponho em qualquer lugar [...]. Detesto a mentira e o fingimento, e sobre esse ponto sou muito leal", descrevia-se, indicando desde aí a capacidade de traçar nítidos perfis, por vezes de si própria. A menina ao espelho bem se reflete também no retrato que uma coleguinha faria, pela mesma época, em uma redação escolar, na qual assinala ainda a disposição solidária de Lupe Cotrim:

> É uma menina notável, esta de quem vou falar. Chama-se Lupe. É meiga, inteligente, viva e sabe conversar; cativa as pessoas pela sua simpatia e espírito. Linda de rosto, possui grossas tranças [...] a emoldurá-lo. É uma menina admirada e respeitada por todos, pela sua personalidade e força de vontade, [...] sempre segura de suas ações. A franqueza é sua virtude principal e é sempre amiga, pronta a socorrer quem precisa e, nas horas de aflição, está do lado de quem necessita. Como veem, é uma grande alma. [...][94]

---

94 • Assina "J.H. Magalhães, Colégio Bennett", s.d.

Lupe, em seu caderno, também esboçava planos, como o de "ser alguém no futuro", e de "estudar muito e escrever mais ainda". Naqueles anos do pós-guerra, década de 1940, também emergia ali, em embrião, aquela inclinação humanista e pacifista, ainda em registro bastante ingênuo e com os adolescentes lugares-comuns: "Gostaria de ser a confidente de cada um [...], saber o drama de cada ser humano. [...] os homens, tão mesquinhos, em vez de se amarem [...] vivem se matando, matando também o melhor que há na alma do homem".

No Rio de Janeiro, Lupe Cotrim passou a estudar no tradicional Colégio Bennett, fundado no ano da Abolição da Escravatura, em 1888, localizado em Botafogo, onde logo se destacaria pela inteligência e pelo bom desempenho escolar. Aos 14 anos, seria eleita "vice-presidente" de sua classe. Em cartas ao pai, ia relatando as "ótimas notas" que obtinha, e numa delas contava: "todas foram dez". "Lupe foi sempre um crânio", diria uma colega daqueles tempos.[95] A "menina crepuscular" amava o colégio de janelas em arco, emolduradas com granito, onde por vezes estudou em regime de internato ou semi-internato e fez algumas sólidas amizades. E o evocaria também naquele fragmento autobiográfico: "Bennet, o colégio querido/em que me senti tão amada/por tantos... tantos!/A grande fé nos estudos/minha primeira afirmação/e a minha grande tristeza/se formando adolescente".

Um intelectual metamorfoseado em *voyeur* acredita ter "vislumbrado" a jovem estudante em meio às árvores e heras do parque do colégio:

> Creio mesmo que a vislumbrei várias vezes, apesar de ela não me ter identificado nunca, pelo que sei. [...] quando Lupe era adolescente e estudava no Colégio Bennett, lá por volta da década de quarenta, vi-a várias vezes, de passagem. Morava eu, nessa época, em edifício que tinha entrada dupla, uma pela rua Paissandu e outra

---

95 • Carta de Lupe Cotrim a seu pai, 16 mar. 1946; e afirmação da amiga Lena Drolshagen, em breve depoimento à autora. [Antes do Bennett, Lupe passou pelo colégio Notre Dame, também no Rio.]

Floradas na Serra

*Para Lupe
minha futura colega
com um afetuoso
abraço.*

*Dinah Silveira de
Queiroz*

Março . 46

Dedicatória de Dinah Silveira de Queiroz
em exemplar de *Floradas na serra* • 1946 • Biblioteca da família

pela travessa Tamoios. Ora, o Colégio Bennett, situado na esquina de Tamoios com a rua Marquês de Abrantes, constituía-se numa das "visões" mais agradáveis do apartamento de minha família. E acontece que, entre as mais lindas adolescentes do educandário, havia certa meninota loura de grandes olhos verdes que, ou me engano muito ou outra não era do que [...] Lupe Cotrim Garaude. [Depois] acompanhei-a de longe, sempre [...] com o entendimento que seus extraordinários dons sempre despertaram em mim.

Era o escritor Octávio de Faria, que, muitos anos depois daquele "alumbramento" de jovem, viria a resenhar alguns dos livros de Lupe. Quando, em 1967, ela publicou a sexta coletânea de poemas, *Inventos*, escreveu: "Belo, rico, poderoso livro que [...] através de uma longa viagem entre o mar e o amor, à sombra da meditação e do diálogo, nos leva tão longe e tão alto que é como se estivéssemos encerrados nos longos capítulos de uma suma sobre o amor".[96]

No Bennett, Lupe conheceu Verinha, Lena, Zelinda, que se tornaram suas amigas vida afora. "Mulher pode ser amiga de mulher?", perguntou-lhe certa vez o poeta Carlos Drummond de Andrade, respondendo Lupe de bate-pronto: "Só as superiores". Zelinda, que preferia ser chamada de Zel, pertencia a uma ilustre família de escritores – era filha de Dinah Silveira de Queiroz, que na época já tinha publicado o romance *Floradas na serra*, e sobrinha de Helena Silveira, a quem Oswald de Andrade certa vez se referiu como "a mulher mais inteligente do Brasil".[97] Lupe e Zel tornaram-se confidentes, mantendo longas conversas sobre amores, desamores, leituras e planos; como o de Lupe de, um dia, "entrar para a faculdade de Filosofia". A amiga talvez preferisse estudar psicologia, decerto para ten-

---

96 • MEMÓRIA DE LUPE COTRIM GARAUDE. *Jornal do Comércio*, Rio de Janeiro, 14 mar. 1970; e: A POESIA DE LUPE COTRIM GARAUDE. *Jornal do Comércio*, Rio de Janeiro, 13 ago. 1967.

97 • A frase de Oswald de Andrade foi dita quando a peça de Helena Silveira, *No fundo do poço*, foi censurada. Revista *Sombra*, [Rio de Janeiro], n. 106, ano X, out. 1950, p. 38.

tar compreender o mal-estar que a ambas mordeu desde cedo, e que logo aprenderiam a chamar pelo nome de "angústia existencial". Quando falavam em namoro e casamento, Zel, muitas vezes cheia de humor, lembrava uma frase que ouvira: "A vida de solteiro é vazia, mas a de casado, como enche!". E sapecava a última gíria do tempo: "morou?". Em uma carta enviada a Lupe muitos anos depois, a amiga se referiu à saudade que sentia dos "tempos complexos e cerebrais" da convivência que ambas tiveram no Rio de Janeiro. [98]

No Carnaval de 1946, Zel convida Lupe, então às vésperas de completar 13 anos, a passar os feriados no chalé de sua família, em Petrópolis, para onde também iriam a mãe e a tia Helena com seus dois filhos, além de um gato e de um cachorro pequinês. Lupe escreve então ao pai, que depois dos anos em Araçatuba tinha voltado a residir em São Paulo, pedindo autorização para viajar com a amiga, em lugar de ir visitá-lo, como sempre fazia nas férias. Foi então que aproveitou para lhe comunicar um projeto de vida:

> Vou com uma colega, Zelinda Silveira de Queiroz. A mãe dela é aquela escritora, Dinah Silveira de Queiroz. [...] Vou me divertir muito no Quitandinha, [vamos] passar o Carnaval lá, imagine!! Adivinha quem está lá? A Lana Turner. Vou conhecê-la pessoalmente [...]. O Sr. vem passar o meu aniversário comigo? [Ah] eu pretendo no futuro ser escritora. Que acha? Todo mundo diz que eu tenho muito jeito. [...][99]

Ser escritora. Talvez romancista? Já andava anotando essa opção em seu diário. E não poderia supor que aquela curta viagem a Petrópolis acabaria, mais tarde, contribuindo para impulsioná-la nesse caminho. Não se sabe se, naquele Carnaval, chegou a avistar a atriz americana Lana Turner

---

98 • Cartas de Zelinda Silveira de Queiroz a Lupe Cotrim, 16 out. 1953 e 18 dez. 1953.
99 • Carta de Lupe Cotrim a Pedro Garaude, 4 fev. 1946.

Zelinda é muita amiga da Mimi. Pergunte a ela. Não lhe dou o endereço porque não o sei, mas assim que chegar lhe escreverei. Está bom? Vou me divertir muito na Quitandinha. Vou passar o Carnaval lá, imagine!!!! Adivinhe quem está lá? A Lana Turner. Vou conhece-la pessoalmente.

Estou muito satisfeita. Sinto não poder ir para S. Paulo mas em Junho irei sem falta. Está bem? O sr vem passar o meu aniversário comigo? Vem sim. Eu acho que vou dar uma festinha e assim o sr vai conhecer os meus amigos que também desejam muito conhece-lo. Eu pretendo no futuro ser escritora. Que acha? Todo mundo diz que eu tenho muito jeito. Lembranças a todos e mil beijos da filhinha

Lupe.

4/2/1946.

Trecho de carta de Lupe a seu pai, Pedro Garaude
4 fev. 1946 • FLCG-IEB

nem sequer se foi mesmo ao baile do Quitandinha. O diário da adolescente reservava-se muito mais ao registro dos dramas interiores do que aos fatos do dia a dia – como, de resto, a sua futura poesia, na primeira fase. Mas foi aquele diário que uma tarde, em Petrópolis, Helena Silveira descobriu debaixo do travesseiro de Lupe, e indiscretamente se pôs a folhear. Indiscrição que acabaria suscitando assunto para mais de uma crônica, tanto de Helena como de sua irmã, Dinah – que também leu páginas do caderno.

> Conheci [Lupe] aos onze anos de idade, brincando com meus filhos e minha sobrinha (filha única de Dinah) num jardim meio mágico, cheio de lírios cor-de-rosa, rodeando uma casa no Morro do Encanto, em Petrópolis. Àquela época foi cair-me nas mãos um diário de Lupe. Em meio a coisas ingenuamente bonitas, ela dizia [algo assim]: "Concordo com Shakespeare quando ele descreve o amor de Romeu e Julieta". O diariozinho me valeu uma crônica: A MENINA QUE CONCORDA COM SHAKESPEARE. [...] [Lupe] foi uma das criaturas mais lindas que conheci: os olhos verdes, os cabelos de um loiro-cinza, o porte miúdo e delicado, a pele sempre dourada de sol. Um trio de gente moça invadia a todo momento minha casa: Lupe, Regina Simone Pereira [...], àquele tempo também [...] poetisa, e o jovem estudante de artes plásticas [...] Aparício Basílio da Silva. [...] Sua poesia foi amadurecendo e ela estudando, tombando a cabeça bela sobre livros e livros. Foi a primeira pessoa que me falou de *Histoire de la folie*, de Foucault.[100]

Helena não conta o que Lupe relata no próprio diário: que entrou em fúria com aquela invasão de privacidade. Isso não impediu, contudo, que, apesar também da diferença de idade, as duas se tornassem íntimas amigas ao se reencontrarem, em São Paulo, quase uma década depois. Já a lembrança de Dinah Silveira de Queiroz daqueles dias em Petrópolis guar-

---

100 • Helena Silveira. *Paisagem e memória*, cit., p. 196-198; e também: INFÂNCIA, *Folha de S.Paulo*, São Paulo [1956]; e LUPE, A LUZ, ibidem, 22 fev. 1970.

da algumas variações em relação ao registro da irmã. Na época, Dinah chegou a escrever um acróstico para a garota, com as iniciais de seu nome-apelido, vaticinando a sua vocação literária: "Longas tranças, buquês gênero antigo/Um sonho delicado – formosura/Passa no teu olhar, está contigo/Este demônio da Literatura". E lembraria, depois de mencionar a "generosidade de espírito" de sua futura colega:

> [...] lá no Morro do Encanto, em Petrópolis, Lupe era uma menina de tranças douradas que alternava a cisma poética com pequenas explosões temperamentais. Era uma figura rara de beleza – as tranças presas com flores, agitadas, ora pela animação da conversa, ora por uma zanga qualquer – flutuando entre a doçura e o ressentimento. [...] Lembro-me, como se fosse hoje [de que, entrando na sala, dei] com uma furiosa briga de meninos. Lupe e um seu precoce admirador bem se esmurravam sinceramente. Apartei os briguentos e a menina, tremendo ainda de cólera, explicou as suas razões: "Ele caçoou de mim porque eu disse que gostava de Shakespeare".[101]

Ao lado da música de Chopin – Lupe desde cedo amou os clássicos –, Shakespeare era, de fato, presença constante naquele diário. O que bem simbolizava a precocidade de gosto da inquieta garota. "Shakespeare e Chopin me fazem vibrar [...]", anotava. E adiante ensaiava uma breve análise de três personagens femininas do bardo inglês face ao amor – sentimento que viria a ser depois um dos temas recorrentes de sua poesia lírica.

> Ofélia com amor comum, [...] incapaz de grandes sacrifícios, um amor que vive no recanto de nossa alma, onde a fraqueza impera. [...] Desdêmona, a imagem do amor infeliz, incompreendido, o amor que dilacera o coração. Enfim, temos Julieta [...], o amor sublime, completo, sem falhas. [...] É também o amor trágico, desesperado. [...] Shakespeare [...] soube compreender esse sentimento, [...] é o maior dos poetas, para mim.

---

101 • ESTE DEMÔNIO DE LITERATURA. *Jornal do Comércio*, Rio de Janeiro, 29 set. 1956.

O desejo romântico de amor intenso, ilimitado, incondicional, o anseio utópico de plenitude iriam, decerto, atormentar Lupe Cotrim desde muito cedo.

A garota que amava Shakespeare e Chopin voltou para o Rio levando na mala um encorajamento explícito: a dedicatória de Dinah Silveira de Queiroz em um exemplar da quinta edição de *Floradas na serra*, seu romance de estreia – um sucesso na época, sobre a moça que adoece e vai tentar recuperar-se em meio aos bosques e araucárias das montanhas de Campos do Jordão. Livro que depois seria transposto para o cinema, resultando em filme de grande êxito estrelado por Cacilda Becker. "Para Lupe, minha futura colega, com um afetuoso abraço", grafou Dinah no exemplar.[102]

Cerca de um ano depois daquela incursão a Petrópolis, na virada dos 13 para os 14 anos, Lupe escrevia o seu provável primeiro conto, nas páginas daquele mesmo caderno lido indiscretamente pelas irmãs Silveira. A ele deu o título de Tempestade, sem aí, entretanto, reportar-se ao seu amado Shakespeare. Na época, dizia planejar reunir algumas breves narrativas com vistas a um possível futuro livro, o que afinal nunca se concretizou, embora, por volta dos 18 anos, chegasse a inscrever, sem êxito, uma coletânea delas em um concurso. A poesia só viria depois.

Mesclando técnicas de descrição topográfica e psicológica, o pequeno conto Tempestade, com pouco mais de oito páginas manuscritas, narra o desespero de uma jovem mulher ao ser abandonada pelo amado. Com ideias de suicídio, ela caminha por uma praia deserta, em plena tempestade, mas acaba ouvindo a sua "consciência" e atendendo aos apelos da "vida" e – palavra das mais recorrentes na posterior escrita lírica de Lupe Cotrim – do seu "futuro". Aí simbolizado pelo inesperado surgimento de uma estrela, em meio ao céu carregado. Assim se inicia o texto, evocando a dança "macabra" da natureza:

---

102 • Conforme exemplar encontrado na biblioteca de Lupe Cotrim.

Manuscrito do primeiro conto, TEMPESTADE, em seu diário • Fev. 1947 • FLCG-IEB

Nuvens negras cobriam o céu azul. Trovões ribombavam e os raios cortavam o espaço de aspecto ameaçador. Turbilhões de folhas secas rodopiavam, arrancadas pelo vento furioso das árvores que se curvavam, parecendo macabras criaturas dançando ao som de uma música terrível...

Sucedem-se considerações sobre a imperfeição e a destrutividade dos "seres humanos" e o "drama eterno" de suas "paixões". Imatura, como não é de surpreender, a narrativa inaugural, com alguma leve ressonância dos contos fantásticos, não deixa de ter importância entre as primeiras tentativas literárias de Lupe. Logo se seguiriam outras. Uma delas, como que revelando aquela sensibilidade social que, muito depois, buscaria fundamentar em seus estudos de Filosofia, traz como protagonista a cantarolante faxineira negra de um colégio, encarregada de restaurar a ordem e a limpeza em meio à bagunça deixada pelas privilegiadas alunas, contrastando a trabalhadora braçal com certa professora de piano "com ar burguês".

Viriam outras tentativas de contos, quase sempre escritos em seu diário, em meio a anotações sobre os primeiros namoros, além dos inúmeros "pensamentos", muitas vezes registrados no terraço do apartamento em Copacabana. "A vida é uma grande sinfonia que nos arrebata às doçuras do paraíso e às profundezas dos abismos..."; "[procurar] fixar o meu estado de espírito em uma rede de palavras que pretendem vencer o esquecimento". "A vida é sonho, a morte realidade, a primeira instante, a segunda, eternidade!"... Mas não, não queria "escrever palavras bonitas e muito menos coisas sentimentais, revestidas de poesia". O que, afinal, queria Lupe escrever, fixar em "redes de palavras" capazes de durar, "vencer o esquecimento"?

Naquela pequena autobiografia em versos, ela voltaria a evocar a decisão de tornar-se escritora, revelando já então uma concepção de literatura transformadora, solidária, não isenta de certo viés humanitário e utópico: "Surge também na lembrança/o dia em que muito feliz/me planejei escritora;/afeição à humanidade/no destino que então me fiz/de ser o porta-estandarte/para um mundo bem melhor".

Foi, provavelmente, em 1949 que Lupe Cotrim, aos 16 anos, tomou a decisão de se mudar para São Paulo. Queria estar mais perto do pai, a quem só via nas férias ou nas rápidas passagens dele pelo Rio. Anos antes Pedro Garaude tinha refeito sua vida, unindo-se a Maria Aparecida Matheus Ferreira, de apelido "Doca". Com quem tivera, em 1943, um segundo filho, o futuro advogado Pedro Garaude Júnior – chamado, na infância, carinhosamente pela única irmã de "Garodinho". "Papai foi o único que conseguiu decifrar um pouco o enigma Lupe", escreveu a adolescente em seu diário, ainda no Rio. Enigma que se refletiria em sua caligrafia de adulta, da qual seus missivistas costumavam reclamar, em vão – disse certa vez sentir prazer com sua caligrafia enigmática: "Sempre fui contra o prazer que tem o artista em ser obscuro e pouco se importar com o público, criando a obra para si, [...] mas sinto prazer em ser obscura na letra", anotou em um segundo diário. Em desespero, a amiga Zel pediu uma vez em uma carta que aquela "obscura" caligrafia fosse convertida numa "letra cristã", em lugar daquele ilegível "alfabeto sânscrito". Mais tarde, o poeta Walmir Ayala, desanimado ao não conseguir decifrar trecho de uma carta de Lupe, entregaria os pontos: sua letra "ganha da minha em matéria de enigma".[103]

Havia outros motivos para pretender deixar o Rio. Sentindo-se incompreendida pela mãe, dizia-se, também, cansada do ambiente carioca, onde os rapazes eram "vazios", só pensavam em praia e futebol, anotou. Além disso, elucubrava que São Paulo, sua cidade natal, ofereceria decerto mais condições para seu desabrochar como escritora. Despediu-se então com tristeza do Colégio Bennett, em uma redação: "Um parque, edifícios grandes, árvores, luz, sombra, natureza [...]. Difícil [traduzir as lembranças]

---

103 • Segundo diário de Lupe Cotrim; carta de Zelinda Silveira de Queiroz a Lupe, 18 dez. 1953; e carta de Walmir Ayala à poeta, 6 jan. 1966.

nessas palavras, que revelam uma despedida triste, um afeto verdadeiro, uma segurança [...]" – texto arrematado com versos de Tennyson, em livre tradução: "Atrás fica o porto/o vento enfuna as velas/acolá se estende o tenebroso mar".

Assim, antes de completar 17 anos, Lupe transfere-se para a Pauliceia, concluindo os estudos secundários no colégio Des Oiseaux. Afinal, quando punha uma coisa na cabeça, nada a fazia recuar. Nem mesmo a carta que recebeu do pai, repleta de advertências e ponderações, concluindo que, apesar de seu amor pela filha, não seria recomendável que ela passasse a residir em sua casa. Segundo algumas suposições, o dr. Pedro Garaude, na verdade, temia alguma influência desestabilizadora que a mãe de Lupe, d. Lourdes, sempre se recusando terminantemente a lhe conceder o desquite, pudesse exercer por intermédio da filha junto à sua nova família. Ainda em sua pequena autobiografia em versos, registrou Lupe, expressando seu desengano: "Depois ida para S. Paulo/encontro com convenções/com as várias rejeições/que me isolam de tudo./[...] Procuro defesa em afetos/ [...] eu só mesmo acreditava/numa infinita bondade/[...] os meus gritos ansiosos/para os ouvidos surdos".

Sem provavelmente avaliar a dimensão do sentimento de rejeição que sua atitude causaria na futura poeta, Pedro Garaude entende-se com um amigo, cuja filha adoraria hospedar Lupe, a quem já conhecera nas férias, em São Paulo. Afinal, tinham a mesma idade, cursariam o mesmo colégio, estudariam ainda juntas na Aliança Francesa. Algo ressentida, mas sem nunca se deixar abater, a jovem recém-chegada do Rio passa a morar com a família dos amigos de seu pai, próximo ao casarão dos Garaude na alameda Casa Branca, nos Jardins. Seria, afinal, apenas por algum tempo, Pedro lhe garantira. Além disso, Doca, sua madrasta, "gostava demais" de Lupe e tudo fazia para que ela e seu irmão, "Garodinho", dez anos mais novo, se entendessem. E, com alguns períodos de desencontro, de fato se entenderam. "Para mim, Lupe era um ícone, um ídolo, a mulher mais bonita, a mais inteligente", recordaria Pedro Garaude Júnior. "Eu tinha um grande orgulho dela. Por exemplo, quando prestei vestibular na faculdade de Direito do largo de São Francisco, o catedrático de Ciência do Direito, Gofredo da Silva Telles, perguntou-me: 'Você é irmão da Lupe?' Fui muito bem na prova e obtive a nota máxima, mas até hoje me pergunto se a admiração do mestre por minha irmã não terá contribuído na avaliação." Foi ainda Lupe quem, por essa época (início dos anos 1960), introduziu o irmão nas ideias de esquerda.[104]

Naquele ano de 1949, sem nunca se queixar, Lupe escreve de São Paulo com frequência à sua mãe, dizendo sentir saudade. "Mãe é como pátria, mesmo quando difícil, a gente continua amando", disse certa vez.[105] Nas cartas a d. Lourdes, dizia que não, que não se preocupasse, pois não estava engordando, e já tinha começado também o curso na Aliança Francesa; que costumava viajar nos feriados com as amigas para o litoral, em São Vicente; e também confidenciava sobre os novos namorados e os numerosos "pretendentes".

Ia, também, aos poucos planejando a vida de "futura escritora" em São Paulo. Terminado o curso colegial, matricula-se, em 1950, no curso de Cultura e de Biblioteconomia no Sedes Sapientiae, então na rua Marquês de Paranaguá, região central da cidade. Não era bem o que gostaria de estudar – o sonho era mesmo Filosofia –, mas logo teria de pensar em trabalhar, ganhar a própria vida. O curso do Sedes seria, portanto, mais condizente naquele momento. Ali conheceu Lília Cintra Leite, então recém-chegada de uma longa temporada em Roma, que viria a se tornar uma de suas mais próximas amigas – em 1950, "debutaram" juntas num grande baile de gala no antigo e glamoroso Hotel Esplanada, ao lado do Theatro Municipal. "Além de bela, Lupe era intensa, inteligente, brilhante e também cheia de humor", lembraria a psicanalista.

---

104 • Depoimento de Pedro Garaude Júnior à autora, 3 fev. 2009.
105 • Em carta a Carlos Drummond de Andrade, 10 set. 1969, Lupe Cotrim observou: "Pátria e mãe não se escolhe, e acabamos por amá-las assim mesmo".

Não era uma *jeune fille bien rangée*, no sentido paulista. Tinha algo de abrasivo, não era propriamente uma pessoa doce. Estava sempre se construindo. E também sempre em busca do paraíso perdido... O lado mais bonito dela era a sua integridade.[106]

Um dos motivos que levaram Lupe Cotrim ao Sedes Sapientiae é que o curso oferecia disciplinas do seu maior interesse, conforme suas copiosas anotações: paleografia, diplomática e história da escrita, do livro e da imprensa; história das artes, desde os primórdios; e, sobretudo, literatura comparada, incluindo desde a epopeia babilônica de Gilgamesh, os *Vedas* hindus e o *Livro das odes*, da China, até a *Bíblia* e os poemas homéricos. Foi ainda nesse curso que tomou conhecimento da lírica trovadoresca provençal e de seu avatar galaico-português – que mais tarde viriam a repercutir na sua primeira poesia –, além dos poetas franceses François Villon, Pierre de Ronsard e André Chénier, dos espanhóis do Século de Ouro, dos românticos Chateaubriand, Musset, Victor Hugo, e tantos mais, repassando ainda os grandes prosadores. De muitos desses poetas viria a adquirir livros no idioma original, encontrados em sua biblioteca.

Ali no Sedes, estudou ainda o modernismo brasileiro. Em uma enquete, Lupe chegaria a citar, mais tarde, Mário de Andrade como um de seus preferidos, entre os poetas mortos. E dois de seus poemas posteriores, inseridos no livro de estreia, trazem alguma ressonância de certos versos da *Pauliceia desvairada*, conforme bem observou a estudiosa Maria Beatriz Alcântara. Hino dos comedidos, a composição mais forte da coletânea, não deixa de ecoar, em tom mais suave, a Ode ao burguês; e Automóvel verde dialogará com o marioandradiano A caçada, nos versos que evocam a passagem da "Cadillac mansa e glauca da ilusão" de Oswald. A própria Lupe terá aludido, de algum modo, a tal ressonância, em uma das primeiras entrevistas que concedeu: "Minha poesia 'oficial' chamou-se Automóvel verde (no meu livro há um outro automóvel verde que

---

106 • Depoimento de Lília Cintra Leite à autora, 19 jan. 2007.

observa o primeiro), resultante de uma aula de literatura no Sedes Sapientiae".[107] Em dicção ainda imatura, diz a poesia de *Monólogos do afeto*, seu primeiro livro:

> O antigo automóvel verde
> sempre permanecerá
> como a poesia primeira. [...]
> No meu automóvel verde
> vivido aos dezoito anos
> eu me sentia liberta
> da urgência das soluções [...]
> Hoje já sei conduzir-me
> mas ando assim pela vida
> entre rumos confundida [...]
> AUTOMÓVEL VERDE • *Monólogos do afeto*

"Confundida", mas sempre estudiosa, Lupe escreveria, ainda no curso do Sedes Sapientiae, uma breve análise do POEMA DE SETE FACES de Carlos Drummond de Andrade, que viria a ser o seu preferido entre todos os poetas – e, depois, o mais assíduo correspondente de sua vida breve. Comentando, antes, no mesmo trabalho, um haicai de Guilherme de Almeida (A ONDA), do qual "gostou" por achar menos sentimental, passa ao poema de *Alguma poesia*, sublinhando-lhe a "simplicidade" e o coloquialismo.

---

107 • Entrevista a Eneida [de Moraes], cit. [Em sua dissertação de mestrado *A poesia de Lupe Cotrim Garaude. Imanência x Transcendência,* Universidade de Brasília, 1987, inédita, Maria Beatriz Alcântara faz detalhado levantamento de diferentes ressonâncias e "presenças fecundantes" na lírica de Lupe Cotrim, entre as quais de Mário de Andrade e de Oswald de Andrade.]

> Antes de conhecer [...] Drummond, achava que poesia moderna tinha seu máximo em Manuel Bandeira. Nunca pensei em encontrar um poeta tão profundamente expressivo. Acho-o de uma riqueza extraordinária, [além da] dignidade, inesperado de imagens e comparações. [...] Acho-o profundamente desiludido. Tenho a impressão de que gostaria de o encontrar [...] para entregar-lhe um pouco de minha fé. Mas o que mais admiro nele e que [...] pode parecer paradoxal, é o seu amor à vida (visível no seu poema Passagem da noite) [de *A rosa do povo*]. [...] [108]

Seis anos depois, com a "fé" já fraturada e com o primeiro livro publicado, Lupe criaria coragem para enviar o manuscrito de adolescência a Drummond, dando assim início à correspondência e à amizade entre ambos. E o mineiro se deliciaria com o aplicado trabalhinho: "[...] tão gostoso, porque tão inteligente, em que o magro poeta se sentiu admiravelmente interpretado por uma menina (é verdade que a menina também era poeta, como se viu depois)".[109]

Uma única vez, ao longo de quase 15 anos de diálogo epistolar, criou-se certa leve tensão no relacionamento entre os dois poetas. Foi quando Lupe, já então com dois livros de poesia publicados, solicitou ao mineiro que lesse o diário íntimo que escrevera na adolescência, no Rio, e opinasse sobre a validade de publicá-lo, conforme lhe tinha sugerido um psicanalista. Em 1960, enviou o caderno de capa bege a Drummond, escrevendo-lhe depois:

> [...] Tem lido o diário? Como já lhe disse, caso não ache valor literário, não se preocupe em me dizer – [do] que faço realmente questão é da poesia. Só publicaria o diário caso a exposição psicológica e a procura dos valores nessa época de formação, a adolescência, estiverem expressas de um modo que pudesse ajudar os outros. Caso contrário, vou guardá-lo.[110]

---

108 • Prova manuscrita de Lupe Cotrim para o curso do Sedes Sapientiae, FLCG-IEB.
109 • Primeira carta de Carlos Drummond de Andrade a Lupe Cotrim, 7 out. 1956.
110 • Carta de Lupe Cotrim a Carlos Drummond de Andrade, 23 ago. 1960.

Mas o poeta não se deixou empolgar com aquelas anotações da garota que amava Chopin e Shakespeare. "Lupe, loura, luna", assim começava a carta sobre o diário, sedutor.

> [...] Sem dúvida, Lupe, seu livro [o diário inédito] é válido e se sustenta pelo que há nele de situação humana vivida e, citando-nos ambos, passada a limpo. Essa autenticidade ninguém lhe pode negar, é um título. Mas o valor de uma obra, a meu ver, está sobretudo no ajustamento da forma a uma situação humana exemplar. [...] [e citava o diário de Amiel, prosseguindo com considerações de Estética sobre a autonomia da obra de arte.] Esperava, entretanto, mais do que encontrei, movido talvez pela sua poesia, que me autoriza a exigir muito de V., tão acentuado é o seu crescimento nela [...].[111]

Lupe não se mostrou decepcionada com o *obstat*, mas, com a sinceridade e a autonomia intelectual características, não hesitou em, citando *Qu'est-ce que la littérature?*, de Jean-Paul Sartre, argumentar altivamente com o grande poeta:

> Caríssimo Drummond [...] Agradeço-lhe de coração inteiro todo o trabalho que teve, mais a paciência. [...] Só de uma coisa não gostei: foi de você, pelo mais leve momento, achar que pudesse haver arranjo literário. O diário está exatamente como foi feito [aos] 13 anos. [...] é a história de uma menina procurando um sentido para a vida, sozinha, e por isso tão [reforçada?] em si mesma. Além do mais nunca pensei em publicá-lo no meu nome. [...] Vamos deixar o diário de lado. Quero discutir um ponto de vista seu sobre arte que muito me surpreendeu. É quando você diz que a obra não se propõe a nada no sentido ético e moral, que isso pouco interessa ao autor [...]. Cito Sartre, com quem concordo. [...] *bien que la littérature soit une chose et la morale une toute autre [chose], au fond de l'impératif esthétique nous discernons l'impératif moral*. No fundo, Drummond, toda obra sua se definiu pela

---

111 • Carta de Carlos Drummond de Andrade a Lupe Cotrim, 15 nov. 1960.

participação violenta, lúcida e, portanto, construtiva do mundo. Você pode dizer que independe de sua vontade consciente, mas existe então a vontade inconsciente, e você nesse aspecto sempre foi um moralista. Não no sentido burguês, no humano. [...] Querido Carlos, agradeço-lhe uma vez mais nossa amizade, [...] já invencível. Além de você pessoalmente reforçá-la, ela já se estruturou para sempre nos versos do grande poeta de *A rosa do povo* e *Sentimento do mundo*, que tanta esperança trouxeram para toda uma geração moça – embora o autor talvez nem saiba."[112]

Drummond talvez tenha se divertido com a manifestação de altivez da jovem amiga. E a conversa epistolar durou até as vésperas da morte de Lupe.

No Sedes Sapientiae, ainda naquele início da década de 1950, a professora exultou com o empenho analítico da jovem de 17 anos, dando nota dez ao trabalho sobre o Poema de sete faces, e sublinhando-lhe um "ótimo!" encorajador. Mais do que isso, perguntou à estudante: "Lupe, você também é poeta?". O que seria lembrado mais tarde: "Senti-me encorajada e comecei a me arriscar. Tomei, então, contato com minha inclinação pela poesia, disfarçada no propósito geral de escrever".[113] Por essa época, aquele ainda vago propósito de tornar-se escritora começou, aos poucos, a se metamorfosear num desejo mais nítido: "ser poeta".

---

112 • Carta de Lupe Cotrim a Carlos Drummond de Andrade, 23 nov. 1960.
113 • Entrevista a Eneida [de Moraes], cit.

5. FLORES VERMELHAS NO VENTO ✳

> A morte é apenas uma flor
> vermelha, que passa no vento.
> PAISAGEM DE UMA AULA DE FILOSOFIA
> *O poeta e o mundo*

Ainda naquele ano de 1950, Lupe Cotrim colheria inesperadamente a sua primeira grande "flor/vermelha que passa no vento", segundo a imagem da morte no poema que escreveria mais de uma década depois. Embora continuasse magoada com o pai, concorda um dia em com ele marcar uma conversa, em busca do entendimento. Ela segue ao seu encontro, mas ele não aparece. Em seu lugar, receberia a notícia da tragédia: ao sair para vê-la, Pedro Garaude havia sido atropelado por um ônibus, no centro de São Paulo. Estava morto. Contava 48 anos incompletos.

Lupe carregaria para sempre essa perda dentro de si. Terá sido a ela que aludiu naquela entrevista feita por Carlos Drummond de Andrade, anos mais tarde: "Os mortos se comunicam com os vivos?", perguntara o poeta, ouvindo como resposta: "Ficam dentro de nós". Na pequena autobiografia em versos, anotaria: "e um dia papai morto/um grande silêncio de vida/da minha vida ofendida/ – tristeza já mocidade". Voltaria ainda a essa perda em um emocionado e longo poema em versos livres, em que reitera: "Dentro de mim é que perduras". Evoca, nessa elegia, escrita provavelmente já na década de 1960, os anos felizes da infância em Araçatuba, quando ouvia as histórias contadas por Pedro – histórias "que hoje reinvento no meu verso:/iluminados enredos, a filtrar,/do teu amor, a realidade mágica/que [...] hoje/é meu modo de olhar". Catarticamente, resgata em sua escrita a figura amada, antes diluída por tempos de ambiguidade entre "amor" e "omissão", pela "mútua intolerância nossa", diante do "teu direito/a ser feliz, apesar de mim". A "mágoa amainada", ela concede ao pai o "futuro" de "outra manhã". E revive a dor daquele dia de maio de 1950.

> [...]
> Ah, pai, tua morte
> violentou-me demais a juventude,
> esse intervalo agridoce, ressoando
> com amargura a infância diluída
> no limiar da vida adulta.
> Tua ausência bruta, cortando
> essa paisagem ansiosa, tua morte
> sem palavra ou despedida,
> tua morte à toa, ferida numa esquina
> como um segredo sem fundo
> que não pude decifrar. [...]
> Elegia ao pai [114]

Ao lado da solidão, do mar, do amor, da solidariedade humana e da própria poesia, a "flor vermelha que passa no vento" viria a se tornar recorrência obsessiva na escrita poética de Lupe. Paradoxo lírico da mulher tão ligada à vida? Da poeta que em tantos versos grafaria a palavra "futuro"? "Sendo uma poeta da vida, ela teria de tematizar a morte, que atravessa sua obra de ponta a ponta", embora não de forma religiosa, observaria o poeta Cláudio Willer.[115] Nem religiosa nem com acento místico-metafísico, pode-se acrescentar. Segundo o poeta espanhol Pedro Salinas, a "poesia dá vida à sombra dos mortos".

Na verdade, a imagem da morte já estava presente na primeira tentativa literária de Lupe, o conto Tempestade, escrito na adolescência – nas ideias de suicídio da protagonista e na alusão à dança *macabra* –, palavra que emergiu no fim da Idade Média para designar o sentimento funesto do fim do ciclo existencial. A alegoria medieval dessa dança mortuária seria

---

114 • S.d. [1964?], s/ título do periódico.
115 • *Lupe Cotrim – Simpósios em comunicações e artes*, n. 7, cit., p. 20-28.

tematizada depois nas artes, na música, no cinema; e, na literatura, por Goethe e Baudelaire, entre tantos outros. "Quem viu jamais no baile um porte tão sublime?/[...] Vens então denegrir, com teu ar de desgraça/a doçura da Vida?", pergunta o poeta francês no poema intitulado justamente DANÇA MACABRA. "A visão macabra surgiu das profundidades da estratificação psicológica do medo", escreveu o historiador e filósofo holandês Johan Huizinga em estudo sobre a simbólica da morte.[116]

Junto a seus primeiros poemas, escritos antes dos vinte anos, inclui-se o desconcertante NÃO PENSES, encontrado entre seus papéis, nunca publicado: "Não penses/ que quando eu morrer/a vida se libertará de mim./ Nunca./ Todas as coisas/eu tomei no meu gesto/e senti na consciência. [...]// Em tudo despreocupado,/ tu que vives/me encontrarás/ porque tudo amei demais/e este amor que me rompeu/ é o vento condutor dos meus pedaços/[...] [minha] existência/incorporada e renascida em toda parte".

Em suas leituras, Lupe não deixaria de sublinhar e de assinalar nas margens dos volumes trechos que indicam o quanto a perturbava a fatalidade da extinção. Como este, do livro *Cadernos de Malte Laurids Brigge*, de Rilke (v. nota 117), lido em uma tradução francesa, marcado a lápis:

> Antigamente sabia-se (ou talvez se pressentisse) que se trazia a morte dentro de si, como o fruto o caroço. As crianças tinham dentro uma pequena, e os adultos uma grande. [...] *Tinha-se* a morte, e isto dava às pessoas uma dignidade particular e um calmo orgulho. [...] E que beleza melancólica, a das mulheres, quando estavam grávidas [...], e no seu grande ventre, sobre o qual [pousavam] involuntariamente as suas mãos, havia *dois* frutos: uma criança e uma morte. E o sorriso [...], que havia em seu rosto vazio, não [provinha] de elas crerem, por vezes, que ambas [criança e morte] iam crescendo?

---

116 • Charles Baudelaire. DANÇA MACABRA. Em *As flores do mal.* Trad. Ivan Junqueira. Rio de Janeiro: Nova Fronteira, 1985, p. 355; e: Johan Huizinga. A VISÃO DA MORTE. Em *O declínio da Idade Média.* Trad. Augusto Abelaira. Lisboa: Ulisseia, 1996, p. 145-157; 151.

Ou excertos de O TEMOR DA MORTE, em seu exemplar da *Obra poética* de Fernando Pessoa.[117] Guardaria Lupe, adulta, um medo da morte assemelhado ao confessado receio que tinha a criança do escuro? Ao defrontar-se, mais tarde – e outra vez concretamente –, com o chamado signo primordial do "princípio de realidade" (a morte), chegou a aludir a esse temor:

> Falavas na morte
> com tranquilidade
> enquanto eu temia.
> E ela colheu-te
> em teu acaso,
> num dia de sol
> de olhar desprevenido.
> – Para os de corpo
> ainda intacto
> o medo da morte
> é solidão – dizias. [...]
> A morte não é quadro abstrato
> para os que necessitam presenças
> por todos os lados [...]
> porque fechavas a porta
> na hora certa,
> percebendo claramente
> o momento de deixá-la ainda aberta,
> ela tomou-te sem reservas,

---

[117] • Edição de *Les cahiers de Malte Laurids Brigge*, encontrada na biblioteca de Lupe Cotrim. Trad. Maurice Betz. Paris: Éds. Émile-Paul Frère, 1947 [o excerto transcrito, com variações, é da tradução portuguesa de Paulo Quintela. Coimbra: Instituto Alemão da Universidade de Coimbra, 1955, p. 9 e 16]; e Fernando Pessoa. *Obra poética*. Rio de Janeiro: José Aguilar, 1960.

> no seu ardil mais brusco,
> embora sem tortura ou ameaça.
> Paisagem da análise: I– Morte de H.S.
> *Poemas ao outro*

Assim Lupe Cotrim se despediu de seu psicanalista, Henrique Schlomann, morto subitamente quando jogava tênis num dia de maio de 1965. Profissional de formação filosófica, investigador, entre outros temas, da "importância da linguagem em psicoterapia", Schlomann tinha, por coincidência, com pequena variação, o primeiro sobrenome de Sigmund [Schlomo] Freud, e presidia na época a Sociedade Brasileira de Psicanálise. Mas seria mesmo "solidão" aquele "medo da morte"?

A perda dos seres amados seria sempre evocada, como num *ritornello* – "Em cada morto amor/ a memória operária/ de faca e cicatriz/ de flor e seu processo", escreveria, mais tarde, em Os mortos.[118] E o fim dela própria se desenharia como cenário sempre temido ou, por vezes, passível de postergação utópica.

> A morte é hoje,
> se fosse durante o auge.
> A morte é hoje • *Poemas ao outro*

– diria em seu penúltimo poema. Ainda aos 23 anos, mal publicara o seu primeiro livro, *Monólogos do afeto*, Lupe fez uma confissão perturbadora, em uma entrevista: "Quero morrer do modo menos desesperado que puder. Porque, aqui muito em segredo: eu não quero morrer".[119] Assim ecoava a "Maria", figuração de um poema narrativo de sua coletânea de estreia, obcecada com a consciência de sua condição de mortal:

---

118 • Do livro póstumo *Poemas ao outro*, 1970. [Agradeço à dra. Maria Ângela Morezhon, da Sociedade Brasileira de Psicanálise, pelas informações enviadas à autora por e-mail sobre o dr. Henrique Schlomann.]

119 • Entrevista a Eneida [de Moraes], cit.

> Maria se desespera
> quando se fala na morte; [...]
> quer ser toda afinidades,
> ligações e comunhão
> com as coisas mais concretas. [...]
> A morte de Maria • *Monólogos do afeto*

Até que ponto seria "Maria" máscara dela mesma? Aquele fruir apaixonado da vida e de seu cortejo contínuo de "coisas concretas" — estas, paradoxalmente, quase ausentes em boa parte de sua poesia — não seria, em Lupe, também um meio de afastar a precoce, premonitória, ideia do fim?

Naquele primeiro livro, a jovem poeta revisita ainda o tema do perecimento em outros poemas. Em Aparência de Beatriz evoca a suicida que se mata sem explicação: "E muitos ainda diziam/que ela sofrera do vício/de ser bem original:/matar-se sendo feliz!" — talvez por excesso de "imaginação", especularia a voz lírica no poema que traz, ainda, uma crítica sutil ao papel das "esposas-modelo". E ainda em Maria Antônia e Romance de número par, este dedicado a Drummond. No livro seguinte, *Raiz comum*, retornaria à tópica da extinção, em Retrato de moça morta:

> Toda a beleza clara
> que a vida derramara sobre ela
> se afasta lentamente do existir
> e desaba no seu braço inerte. [...]
>
> Nenhum mistério,
> nenhum trauma na matéria
> subitamente largada. [...]
> Retrato de moça morta • *Raiz comum*

— diz nos versos que trarão alguma ressonância de Consideração do poema, de Drummond, talvez também de Momento num café, de Manuel Bandeira;[120] neles ainda pintando a câmara mortuária da jovem agonizante em cores fantasmagóricas. Ainda em *Raiz comum*, o bem realizado soneto DESTINO MINERAL, que Cláudio Willer chamaria de poema "denso, sintético, rico", dialoga ao mesmo tempo com o fazer poético e com a consciência de finitude, aqui novamente, e com acento barroco, enquanto "futuro" da carne, da matéria.

>Sou feita de uma carne perecível
>futuro de outra carne, sem nenhuma
>eternidade. A rocha é uma invencível
>parte da terra; que ela me resuma
>no seu mesmo destino mineral.
>A solidez ausente que tortura
>nossa matéria frágil, no final
>se renderá: serei de pedra dura. [...]
>Pela terra em que não me desfiguro
>hei de surgir um dia em cristal puro.
>DESTINO MINERAL • *Raiz comum*

Apenas aludida nos dois livros seguintes (*Entre a flor e o tempo* e *Cânticos da terra*), voltaria a morte a frequentar a poesia de Lupe em sua quinta coletânea, *O poeta e o mundo*. "A morte contratempo/desdobra-se a cada passo,/mas prossigo. Plena/de sentido, eu a afasto[...]", diz em CONTRATEMPO. Depois, como que num sonho implícito de imortalidade, enquanto hipótese improvável e passível de encenação de um ritual, no belo poema ÚLTIMA PAISAGEM. Transfigura então a poeta o motivo romântico da antevisão da própria morte:

---

120 • Em CONSIDERAÇÃO DO POEMA, de Drummond, no verso "Poeta do finito e da matéria [...]"; em MOMENTO NUM CAFÉ, de Bandeira, nos versos "E saudava a matéria que passava/Liberta para sempre da alma extinta".

Quando eu morrer,
se morrer,
quero um dia de sol,
denso, cintilante,
escorrendo-me pelo corpo
seus dedos quentes.
E quero o vento,
um largo vento dos espaços
que me respire e me arrebate
no seu fôlego,
por outros continentes. [...]

Quando eu morrer,
se morrer,
eu que renasço a cada momento,
criando íntimos laços
por toda a natureza,
eu que perduro no eterno da intensidade,
quero morrer assim:
os olhos na distância
do entendimento
e o corpo penetrando na beleza,
passo a passo.
Meu fim transformado em luz
dentro de mim.
ÚLTIMA PAISAGEM • *O poeta e o mundo*[121]

---

121 • Cláudio Willer considerou que nesse poema Lupe talvez quisesse homenagear García Lorca, lembrando a composição em que o eu lírico também antevê a própria morte e repete o refrão "Quando eu morrer". Em *Lupe Cotrim – Simpósios em comunicações e*

Volta o tema da morte sobretudo na sétima, e última, coletânea de Lupe Cotrim, *Poemas ao outro*, e em alguns poemas póstumos, além de alguns inéditos. No admirável João, a morte, do último livro, o eu poético e seu interlocutor imaginário tramam escapar da "gula" ameaçadora da extinção fatal:

> Um salto
> e eis-nos salvos
> da morte,
> agarrada à célula-instante
> em agudos tentáculos.
> Um grito,
> e eis que se intimida
> sua gula insopitável
> arregaçada nos dentes [...]
> João, a morte • *Poemas ao outro*

No mesmo livro, o tema da brevidade da vida ou da iminência da morte comparece ainda sob a alusão do motivo horaciano do "aproveite o dia", o *carpe diem*. "João, Tião, existes,/salta do dever,/escapa, lá fora/as sensações palpitam,/o mar insiste em sua oferta/há dias de veludo/para dedos calosos./João, Tião, entra na vida/não a leves só nas costas [...]" – João, Tião, ão, poema escrito na morte de seu sogro, Sebastião Giannotti, apelidado "Tião". Em outra composição, o perecimento suscita o silêncio, a afasia do poeta:

---

artes, cit., p. 20-28. [Seria Memento, do livro *Poema del cante jondo*, composição muito simples e breve, com apenas dez versos; e, afinal, há o célebre poema de Mário de Andrade, de *Lira paulistana*, que se inicia com o verso "Quando eu morrer quero ficar [...]".]

Primeira versão do poema O DÚPLICE depois incluído no livro *Poemas ao outro*, 1970. O manuscrito foi anotado em exemplar de *Oeuvres*, de Arthur Rimbaud, que pertenceu à biblioteca da escritora • FLCG-IEB

> Viverá como vivo.
> O tempo e seu assalto [...]
> não nos caberá
> fora desse pacto
> sonoro e terrível;
> a morte é o que não falo.
> O DÚPLICE • *Poemas ao outro*

E o motivo da finitude retorna com gravidade em ATEMPORALIDADE DE JOANA: "Nunca se sabe o dia/em que Joana/começa a morrer [...]". No poema que fecha o volume, entretanto, um dos últimos que Lupe escreveria, a perda dos entes queridos emerge em tom paradoxalmente quase animado, próprio do poeta apressado que precisa reinventar a vida e seguir ao encontro do amor.

> Em cada descoberta
> o explodir de um filho.
> Brasas por dentro
> e a vida em seus trilhos. [...]
>
> Em cada amanhã
> reinventar descobertas.
> Os mortos às costas
> e o amor sem recesso.
> OS MORTOS • *Poemas ao outro*

Já em 1969, no "mais cruel dos meses"– como cantou T. S. Eliot –, Lupe Cotrim colheria uma outra dolorosa "flor vermelha no vento". Sobre esta, porém, viria a silenciar? Bem antes, ainda no início dos anos 1950, começava a trilhar o seu mais obstinado percurso: o da procura da poesia.

6. SER POETA

> Ser poeta
> é meu resíduo
> de tristeza
> ao não ser triste.
>
> A dor que deveras sente
> é a que sinto. [...]
> O DÚPLICE • *Poemas ao outro*

Pelo início dos anos 1950, o mundo ainda curava as feridas da Segunda Guerra, em meio às esperanças de um novo período de paz, malgrado a emergente Guerra Fria. O Brasil, que anos antes se livrara da ditadura do Estado Novo, trazia de volta Getúlio Vargas, agora como presidente eleito, em período de florescimento democrático e "desenvolvimentismo". No *front* da poesia brasileira, enquanto alguns dos grandes nomes do modernismo ainda publicavam obras poderosas,[122] insinuava-se entre os jovens autores uma quadra de "renovada atenção ao trato da linguagem". O que seria isso? Em 1951, um *Panorama da nova poesia brasileira* enfeixaria uma resposta. O volume reunia poetas que, em sua maioria, mostravam distanciar-se – quando não hostilizar – de muitas das conquistas modernistas, voltando a padrões tradicionalistas dos temas e da forma. Guardadas as diferenças entre si, autores como Domingos Carvalho da Silva, Fernando Ferreira de Loanda (organizador do *Panorama*), Péricles Eugênio da Silva Ramos, Ledo Ivo, Afonso Félix de Sousa, entre outros que formariam a chamada "geração de 45", faziam poesia de boa fatura formal. Só que, nela, logo se identificou um claro retrocesso face ao modernismo de 1922. Ciosos em traçar uma linha divisória entre poético e prosaico, ou "não poético", esses autores retomavam as

---

122 • Carlos Drummond de Andrade publica *Claro enigma*, em 1951; Jorge de Lima, *Invenção de Orfeu*, em 1952; Cecília Meireles, *Romanceiro da Inconfidência*, em 1953.

formas fixas, especialmente o soneto, banindo o humor e o anedótico de sua escrita, soletrando uma dicção nobre, comedida, avessa ao prosaísmo e à "estética do inacabado" dos primeiros modernistas. Preocupavam-se também em fazer uma poesia da "nitidez", que, a despeito de maior ou menor "brilho erudito", prendia-se a um formulário definido como "neorrococó".[123]

Logo adveio uma cisão entre os "novos" incluídos no *Panorama*. Alguns deles, críticos das tendências intimistas, "parnasiano-simbolistas" e estetizantes encontradas em boa parte daquela antologia, acabaram escapulindo do grupo em busca de outros caminhos. Entre eles, João Cabral de Melo Neto e José Paulo Paes – que afinal nunca haviam comungado esteticamente com aqueles colegas de geração –, afinados com as "lições" dos modernistas, saíram na direção da experimentação ou da poesia participante, ou de ambas.

No Congresso de Poesia de São Paulo, realizado em 1954, João Cabral, que viria a se firmar como o maior poeta dentre os rebelados do *Panorama* – e do período –, resumiu o seu projeto, propondo saídas para o que identificava como riscos à "própria sobrevivência" da poesia. Em sua abordagem da produção contemporânea, criticou no encontro a preferência pelos temas intimistas, fazendo a defesa da primazia da "comunicação" sobre a "expressão", da "construção" sobre a inspiração. Dirigia-se aos "poetas contemporâneos menos individualistas, capazes de interesse por temas da vida em sociedade e que também não [tinham encontrado] ainda o veículo capaz de levar a poesia à porta do homem moderno". Chamava ainda a atenção para o filão da "poesia narrativa", recusando o "poema" pretensamente moderno, "híbrido de monólogo interior e de discurso de praça, de diário íntimo e de declaração de princípios, [...] escrito quase sempre na primeira pessoa". Propunha, em suma, uma inflexão radical na poesia

---

123 • Alfredo Bosi. Poesia e programa: a "geração de 45". Em *História concisa da literatura brasileira*. São Paulo: Cultrix, 1970, p. 516-520; e Sérgio Buarque de Holanda. Restauração do poético?, Rito de outono e outros em *O espírito e a letra*. Antonio Arnoni Prado (org.). São Paulo: Companhia das Letras, 1995, 2 v, p. 350-353 e 393-396.

de seu tempo, a qual ele mesmo já vinha pondo em prática em livros como *O cão sem plumas* (1950) e *O rio* (1953).[124]

Ao cisma ocorrido no grupo do *Panorama* se sucederia um desfolhar de movimentos de vanguarda com seus respectivos manifestos e programas: Poesia Concreta (1956), Tendência (1957), Neoconcretismo (1958), Poesia Práxis (1962). Os jovens poetas que estrearam em meados dos anos 1950 e que não seriam seduzidos pelas experiências de vanguarda, preservando a linguagem imagética e "discursiva", ficaram espremidos entre essas tendências experimentalistas e o grupo de 1945, buscando cada um o seu próprio caminho. Cada qual revelaria maior ou menor ressonância de uma ou outra dentre as poéticas anteriores. Há, porém, quem os agrupe numa mesma "geração", a de 60, intersticial e "sincrética".[125]

Foi nessa encruzilhada de propostas estéticas que Lupe Cotrim Garaude, às vésperas dos vinte anos – a idade mais triste do ser humano, já se disse –, começou a enfrentar a "luta" corpo a corpo com o papel em branco. "Duas horas da tarde/o poeta procurava inspiração./Olhava o papel branco/e a irritação das mãos inquietas. [...]// O padeiro passou com a carroça/mostrando o eterno das coisas cotidianas [...]", escreveu, na época.[126] Mas o primeiro poema grafado pela jovem angustiada e, depois da perda do pai, às voltas com períodos de depressão, terá sido IDENTIFICAÇÃO. Em uma entrevista a Eneida de Moraes, lembraria:

> Fiz a primeira poesia aos dezoito anos. Já escrevia prosa, fiz um diário íntimo desde os doze anos, sempre com a preocupação de ser escritora. [...] Minha primeira

---

124 • João Cabral de Melo Neto. DA FUNÇÃO MODERNA DA POESIA; e A GERAÇÃO DE 45. Em *Prosa*. 4 impr. Rio de Janeiro: Nova Fronteira, 1997, p. 97-101 e 71-89.

125 • Pedro Lyra. *Sincretismo – a poesia da geração 60*. Rio de Janeiro: Topbooks, Fortaleza: Rioarte, 1995.

126 • A ANGÚSTIA DO FALSO POETA. Poema inédito [1955]; datiloscrito no FLCG-IEB.

poesia se chamava IDENTIFICAÇÃO, consequência de um sentimento de estranheza. Senti que estava adulta e me assustei. Achei-me, por um momento, quase desintegrada no tempo e nos afetos. Mas também isso passou [...]."[127]

Como costuma ocorrer nessas primícias, a fatura do poema inaugural era hesitante, e o tom, confessional e ingênuo. Contudo, alguns versos como que salvavam a pequena composição, revelando, qual Orfeu, a busca do canto enquanto tentativa de reunir a integridade estilhaçada do sujeito: "Sinto-me às vezes tão perdida/dentro de mim mesma.../Busco os pedaços dispersos/do meu eu [...]".

"Pedaços" que ela procurou juntar também naquele fragmento de autobiografia em versos, escrito por volta de 1955, para fins íntimos, e jamais publicado – e mais tarde, em boa parte de sua poesia. Ou mesmo na prosa de um novo diário, onde voltava a assinalar certo intuito solidário, quase redentor, da criação poética e literária: "A alegria da criação é no fundo egoísta, mas em mim encontro a felicidade também da dádiva, em saber que alguém se [sentirá] compreendido e que [vivemos] num mesmo mundo, que é o nosso". Aí emergia a semente da "raiz comum", que aparece em um dos primeiros poemas ("Ah, ter assistido"), depois título de seu segundo livro, publicado anos mais tarde. Naquele segundo diário, alternava anotações de caráter pessoal, outras de natureza programática, em meio ao rascunho dos primeiros versos. Grafava também reflexões sobre o "bem comum" – expressão da época –, sobre uma "sociedade para o Homem, e não o Homem para a sociedade", entre outros tópicos de coloração ainda fragilmente humanista. Em alguns trechos mais íntimos do caderno, redigia em francês – língua em que chegou a escrever ao menos dois poemas, ainda naquele primeiro período de tentativas: DEMAIN e MES AMIS [...].[128]

Com longos interregnos consumidos pela "crise existencial" voraz, pela "angústia", que definia em seu diário como "dor moral e física, agudíssima,

---

127 • Eneida [de Moraes]. UM DIA ELA TENTOU VOAR, cit.
128 • Lupe Cotrim Garaude, segundo diário (1955-1957), e outros manuscritos do FLCG-IEB.

que nos tira o ar", provocando "a consciência da possibilidade da morte"; e também pela falta de "método" e "disciplina", além das dúvidas quanto ao próprio "talento" – foi em meio a esse turbilhão que Lupe começou, pouco a pouco, a acercar-se de poéticas e de poetas de diferentes línguas e linguagens, épocas e estilos. Retomaria então a pesquisa da lírica trovadoresca medieval, especialmente as "cantigas de amigo", com a qual travara contato em seus estudos no Sedes Sapientiae – e que ressoaria já em poemas de seu livro de estreia, também na forma velada, apenas sugestiva, de alusão à experiência pessoal. Lia também, por essa época, trovadores provençais, como Giraut de Borneil, além de Rainer Maria Rilke, Paul Verlaine, Rabindranath Tagore – os quatro lhe forneceriam epígrafes para seus dois primeiros livros.

Pouco depois terá descoberto, entre outros, Charles Baudelaire, Paul Valéry, Paul Éluard, Pablo Neruda e Juan Ramón Jiménez – o poeta fiel à herança romântico-simbolista que tanto repercutiria em sua primeira poesia, e de quem viria a selecionar dois poemas, Mis pies e Nada, para serem publicados na imprensa.[129] Mais tarde, entre os hispânicos, viria a se aproximar sobretudo de Federico García Lorca, de cujo livro *Poema del cante jondo* enxertaria alguns versos, no original, em Silêncio a João (dedicado ao poeta espanhol), do livro póstumo *Poemas ao outro*.

> *Oye, hijo mio, el silencio.*
> *Es um silencio ondulado*
> [...]
> *donde resbalan valles y ecos*
> *y que inclina las frontes*
> *hasta el suelo.*
> El silencio • *García Lorca* [130]

---

129 • *O Estado de S. Paulo*, São Paulo, 10 jul. 1959, [Suplemento Feminino].
130 • A dedicatória a Lorca consta da primeira publicação do poema, em *O Estado de S. Paulo*, 23 nov. 1968, [Suplemento Literário], embora não apareça em *Poemas ao outro*.

Lia ainda José Régio e Fernando Pessoa, a quem viria a dedicar um Diálogo, embora ressalvando depois, em O dúplice: "A dor que deveras sente/é a que sinto". Na poesia brasileira, privilegiava os modernistas, especialmente Carlos Drummond de Andrade, Manuel Bandeira, Cecília Meireles, Cassiano Ricardo, Mário de Andrade – os dois primeiros, citados já em seu primeiro livro. Em uma enquete sobre os preferidos "do passado", mencionaria ainda o árcade Tomás Antônio Gonzaga, os românticos Álvares de Azevedo, Casimiro de Abreu e Castro Alves, os parnasianos Olavo Bilac e Raimundo Correia, os simbolistas Alphonsus de Guimaraens e Cruz e Sousa, além do modernista, já então falecido, Jorge de Lima.[131]

Enquanto descobria os poetas, ia tentando afirmar sua escrita. Foram alguns anos daquele "arriscar-se" em tentativas, esboços, rascunhos, muitos deles atirados ao lixo. De aflição "na espera/do poema que não nasce", diante do "poema irrealizado"; de sofrimento "nessa passagem/de poesia". Mas também, por vezes, de altiva alegria: "Me faço cada vez mais entre os poetas", grafando a próclise pronominal bem modernista.[132] Chegou ainda a pensar em escrever um romance, para o qual esboçou o título "O mundo encontrado", porém logo o riscando em seu caderno: "Não, não serve, dá impressão de rótulo de sessão espírita...". Por vezes com humor, ia descartando também palavras e versos nos primeiros poemas: "perseverança", não, "é palavra gasta pelas empresas de seguros e capitalização", anotou em um dos manuscritos.

Por volta de 1955, Lupe Cotrim reencontra Helena Silveira em São Paulo, a quem conhecera quando ainda menina num Carnaval, em Petrópolis.

---

131 • Diálogo com Fernando Pessoa, em *O poeta e o mundo* (1964); e O dúplice, em *Poemas ao outro* (1970). Henriqueta Vertemati. Com pensamentos novos, Lupe Cotrim Garaude escreve uma forma antiga de poesia. *Correio Paulistano*, São Paulo, s.d. [1959]. E também: *A Gazeta,* São Paulo, 22 ago. 1959; *O Estado de S. Paulo*, São Paulo, 10 jul. 1959, [Suplemento Feminino].

132 • Fragmentos dos poemas Nesta tarde que se finda e Correspondências, de *Monólogos do afeto* (1956), e de Destino mineral, de *Raiz comum* (1959).

Lupe Cotrim com exemplar de seu livro de estreia,
Monólogos do afeto • 1956 • FLCG-IEB

Trabalhando então como misto de repórter de cultura e colunista social nas *Folhas*, Helena convida a jovem amiga a escrever algumas crônicas para o jornal. "Helena [Silveira] e Dinah Silveira de Queiroz me estimulam desde os meus 12 anos", disse uma vez.[133] Em uma de suas primeiras crônicas, sobre livros, Lupe chega a abordar alguns de seus autores preferidos na época, porém apenas circunscrevendo-se à prosa: Rainer Maria Rilke, citando, em francês, as *Cartas a um jovem poeta*; Charles Morgan, destacando o seu sucesso na época, *Sparkenbroke*, que tematiza a realização pessoal através da arte, do amor ou da morte – "sua concepção de amor puro, espiritual, idealizado [...] muito alimentou o meu romantismo incondicional", diria Lupe. Citava ainda André Gide, indicando *Les nourritures terrestres*, por "seu culto à vida"; por fim mencionava, ainda ingenuamente, Saint-Exupéry e o seu *Petit prince*. (Poucos anos mais tarde, incluiria Dostoiévski, sobretudo *O idiota*, além de Huxley, Camus, Sartre e Kafka, ao ser perguntada sobre seus ficcionistas preferidos.)[134] Em um balanço de sua produção, feito em dezembro de 1955 em seu diário, chegou a registrar com convicção: "Escrevi belas poesias, três artigos para jornal e um [para] o *São Paulo Magazine*. [...] para começo, está bom", animava-se. Depois, complementaria, em uma entrevista: "Saíram também uns artigos meus na *Folha da Manhã*, considerações sobre a Bienal [e] sobre a peça *Esperando Godot*, de Beckett".[135]

Apenas em 1956, contudo, Lupe Cotrim criou coragem de reunir aquelas que considerava suas "melhores poesias", escritas entre 1952 e um mês antes da publicação, e encaminhá-las, por meio de um amigo, a um editor. Na verdade, como quase todos os livros posteriores, seria uma edição paga do próprio bolso. Por essa época, as mais notáveis dentre as poetas paulistas de sua geração – depois se tornariam amigas – já haviam estreado e voltado a

---

133 • Entrevista a Eneida [de Moraes], UM DIA ELA TENTOU VOAR, cit.

134 • A primeira crônica foi publicada na *Folha da Manhã*, em setembro de 1955; citou Kafka e Dostoiévski em entrevista a *O Estado de S. Paulo*, São Paulo, 10 jul. 1959 [Suplemento Feminino].

135 • Entrevista a Eneida [de Moraes], UM DIA ELA TENTOU VOAR, cit.

publicar. Em 1950, Hilda Hilst lançava *Presságios*; no ano seguinte, *Balada de Alzira*, e em 1955, *Balada do festival*. Em 1952, estreava Renata Pallottini com *Acalanto*, ao qual se seguiria *Cais da serenidade*, em 1955.

Com *Monólogos do afeto*, coletânea de 27 poemas em edição ilustrada pelo artista plástico Darcy Penteado, a estreia literária de Lupe Cotrim, então com 23 anos, ocorreu em setembro de 1956. Privilegiando as redondilhas e outros metros breves, alternando rimas toantes e consoantes, o pequeno livro traz epígrafe de Saint-Exupéry (*Terre des hommes*), e gira em torno de alguns temas e motivos recorrentes: o descompasso entre o eu e o mundo e a crítica às convenções; a morte e o temor da morte; o amor; e o sentimento elegíaco da perda da infância, diante do Pânico dos vinte anos, título de uma das composições. Ainda um tanto indeciso entre verso e prosa – alguns dos poemas se reduziriam a "prosa de valor didático", escreveu um crítico –,[136] o livrinho incluía, em meio a composições de tom confessional e monótono, quatro poemas narrativos já de melhor fatura, sobretudo A morte de Maria e Aparência de Beatriz. Romance de número par, menos feliz, era dedicado a Carlos Drummond de Andrade, talvez numa tentativa de diálogo com Morte do leiteiro, de *A rosa do povo*. O volume inclui ainda Hino dos comedidos, que traz, em embrião, aquele viés de crítica ao estabelecido, do eu em conflito com o mundo das convenções sociais que, embora sem contrapartida na forma, se tornaria recorrente na lírica da autora. Talvez com alguma ressonância da Ode ao burguês de Mário de Andrade, esse "hino" será a melhor composição do livro:

> Não me agradam esses homens
> bem fracionados no tempo
> cedendo-se amavelmente
> em todas ocasiões
> e mais também não me agradam

---

[136] • Cyro Pimentel. *Diário de S. Paulo*, São Paulo, 21 out. 1956.

> os partidários tão vários
> de toda moderação.
> Vou passando bem distante
> desses homens comedidos
> desses homens moderados... [...]
> Desejam oportuníssimos
> sempre expelindo relógios [...]
> Eu? Eu já sou diferente. [...]
> acredito em vida intensa [...]
> Compreendo a mulher que rasga
> as vestes em grande dor
> e sinto imensa ternura
> pelo homem desesperado.
> Hino dos comedidos • *Monólogos do afeto*

Não se sabe se Lupe esteve presente ou se teve notícia daquele Congresso de Poesia, realizado dois anos antes em São Paulo, quando João Cabral de Melo Neto, que viria a ser um de seus mais admirados poetas, criticara o "monólogo" – presente já no título do livro da estreante – e a poesia de "expressão" da subjetividade, intimista, tendendo ao diário íntimo. De toda forma, se quanto a esses aspectos contrariava o autor do *Cão sem plumas*, "seguia-o" já, talvez por mera coincidência, na escritura de poemas narrativos. Helena Silveira, depois de identificar "coisas muito boas" no livro, ressalvando "as menos boas e alguns tatibitates naturais em estreias", bem observou: "Quando a poetisa toma da linguagem dos velhos rapsodos, dos romanceiros peremptos para o conteúdo do cotidiano, é que se realiza plenamente". Chamava ainda a atenção para o "nexo que mais de uma vez [Lupe] consegue estabelecer entre o francamente burlesco e o trágico", referindo-se talvez às redondilhas de Aparência de Beatriz.[137]

---

137 • *Folha da Manhã*, São Paulo, 25 out. 1956 [coluna Paisagem e Memória].

> Ninguém jamais compreendeu
> quando Beatriz um dia
> em mistério se matou.
> O marido mais amável
> a casa das mais bonitas,
> com móveis finos e caros [...]
> Não deixou nenhum bilhete
> ou conversas com amigas,
> morreu sem ostentação
> auxiliada pelo gás [...]
> deixando todos perplexos
> menos duas velhas tias
> muito antigas nos enterros
> das pessoas da família,
> que finalizando a série
> das diversas superfícies
> em que viram Beatriz
> ficaram mais satisfeitas
> ao poderem se expressar,
> pois há muito vinham sofrendo
> de complexo messiânico:
> "Nós duas sempre prevíamos
> ela acabando bem mal
> — já de criança sofria
> de muita imaginação".
> Aparência de Beatriz • *Monólogos do afeto*

Para surpresa da própria autora, foi extraordinário o sucesso de recepção que essa primeira coletânea obteve, na imprensa de São Paulo e do Rio – e num ano, 1956, em que a literatura brasileira era sacudida por dois terremotos inventivos: a exposição de poesia concreta no Museu de Arte Moderna, na Pauliceia, e, na ficção, o aparecimento da obra-prima *Grande sertão:*

veredas, de João Guimarães Rosa. Além disso, João Cabral de Melo Neto reaparecia com a reunião *Duas águas*. E, em setembro, o crítico-poeta Mário Faustino iniciava as provocadoras e rigorosas lições de poesia em sua página Poesia-Experiência, no Suplemento Dominical do *Jornal do Brasil*, nas quais demolia alguns dos novos poetas e fustigava até grandes do modernismo como Drummond, Bandeira e Cecília, vivíssimos então.[138]

O livro da estreante chegou a ser considerado um dos dez melhores lançamentos de 1956 na Pauliceia – ao lado, nada menos, de *Apresentação do teatro brasileiro moderno*, de Décio de Almeida Prado, e de *Contribuição à história das ideias no Brasil*, de João Cruz Costa, futuro professor de Lupe na USP, numa eclética listagem que ainda citava *Armorial*, de Paulo Bonfim, *João Torto e a fábula*, de Cassiano Ricardo, e um outro solilóquio poético – *Monólogo vivo*, de Renata Pallottini. A propósito, o crítico Edgard Cavalheiro comentava no Suplemento Literário de *O Estado* a "boa safra" da poesia feminina no ano, a começar pelo recém-publicado *Azul profundo*, de Henriqueta Lisboa, e mencionando o livro da estreante Lupe Cotrim, "nome para ser guardado", assinalou.[139]

Os versos de *Monólogos do afeto* "não são herméticos, não cantam temas grandiosos, não pretendem criar novos ritmos, não se enfeitam de palavras preciosas", registrou Fernando Góes, em sua coluna, do Rio, sublinhando ainda o "afeto" que a autora dedica "à humanidade que a rodeia". Lupe "revela qualidades raras nos poetas da geração mais nova", especialmente "talento, consciência literária e simpatia humana", escreveu Domingos Carvalho da Silva, que viria a se tornar um entusiasta incentivador da

---

138 • Mário Faustino. A POESIA "CONCRETA" E O MOMENTO POÉTICO BRASILEIRO. Em *De Anchieta aos concretos*. Maria Eugenia Boaventura (org.). São Paulo: Companhia das Letras, 2003, p. 469-482. [Não se conhece texto de Faustino sobre a lírica de Lupe Cotrim.]
139 • A lista dos "melhores" foi elaborada por Fernando Góes, em *Última Hora*, s.d. [jan. 1957]; e Edgard Cavalheiro, *O Estado de S. Paulo*, São Paulo, 10 nov. 1956 [Suplemento Literário].

jovem autora. O livro oscila entre a "confiança imperativa" e a "inquietação de quem procura alguma coisa" – a própria poesia?, deve-se talvez perguntar – e se configura em "verdadeira manifestação de 'simpatia', no sentido filosófico do termo", observaria ainda a resenha de Sônia Letayf, entre incontáveis notas e pequenos artigos na imprensa sobre o volume.[140]

Vitoriosa e feliz com o sucesso, Lupe registrou apressadamente em seu diário: "Publiquei meu livro de poesias, *Monólogos do afeto* – parece realmente um sonho. [...] A crítica tem sido boa". Depois, faria ela própria uma breve avaliação da primeira coletânea:

> Acho que é um livro cujos valores são: espontaneidade, sinceridade e conteúdo humano, o que para mim é de grande importância na poesia. Os defeitos são: a falta de uma elaboração mais [cuidada e de] depuramento.[141]

Mas a melhor recompensa foi, decerto, a primeira cartinha que recebeu de seu poeta preferido, Drummond. A quem tinha acabado de conhecer pessoalmente naquele outubro de 1956, quando foi divulgar a coletânea de estreia na então capital da República – encontro que deu início a uma sólida amizade literária. Em sua "prática epistolar pouco expansiva",[142] o grande poeta de *Sentimento do mundo* deixava entrever certo encantamento com a bela jovem paulista, mas também fazia como que uma promessa, estimulando a estreante:

---

140 • Fernando Góes, *Última Hora*, Rio de Janeiro, 12 out. 1956; Domingos Carvalho da Silva, *Correio Paulistano*, São Paulo, 30 set. 1956; Sônia Letayf, *A Gazeta*, São Paulo, 3 nov. 1956.

141 • Entrevista a Maria Aparecida Saad, s.l., s.d.; e segundo diário de Lupe Cotrim, 1955-57 (FLCG-IEB).

142 • Flora Sussekind, na apresentação a *Correspondência de Cabral com Bandeira e Drummond*. Rio de Janeiro: Nova Fronteira, FCRB, 2001, p. 10.

Caro poeta

Nem pode imaginar com que alegria recebi sua carta! Me fiz menina outra vez e dei uns gritos (o que assustou tôdas as pessas da casa, inclusive o caõzinho Hai-Kai, que envelhece e emburguesa)

Senti muito que pudèssemos conversar tão pouco e nesse ambiente convencional das instituições públicas. (Estou querendo deixá-lo cheio de dívidas)

Obrigada pelos recortes de jornal. Quando se acaba de publicar o primeiro livro surge uma avidez de afeto e confirmações....O problema de saber se realmente conseguimos nos comunicar e transmitir. A sua carta resolve os meus problemas e o meu futuro de poeta se anima e toma pé. Tenho escrito alguma coisa e talvez o ano que vem possa publicar um novo livro, na esperança que o Drummond faça a limpesa da poesia.

Gostaria de consult-lo em dois pontos: em uma de minhas novas poesias "O poeta comtemplativo" senti necessidade de dar a um verbo uma significação mais extensa:

No seu verso de humanos condimentos
o poeta ressentiu a natureza.

Aí está. Ressentiu. Não encontro um verbo que expresse; sentiu falta de, nostalgia de, etc. Ressentir seria ótimo, mas é possível usar o verbo nesse sentido? Longe de mim a pretensão de orginalidade (como muitos poderiam acusar) é a vontade de enriquecer o sentido dessa palavra que sempre empregamos restritamente.

Depois, num outro poema:

meus ossos que se infinitam. (Já foi usado?) Sempre se usa eternizar, e por que infinitar? Eu me infinito, tu te infinitas....

Poeta, passe pito se achar que estou fazendo travessuras.

Por favor, me responda e não espere domingos de sol...Creio que um dia de chuva, num intervalo qualquer, seréa ótimo uma carta para Lupe.

Que horror fim de carta! A gente quer dizer ainda tanta coisa e precisa fugir à tôda das fórmulas epistolares que se entramham na gente como verdadeira praga.

Abra seu embrulhe e carregue consigo mais uma carta...mas não resista ao segrêdo.

Tôda admiração da

lupe

Cópia carbono
de carta de Lupe Cotrim
a Carlos Drummond de Andrade
• out. 1956 • FLCG-IEB

Bom dia, Lupe. Hoje amanheceu um domingo bonito, e para cúmulo de azul o jornal trouxe o seu retrato e a entrevista simpática feita por Eneida. Então vim para a máquina e estou lhe agradecendo a cartinha amiga que me mandou e mais aquele trabalho escolar [...]. Lupe, o Rio é uma cidade de opiniões muito divididas, mas em torno de V. se fez unanimidade: todos acharam V. um amor de criatura, de simplicidade e de presença. E dizendo presença quero dizer uma porção de coisas, não apenas encanto pessoal, mas dom de comunicação humana, jeito de ser, de falar e até de calar, que inspiram à gente pensamentos amigos. Ficamos pois gostando de V. Ficarei acompanhando com muita cordialidade o que V. fizer, e espero e confio em que V. nos dará belos poemas. O abraço do Drummond.

Com a espontaneidade peculiar, Lupe logo lhe respondeu, radiante:

Me fiz menina outra vez [ao receber a carta] e dei uns gritos [o que assustou todas as pessoas da casa, inclusive o cãozinho Hai-Kai, que envelhece e emburguesa [sic]. Senti muito que pudéssemos conversar tão pouco, e nesse ambiente convencional das instituições públicas [provavelmente, a sede do então Departamento do Patrimônio Histórico e Artístico Nacional, onde Drummond trabalhava]. (Estou querendo deixá-lo cheio de dívidas). Obrigada pelos recortes de jornal. Quando se acaba de publicar o primeiro livro surge uma avidez de afeto e confirmações. [...] A sua carta resolve os meus problemas e o meu futuro de poeta se anima e toma pé.

E se despedia com uma blague: "Que horror, fim de carta! A gente quer dizer ainda tanta coisa e precisa fugir à toda das fórmulas epistolares que se entranham na gente como verdadeira praga".[143]

---

143 • Carta de Carlos Drummond de Andrade a Lupe Cotrim, 7 out. 1956; e de Lupe Cotrim a Carlos Drummond de Andrade [out. 1956]. [A entrevista referida por Drummond, feita por Eneida [de Moraes], é UM DIA ELA TENTOU VOAR, cit.]

Assim começou a correspondência que viria a ser a maior e mais significativa da vida breve de Lupe Cotrim. Na forma de cartas, bilhetes e cartões, além de constante troca de livros com dedicatórias, esse diálogo epistolar acompanharia toda a sua trajetória intelectual e literária. A sua busca obstinada de conseguir uma dicção própria. A incessante procura da poesia.

Ainda naquela ida ao Rio, Lupe chegou a ser apresentada a outros escritores que já então admirava, segundo anotou em seu diário: Manuel Bandeira, evocado em um poema de seu primeiro livro e com quem confessadamente dialogaria em uma das composições da série DE MAR, em *Inventos*;[144] Cecília Meireles, de quem havia transcrito em seu diário, versos de um IMPROVISO em um momento de desilusão: "[...] A quem não podia nada,/eu é que fui dar os meios/para me ver maltratada [...]"; e também Cassiano Ricardo, Rubem Braga, Paulo Mendes Campos, José Condé, Jorge Amado, Ledo Ivo, Onestaldo de Pennaforte, Cyro dos Anjos e o editor Ênio Silveira, da Civilização Brasileira, que viria a publicar o seu segundo livro.[145] Realizava assim, um pouco, o desejo escrito em *Monólogos do afeto* – ressonância talvez do anseio atávico de integrar-se a um clã.

> Vontade de me encontrar
> com os poetas do mundo [...]
> Para que juntos, unidos,
> bem incluídos na terra [...]
> possamos no amanhã
> humanizando a poesia
> conciliar uma alegria
> a tanta criança triste,

---

144 • Carta de Lupe Cotrim a Carlos Drummond de Andrade, 18 set. 1966.
145 • POESIA À IMITAÇÃO DE MANUEL BANDEIRA, em *Monólogos do afeto*, cit.; "Improviso" de Cecília Meireles, *Retrato natural* (1949) em *Poesia Completa*, 4 ed. Rio de Janeiro: Nova Aguilar, 1994, p.393; a referência aos demais escritores consta do segundo diário de Lupe Cotrim.

aos homens que nascem cegos,
às dores que morrem sós.

VONTADE DE ME ENCONTRAR • *Monólogos do afeto*

— voltando aí a aludir à poesia como entrecruzamento imaginário de vidas e experiências, ou consolo das "dores do mundo".

No Rio, a recém-estreante aproveitou ainda para rever a amiga Dinah Silveira de Queiroz. Em crônica publicada dias depois, Dinah lembraria a garota de tranças que, dez anos antes, conhecera em Petrópolis, acrescentando: "Você sabe, Lupe, quanto somos, Helena e eu, orgulhosas por ter pressentido na menina a poesia legítima, que [agora] só pede para crescer".[146]

No fim daquele ano venturoso, Lupe Cotrim viaja à Europa com o namorado. Em pleno inverno, percorreriam Itália, França e Alemanha. Então conheceu a sonhada Paris dos escritores, poetas e artistas, onde flanou por livrarias e bistrôs, galerias e museus. A paixão pelo psicanalista de reputada inteligência e cultura, 14 anos mais velho do que ela e, na época, com ideias de esquerda, era mais uma complicação em sua vida sentimental. Um ano antes, sem se preocupar com o espanto que causaria na elite quatrocentona paulista, havia desfeito um casamento infeliz, que durou poucos meses e seria posteriormente anulado. Tanta beleza, tanto assédio, tantos pedidos de casamento — nada disso impedia que tantas vezes se sentisse só, carente, angustiada e infeliz. "Lupe oscilava entre alegre e triste muitas vezes no dia, sempre com intensidade", lembraria a amiga Maria Antonia Oliveira, que com ela conviveu por essa época. "Não fazia nada pela metade, caía de cabeça. Era alegre e sonhadora, triste e determinada."[147] Foi decerto esse turbilhão de sentimentos contraditórios, desencontrados, que a levou ao

---

146 • ESTE DEMÔNIO DE LITERATURA. *Jornal do Comércio*, Rio de Janeiro, 29 set. 1956.

147 • Depoimento à autora, maio 2009.

Lupe Cotrim em Paris, terceira a partir da esquerda, com grupo de pessoas não identificadas • 1956 • FLCG-IEB

primeiro tratamento psicoterápico, sem suspeitar que a relação com o profissional pudesse redundar em tumultuado envolvimento amoroso.

Já na primeira coletânea, expressava funda melancolia – num dos poemas, de maneira quase envergonhada: "Desculpem-me amigos/pela tristeza de meus versos [...]". O segundo livro, que traz uma poesia intitulada Solidão, seria pródigo em alusões ao sentir-se só e ao sofrimento – "Mal não existe que não foi sofrido" –, tanto quanto ao anseio pelo amor romântico, absoluto, ainda que esvoaçado pela morte:

> E unidos renascemos o projeto
> de um amor sem limites [...]
>
> e o nosso corpo exclama eterno afeto,
> mais tarde pó [...]
> Nau de assombro II • *Raiz comum*

Em Paris, Lupe não esqueceria o amigo Carlos Drummond de Andrade, a quem envia um exemplar de *L'art poétique*, volume que traz um poema dele vertido para o francês: o algo sartreano La fleur et la nausée. O poeta agradeceu, radiante: "Lupe: que beleza de livro e que beleza maior de lembrança, a que V. teve! Fiquei contente como um garoto que ganhou brinquedo". Não era para menos. Além de trazer uma das primeiras versões de sua poesia para a língua de Baudelaire (se não a primeira), o livro consistia numa extraordinária antologia de poéticas, incluindo excertos desde *Bíblia*, Hesíodo, Platão e Aristóteles aos trovadores e Ronsard e Montaigne, chegando a Rilke e Valéry, Apollinaire e García Lorca, entre muitos outros autores.[148]

---

148 • Cartão de Carlos Drummond de Andrade a Lupe Cotrim, 31 maio [1957]; Jacques Charpier e Pierre Seghers (org.). *L'art poétique*. Paris: Éds. Seghers, 1956. [Além de Drummond, Vinicius de Moraes também foi incluído, com Consommation de la chair; a tradução dos poemas dos dois brasileiros para o francês é de A.D. Tavares-Bastos: p. 676-679.]

Quando, bem depois, Lygia Fagundes Telles procurou Lupe em busca de poemas em francês do autor de *A rosa do povo*, ela lhe emprestou o seu próprio exemplar de *L'art poétique*, onde estava a versão de A FLOR E A NÁUSEA. E aproveitaria para perguntar na carta seguinte a Drummond: "Ainda não vi um livro todo seu em francês – tem?". Não tinha. *Réunion*, tradução de Jean-Michel Massa, só apareceria em 1973. Então se ofereceu para, com a ajuda de um professor da França em passagem pela USP, verter alguns dos poemas do amigo para a língua francesa. Mas não há notícia de que isso tenha se concretizado.[149]

De volta da Europa, Lupe Cotrim passa a trabalhar como assistente em um instituto de Psicometria, área de recursos humanos. Em sua procura de emprego, chegou a pedir uma carta de recomendação ao Colégio Bennett, onde havia estudado por tantos anos, que logo lhe atendeu: "Recomendo Maria José Cotrim Garaude como pessoa inteligente, ativa, com bem desenvolvido sentido de responsabilidade, iniciativa e dotes de liderança".[150]

Então decide conciliar o trabalho, a poesia e o estudo de línguas, que já vinha seguindo – inglês, espanhol, depois um pouco de alemão; o francês, já falava fluentemente –, com uma antiga paixão: a música. Começa, em 1957, a frequentar lições de canto lírico, ministradas por um barítono de sucesso na época, Paolo Ansaldi. Além de se apresentar regularmente no Municipal de São Paulo e do Rio, o cantor tinha se popularizado como astro do programa "Cortina lírica", *hit* na década de 1940 na rádio Gazeta. Filha do cantor, a coreógrafa Marilena Ansaldi lembra que o pai exigente raramente aceitava alunos, só admitindo alguns poucos que apresentassem dons notáveis. Com voz de soprano, Lupe chegaria, por essa época, a pensar em profissionalizar-se no *bel canto*. "Minha voz está ficando bonita. Serei cantora? O que serei?", ia anotando em seu diário. Dizia, na época, preferir interpretar as "adoráveis personagens de Mozart", como Suzana,

---

149 • Carta de Lupe Cotrim a Carlos Drummond de Andrade, set. 1968.
150 • Atestado anexo a carta do Colégio Bennett, 6 mar. 1956.

Zerlina e "a melancólica" Rosina, de *Bodas de Fígaro* – árias que se encontram em meio à sua considerável coleção de partituras, com predominância de compositores clássicos.[151]

Seu amor pela música aflorou bem cedo – decerto nas aulas de piano que teve quando menina, ainda no Colégio Bennett, no Rio. Participava então dos recitais de fim de ano, tocando peças como o *Adágio da sonata ao luar*, de Beethoven, ou *Clair de lune*, de Debussy, sempre sob a orientação da professora Joaquina Cecília de Matos, que "regia" numeroso grupo de alunas. O gosto pela música de Chopin também aparece várias vezes no registro do primeiro diário de Lupe, escrito ainda no Rio. Já autora publicada, ela dizia no final da década de 1950 ouvir principalmente Beethoven, Bach e Wagner. E quando Drummond lhe perguntou certa vez que música costumava "pôr na vitrola" ao sentir-se triste, citou o *Prelúdio e morte de Isolda*, de Wagner.[152]

Em São Paulo, Lupe era presença assídua em concertos – e depois ajudaria até a organizar alguns recitais e saraus particulares de grandes divas, como Guiomar Novaes, Yara Bernette ou Anna Stella Schic, na *Dulcelândia* – a fazenda de sua grande amiga Dulce Simonsen. Estudou ainda violão, chegando a compor algumas canções ao som do instrumento, no gênero "bossa nova"; ao menos de uma delas, providenciou o registro no departamento de direitos autorais da Escola Nacional de Música, em 1964: "Vida de verdade". Diria em uma entrevista:

---

151 • Marilena Ansaldi, *Movimento na vida e no palco* (1994); e breve depoimento à autora, 12 set. 2008. [Lupe Cotrim se refere ao estudo de canto em MULHER INTELECTUAL E DONA DE CASA [...]. *A Gazeta*, São Paulo, 27 jul. 1957; e *O Estado de S. Paulo*, São Paulo, 10 jul. 1959 [Suplemento Feminino], além de seu diário [FLCG-IEB].

152 • LUPE, À TRAIÇÃO. *Correio da Manhã*, Rio de Janeiro, 7 nov. 1958. [Imagens conversadas].

Estudei e ainda estudo canto, mas infelizmente o gênero de música a que por enquanto me dedico, câmara e ópera, aqui no Brasil não tem chance. Gosto também de música popular, e muito [das canções com letra] de Vinicius de Moraes, que eu adoraria cantar. Entretanto, percebo que para seguir a carreira precisaria me dedicar quase exclusivamente a ela, e tenho que escrever, porque é assim que realmente me realizo.[153]

As aulas de canto lírico duraram cerca de quatro anos, até que fizesse a opção em exclusividade pela poesia, por considerá-la a sua "melhor forma de expressão". A poeta calou a cantora; ou, antes, o canto ficaria reservado à atividade poética. Contudo, mesmo quando veio a se assenhorear da manipulação eficaz do estrato sonoro da linguagem, a poesia de Lupe nunca seria exatamente musical.

Lançado o primeiro livro, a jovem poeta começa a participar ativamente da vida literária paulistana, com algumas escalas no Rio. Sempre com ideias firmes e olhar crítico, sempre se posicionando, independentemente do assunto.

Detesto a injustiça, em geral. Os julgamentos superficiais. A mediocridade pretensiosa. O esnobismo de essência, as pessoas que querem aparentar o que não são. [...] As pessoas desligadas do lado humano. Detesto também a morte, seja a minha ou a dos outros. E gosto, sobretudo, de viver. Viver sentindo e com consciência. Gosto também de ter amigos. [...] De ler. De estar no mato, tomar sol, estar bem ligada à terra.

---

153 • *A Gazeta*, São Paulo, 22 ago. 1959.

– disse uma vez, ao ser questionada sobre idiossincrasias e preferências. Sempre que perguntada, comentava com desembaraço os eventos que se tornavam tema assíduo das colunas e rodas literárias do tempo. Um deles foi o concurso para "príncipe dos poetas", que em 1959 elegeu Guilherme de Almeida. "Acho interessante uma iniciativa como essa, que valoriza a poesia numa época de nobrezas de Cadillac...", opinou, referindo-se à marca de um carro chique da época. Logo depois, contaria em uma carta a Carlos Drummond de Andrade ter encontrado o poeta recém-eleito, "um príncipe muito feliz", em uma festa na casa do editor Barros Martins. Aquele concurso não deixou de chatear Drummond, ao ver-se incluído involuntariamente entre os postulantes. Consolou-se, no entanto, com o característico *humour*: "serei um quarto ou quinto suplente de príncipe, que delícia!", escreveu a Lupe.[154]

Se veleidades aristocráticas rondavam o ambiente literário nacional, faltava, talvez, um guia atualizado de boas maneiras literossociais – e, para sua surpresa, Lupe Cotrim é convidada a escrever "um livro sobre etiqueta", sob pseudônimo. Mas logo desiste da ideia, conforme relata em outra carta a Drummond: "Só gosto de etiqueta da alma e isso, infelizmente, não se transmite". Naquela época de disseminação dos lançamentos literários (ainda uma novidade no país), o grande poeta, contudo, se mostrou bastante interessado na hipótese:

> [...] A ideia de fazer um livro sobre etiqueta é ótima, e escrito por Você, mesmo com pseudônimo, ele terá especial encanto. (Conte-me qual será o pseudônimo; estou fazendo um dicionário deles.) Quem sabe se não seria interessante incluir um capítulo sobre etiqueta... literária? As festas de lançamento de livro vão se

---

154 • Entrevista em *A Gazeta*, São Paulo, 22 ago. 1959; carta de Lupe Cotrim a Carlos Drummond de Andrade, 3 out. 1959; carta de Carlos Drummond de Andrade a Lupe Cotrim, 24 ago. 1959.

Carteira de sócia da União Brasileira de Escritores • 1960 • FLCG-IEB

multiplicando tanto que criam problemas de comportamento social. Seriam por exemplo considerados de mau gosto os discursos do tipo daqueles que se fazem na livraria São José [...].[155]

Se conseguiu se livrar do risco de virar "príncipe", o retraído e cético Drummond não pôde depois evitar que seu nome circulasse entre os indicados na primeira edição do prêmio Intelectual do Ano, troféu Juca Pato. Dessa vez, com a insubordinação da amiga fiel Lupe Cotrim, que desde 1960 tinha se associado à União Brasileira de Escritores (UBE), copromotora do concurso com as *Folhas*. "Meu voto é seu", comunicou ao amigo, declarando sua escolha em alto e bom som pela imprensa, sem deixar de sublinhar o mérito dos demais premiáveis. Mas em 1960 quem recebeu a láurea foi o futuro ministro das Relações Exteriores San Tiago Dantas, do "período parlamentarista" do governo de João Goulart, pelo livro *Política externa independente*. Nesse ensaio, ele desenvolvia o projeto de uma diplomacia terceiro-mundista, livre do jugo de Tio Sam. Propostas que suscitariam debates e paixões, e que depois do golpe de 1964 foram soterradas pelos militares alinhados com os Estados Unidos.

Outro assunto que, por aqueles anos, frequentava a troca de cartas entre Lupe e Drummond era a poesia e a arte concretas, sempre com enfoque crítico e concordância mútua. Desanimada, ela percorreu a V Bienal de São Paulo, resumindo o que viu ao amigo:

> Você nem imagina – quilômetros e mais quilômetros de cores e linhas, que pouco [se diferenciam [...]. Tudo uma coisa só. Um protesto generalizado contra a vida, um encolhimento de sentimentos e emoções, um individualismo de recusa, de falta de entrega total. Fiquei decepcionada. Você imagina ver isso ouvindo poesia concreta?

---

155 • Carta de Lupe Cotrim a Carlos Drummond de Andrade, 4 nov. 1959; carta de Carlos Drummond de Andrade a Lupe Cotrim, 15 out. 1959.

Ao que responde Drummond: "Não fui nem irei à Bienal, que está bem resumida em sua carta; sinto um enjoo de morte de tachistas ou concretistas, gente que ignora a vida e é incapaz de apreendê-la". Mais tarde, Lupe Cotrim voltaria ao assunto, já com outro olhar: "Tenho andado assustada com a veemência dos concretistas e praxistas – mas creio que é preciso aguentar a mão, as vanguardas são úteis porque nos sacodem e podemos, espero, não estar inteiramente aderidos e sobreviver literariamente". No poema Pesquisa, de seu segundo livro, chegaria a tentar alguma experimentação com a disposição gráfica das palavras na página, ressoando talvez algo da proposta concretista. Mas em outra carta afirmou: "Acredito e morro acreditando que poesia é forma especial de discurso, quer significar, mesmo que as palavras tenham o peso das coisas e não se reduzam a signos".[156] Mais tarde ainda diria em uma entrevista, como que buscando repensar a questão, de modo mais maduro, e reiterando o inaugural olhar humanista. Mas fazendo a defesa do verso, posto em xeque pelos concretistas:

> Creio que as vanguardas brasileiras têm muita importância na poesia, vindo alertar, principalmente no aspecto da crítica e de uma nova visão da linguagem, para que seja mantida a atualidade viva do verso, contra as fórmulas gastas. [...] As experiências formais, eu as condiciono antes de tudo à necessidade significativa do verso. [...] Ao lado da máquina, insisto em ser poeta lírico. Creio que o homem ainda tem muito a conhecer de sua interioridade, de sua visão das coisas; se vai ao cosmos, não se comunica bem com o seu próximo. O poema, pois, a meu ver, ainda pode ambicionar ser uma das mediações entre os homens.[157]

---

156 • Carta de Lupe Cotrim a Carlos Drummond de Andrade, 3 out. 1959; carta de Carlos Drummond de Andrade a Lupe Cotrim, 15 out. 1959; carta de Lupe Cotrim a Carlos Drummond de Andrade, 18 set. 1966.

157 • Baby Garroux. Lupe e as suas múltiplas faces. *Diário de S. Paulo*, São Paulo, 21 maio 1967.

A desconfiança em relação à poesia concreta também comparece em seus versos:

> Isoladas,
> as palavras são mudas. [...]
>
> Sozinhas, as palavras
> não dizem nada.
> Falam,
> quando entranhadas
> na carne vivida de nossa vida.
> A mais intensa.
> Curtida.
> A PALAVRA É CARENTE • *Entre a flor e o tempo*
>
> [...]
> Não fratura da palavra
> na forma indecisa
> que joga e não fala.
>
> Passageiros reflexos
> de imagens carentes
> morrendo sem eco. [...]
> ENTRE ARMA E TORRE • *Cânticos da terra*

Um atento leitor de poesia, o jornalista Nilo Scalzo, uma vez destacou a independência da escritora face às múltiplas propostas estéticas de seu tempo.

> Lupe Cotrim soube manter [...] sua posição sempre consciente, sempre vigilante, no que respeita à busca de seu próprio caminho. De um lado, a inegável vocação para o lirismo e, de outro, a tendência para a poesia de caráter reflexivo, que imprime à sua obra um caráter muito particular [...].[158]

---

[158] • *Lupe Cotrim – Simpósios em comunicações e artes*, cit., p. 15-16.

Desde a estreia, os poemas de Lupe passam a ser publicados com frequência em jornais e revistas de São Paulo, especialmente no Suplemento Literário de *O Estado de S. Paulo*. Alguns chegam às páginas literárias de outras capitais, principalmente do Rio, até 1960 capital da República. Uma parte deles seria posteriormente incluída em novos livros, outros descartados, outros ainda reescritos para nova publicação. Em sua coluna Escritores e Livros, no *Correio da Manhã*, o também ficcionista José Condé era um dos jornalistas que acolhiam regularmente os versos de Lupe, por vezes noticiando os seus projetos e preparativos de novas coletâneas. Foi Condé quem certa vez registrou "uma opinião" categórica da jovem escritora: "Carlos Drummond de Andrade é o maior poeta brasileiro de todos os tempos". Tempos depois, "Zé Condé" pediu-lhe, em carta, novos poemas para sua coluna, aproveitando para comunicar a publicação de seu novo livro, o "melhor que escrevi". Era a coletânea de "novelas picarescas" *Pensão Riso da Noite* [...], um sucesso da época.[159]

    Quando João Guimarães Rosa esteve em São Paulo para receber o prêmio Carmem Dolores Barbosa por *Grande sertão: veredas*, Lupe Cotrim foi fotografada a seu lado na festa realizada no apartamento da anfitriã e promotora do concurso, na rua General Jardim, centro de São Paulo. Admiradora da escrita de Rosa, Lupe chegou a anotar frases de *Grande sertão* em seus papéis, até mesmo em uma de suas agendas de endereços.

    Com um olho voltado para os dramas interiores, outro atento ao que se passava na história presente, a poeta não titubeou em escrever sobre o início das explorações espaciais, com o Sputnik, o primeiro satélite artificial da Terra, lançado em 1957 pela extinta União Soviética. Em passagem pelo Rio, fez questão de deixar uma cópia do poema ao amigo Carlos Drummond de Andrade, quando não o encontrou na repartição do Patrimônio Histórico: "Caríssimo Drummond, esta é a Lupe, que veio ontem de São

---

159 • Carta de José Condé a Lupe Cotrim, 18 nov. 1968.

Lupe, pouco antes de sua estreia literária • 1955-56 • FLCG-IEB

Paulo e aqui esteve para matar as saudades. Fiz uma poesia sobre o Sputnik e quero mostrá-la a V."[160] Intitulado Hino ao Augustus, o poema em versos livres, que seria incluído em seu segundo livro, alude à conquista pela ciência do que, milênios antes, narravam os mitos.

> Um maior que nós
> ousou o infinito.
> Ó Sputnik,
> herói real de antigo mito
> a ampliar-nos
> em outro espaço [...]
> Violador dos deuses,
> excesso de uma esperança
> e de uma consciência [...]
> prolongamento celeste de nós [...]
> Hino ao Augustus • *Raiz comum*

Naqueles anos em que vida literária e vida social se confundiam, os colunistas da imprensa paulistana prestigiavam regularmente as jovens escritoras, destacando também a beleza física com que algumas haviam sido "dotadas pelos deuses". Na Pauliceia, Lygia Fagundes Telles, que em 1958 lançara *Histórias do desencontro*, era das mais citadas entre as ficcionistas. Na poesia, Hilda Hilst, Lupe Cotrim e Renata Pallottini eram lembradas ao mesmo tempo pelo talento e pela beleza – ainda que por vezes se irritassem com a menção recorrente desse último aleatório atributo. Quando preparava uma palestra sobre a poesia de Drummond, Lupe chegou a desabafar sobre o assunto com o poeta amigo:

---

160 • Bilhete de Lupe Cotrim a Carlos Drummond de Andrade, nov. 1957.

Lupe Cotrim e Hilda Hilst no Hotel Jaraguá, em São Paulo • jan. 1958 • FLCG-IEB

> Imagine que o Péricles [Eugênio da Silva Ramos, o poeta e fundador do Clube de Poesia de São Paulo], quando a Lygia [contou sobre a palestra], disse que eu falaria bem, e "se não falar, não faz mal, ela é bonita". Veja se a gente aguenta. Faço o possível para ser outra coisa além de bonita, já que isso não me competiu muito, mas as pessoas me acham, quem sabe, apenas na obrigação de ser vista – o resto ocorre por conta de certa pretensão. Não faz mal, também tenho meus preconceitos contra a geração de 45.[161]

Por mais que integrantes do grupo de 45, especialmente Domingos Carvalho da Silva, o incansável aglutinador daqueles poetas, tentassem cooptá-la, Lupe Cotrim, apesar de certa amizade que mantinha com alguns deles, sempre demarcou a sua independência em relação àquela "geração" – a que mesmo cronologicamente não poderia ser inserida.

Naqueles anos movimentados, Lupe e Hilda chegaram a ser homenageadas, juntas, pelos colunistas paulistanos em um grande almoço no Hotel Jaraguá, com ampla repercussão na imprensa. Um dos organizadores da precoce homenagem à dupla de recém-estreantes era o jornalista Caio Furtado, homem considerado culto e inteligente, "figura mitológica" da Pauliceia dos idos de 1950 – que, se dizia, conhecia Paris como nenhum brasileiro; mas só pelos livros, uma vez que nunca pôde sair do Brasil.

Tempos mais tarde, teve início uma inusitada campanha destinada a eleger a "maior" dentre as três "brilhantes poetisas" – trio do qual também participava Renata Pallottini. Por trás do concurso, estava justamente o poeta Domingos Carvalho da Silva, que cortejava literariamente as três. De Lupe Cotrim, ele diria que um "simples fato bastaria para [destacá-la] da maioria das poetisas novas do país: ela subtraiu-se à influência de Cecília Meireles, presente de modo marcante em muitas outras".[162] Estaria incluindo Hilda e Renata entre as "outras"? Não se sabe. Contudo, algu-

---

161 • Carta de Lupe Cotrim a Carlos Drummond de Andrade, 18 set. 1966.
162 • PARA OS LEITORES DE POESIA, 1959. Datiloscrito encontrado no arquivo pessoal de Lupe Cotrim, FLCG-IEB.

mas imagens e por vezes a busca de certa fluida leveza na escrita da jovem poeta, especialmente em suas canções, talvez contradigam a afirmação do líder da "geração de 45": "Jamais cor tão leve/pairou no céu da imagem", grafou na composição sobre a borboleta, em *Cânticos da terra*. Ou ainda em CANÇÃO, de *Raiz* comum: "Quero domar correntezas/ – sofrer o fundo do mar, [...]Quero uma veste de espumas/e nos ventos carregada/ser melodia das dunas/e o tanger da madrugada. [...]".

"Votei na Lupe", escreveu o colunista Antonio D'Elia, um dos poucos a declarar o próprio voto.[163] O resultado da misteriosa enquete jamais foi divulgado. Mas, segundo alguns comentários, Lupe Cotrim teria sido considerada na época a "mais promissora" entre as involuntárias concorrentes. Hilda Hilst chegou a protestar, sensatamente argumentando, sem rodeios, que poesia não podia ser tratada como "corrida de cavalo".

E o que escreviam, na época, as três poetas-"musas", "dotadas pelos deuses"?

Boas leitoras de Camões e da poesia trovadoresca, em versos amiúde rimados e metrificados – com predomínio das redondilhas e dos decassílabos –, muitas vezes sobre temas clássicos e "eternos". Do amor: "*É tempo para dizer/Se prefiro o teu amor/Àqueles, aos doces ares/Da minha campina em flor* [...]" (Hilda). "*Amor, antes que a tarde se detenha/em mim, como uma rosa prematura,/antes que a melodia sobrevenha/às mãos pausadas sobre a tecla escura* [...]" (Renata). "*Nosso encontro, Senhor, sempre algum dia/há de crescer além do pensamento./Erguidos num futuro de poesia/somos vencidos deuses do momento.//Nada nos basta* [...]" (Lupe).[164] Da solidão: "[...] *Melhor a solidão. Melhor ainda/Enlouquecendo os meus olhos, o escuro,/Que o súbito clarão de aurora vinda//Silenciosa dos vãos de um alto muro./Melhor é não te ver. Antes ainda/Esquecer de que existe amor tão puro.*"

---

163 • *Diário de S. Paulo*, São Paulo, 28 dez. 1962.

164 • Hilda Hilst, CINCO ELEGIAS [5] [1959], em *Poesia* (1980), p. 254; Renata Pallottini, UM SONETO DE AMOR, *A casa* [1958], em *Obra poética* (1995), p.99; Lupe Cotrim, NAU DE ASSOMBRO-V, em *Raiz comum* (1959), p. 53.

(Hilda). "*O pão amargo e a água consumida/do odre seco em cáustico deserto;/sob o mirrado arbusto a esquiva sombra/se nega pela areia e é como um rastro* [...]" (Renata). "*Os anos vão me pisando/com os seus dias mais duros/e nas datas vou ficando/por calendários obscuros.* [...]" (Lupe).[165] Da morte: "*Se falo/É por aqueles mortos/Que dia a dia/Em mim se ressuscitam./ De medos e resguardos/É a alma que nos guia/A carne aflita./E de espanto/É o que tecemos:/Teias de espanto/Ao redor da casa/Onde vivemos.* [...]" (Hilda). "*Floriu-se o morto e chove sobre a pedra/acostumada a abrir-se; abriu-se e sorve/chuva e morto a um só tempo/e em seu ventre os abriga contra o vento.* [...]." (Renata). "*No seu corpo, no seu rosto/onde o lume da lareira/dança passos vermelhos/a alma não mais desenha/a transparência das chagas.* [...]" (Lupe).[166]

Logo partiu Renata rumo à Espanha, em temporada de estudos. Lupe e Hilda voltaram a estar lado a lado, em uma exposição no Clube dos Artistas e dos Amigos da Arte, o famoso "Clubinho", então instalado numa cave da rua Bento Freitas, no edifício sede do Instituto de Arquitetos do Brasil (IAB), centro de São Paulo. A ideia, do artista plástico Clóvis Graciano, consistiu em chamar alguns dos melhores artistas para ilustrarem poemas manuscritos de vários autores. Além de Graciano, participaram como ilustradores Lívio Abramo, Marcelo Grassman, Aldemir Martins, Djanira, Fernando Lemos. Sérgio Milliet desenhou sobre o seu próprio poema. Os manuscritos eram assinados por poetas da nova e da velha geração: Guilherme de Almeida, Paulo Bonfim, e vários nomes da "geração de 45", Domingos Carvalho da Silva e Péricles Eugênio à frente. Entre

---

165 • Hilda Hilst, SONETOS QUE NÃO SÃO [3] (1959), em *Poesia* (1980), p. 259; Renata Pallottini, *Livro de sonetos* [III] (1961), em *Obra poética* (1995), p. 116; Lupe Cotrim, CANÇÃO, em *Raiz comum* (1959), p. 57.

166 • Hilda Hilst, Heroicas [6], ODE FRAGMENTÁRIA (1961), em *Poesia* (1980), p. 218; Renata Pallottini, ENTERRAMENTO, *A casa* (1958), em *Obra poética* (1995), p. 98; Lupe Cotrim, RETRATO DE MOÇA MORTA, em *Raiz comum* (1959), p. 36.

os mais jovens, Lupe e Hilda, que inscreveu na mostra um "esplêndido soneto". Conta-se que o *vernissage* atraiu uma verdadeira multidão, invasora daquele recanto intimista e boêmio, onde à noitinha se refugiavam os grandes nomes da intelectualidade paulistana da época, para bebericar, conversar e também fofocar. Até Dorival Caymmi estava presente na abertura daquela exposição, anotou Helena Silveira em sua coluna.[167]

Por essa época, um novo grupo, mais jovem e transgressor, começou a agitar a cena literária paulistana. Reunidos em torno do antenadíssimo editor Massao Ohno, em sua oficina da rua Vergueiro, 688, o catarinense Lindolf Bell, o carioca Augusto Boal e os paulistas Roberto Piva, Cláudio Willer, Álvaro Alves de Faria, Carlos Felipe Moisés, Celso Luiz Paulini, entre outros, formavam o grupo dos Novíssimos. Não esperaram muito para ver seus livros publicados por Ohno, em belas edições ilustradas por grandes nomes das artes plásticas. Logo a eles se juntaria um irrequieto jovem, múltiplo de poeta, pintor, desenhista, fotógrafo, cineasta, ator, jornalista: Décio Bar, depois quase formado arquiteto. "O Décio foi talvez a sensibilidade mais aguda, o talento mais eclético da 'geração' dos 'novíssimos'. Mas nunca teve a disciplina necessária para transformar os seus lances de genialidade em obra definitiva", lembraria Carlos Felipe Moisés, que estreou pela Massao Ohno, em 1960, com *A poliflauta*. Ohno também veio a publicar livros de Lupe e de Hilda – esta, ainda nada transgressora na escrita. Pouco mais tarde, vários desses poetas e artistas passaram a se entrecruzar na Faculdade de Filosofia, Ciências e Letras da USP, na rua Maria Antônia. Uma vez, José Arthur Giannotti chegou a assinalar:

[...] falamos muito a propósito da importância política, ou mesmo da importância da produção cultural e intelectual da rua Maria Antônia, mas nos esquecemos que também havia um lado de arte. Aquele movimento que estava nucleado em torno da Faculdade de Filosofia, Ciências e Letras era um movimento que também se prolongava nas artes. A Lupe foi, justamente, uma dessas pontes para a poesia,

---

167 • *Folha da Noite*, São Paulo, 28 nov. 1958 [coluna Boca da Noite].

da mesma forma que não podemos deixar de reconhecer o quanto, por exemplo, a experiência do Teatro de Arena estava ligada à Faculdade de Filosofia [e também] como todo o curta-metragem do cinema paulista, em particular, foi de certo modo moldado pelas dissertações de mestrado.[168]

Foi, de fato, um tempo movimentado nos quatro cantos da cidade. E também para Lupe Cotrim. Entretanto, já em meio aos preparativos do seu segundo livro, ela ia registrando lembretes em seu diário: "ler Camões"; "ler Pound"; "ler Artaud". Então costumava sair com um grupo de amigos liderados por Helena Silveira e o escritor Jamil Almansur Haddad, por vezes com eles jantando no antigo Don Curro, ainda no bairro do Belenzinho, cercanias da Mooca. A célebre *paella* preparada pelo ex-toureiro espanhol Francisco Reis Dominguez, em sua própria casa, costumava atrair gente renomada. Entre eles atores como Cacilda Becker, Walmor Chagas, Paulo Autran, escritores como José Geraldo Vieira e Maria de Lourdes Teixeira, Eduardo Portella, Luís Martins e a mulher Ana Maria, Mário Chamie e a *designer* Emilie Chamie, sua mulher, entre outros, alguns vindos do Rio e de outros Estados.

"Lembro-me de ter visto Lupe com Helena e Jamil ao menos uma vez no antigo Don Curro", relembrou o fundador do movimento Práxis. "Lupe de coque, com um casaquinho azul. Na época, tinha certo ar de quem levita, um olhar um tanto desamparado, talvez uma melancolia polida, e ao mesmo tempo deixava transparecer uma sensualidade elegante." Avalia o poeta que Lupe Cotrim manteve sempre certo "descompromisso com resíduos canônicos" e, abastecendo-se de contribuições dos vários grupos que floresciam na época, pelos quais transitava sem sombra de sectarismo, deixou que a "historicidade" penetrasse a sua poesia.[169]

---

168 • Carlos Felipe Moisés, Uma geração 60 – Dialética da transgressão [inédito]; e Décio Bar, Posfácio em *Escritos*. São Paulo: Scortecci, 2008, p. 109-119; depoimento de José Arthur Giannotti, em *Simpósios em comunicações e artes*, n. 7, cit., p. 8.

169 • Depoimento de Mário Chamie à autora, 23 ago. 2008.

Lupe Cotrim em evento literário no Hotel Jaraguá
com o escritor e tradutor Jamil Almansur Haddad • c. 1958 •
FLCG-IEB

Por vezes, o fim de noite acontecia na companhia de Lygia Fagundes Telles e outros intelectuais. Uma das provas de ausência de sectarismo foi a amizade que manteve com Mário da Silva Brito, em geral presente no grupo, e por vezes "à toda, com trocadilhos e mais trocadilhos", descreveu Lupe em uma carta. Na época, próximo dos concretistas, Brito depois enviaria uma carta à poeta: "Sou-lhe muito grato pela paciência com que você me ouviu [...]. Foi uma prosa que me fez muito bem e que me revelou a bondade da sua alma, a generosidade do seu espírito".[170] Qualidades sublinhadas por mais de um dos amigos da escritora, ao lado da sempre mencionada "simpatia" – segundo um filósofo, a capacidade de sofrer com o outro e, até mesmo, sentir sua alegria, sem com isso nos sentirmos propriamente alegres; "pode parecer estranho, mas é nisso que consiste o fenômeno da verdadeira simpatia".[171]

Em julho de 1959, Lupe Cotrim lançava o segundo livro de poesia, *Raiz comum*. A edição, da Civilização Brasileira, traz um expressivo retrato da poeta quando ainda mais jovem, assinado por Darcy Penteado. O lançamento aconteceu na Livraria Astreia, na praça do Patriarca, centro de São Paulo, em meio aos livros raros que atraíam leitores e bibliófilos à casa fundada pelo jornalista e livreiro Carlos Rizzini. Seria, assinalaram os colunistas, uma das mais concorridas "tardes de autógrafos" do ano, reunindo escritores (Lívio Xavier, Lygia Fagundes Telles, Domingos Carvalho da Silva, Joaquim Pinto Nazário); artistas plásticos (Darcy Penteado, Aldemir Martins) – e, entre dezenas de outras pessoas, também o mecenas Francisco Matarazzo Sobrinho, a jovem estudante Telê Porto (futuramente Ancona Lopez, a grande estudiosa do modernismo) e o brasilianista John

---

170 • Carta de Lupe Cotrim a Carlos Drummond de Andrade, 3 out. 1959; carta de Mário da Silva Brito a Lupe Cotrim, 26 mar. 1961.
171 • Max Scheler. *Nature et formes de la sympathie*. Paris: Payot, 1971, p. 64.

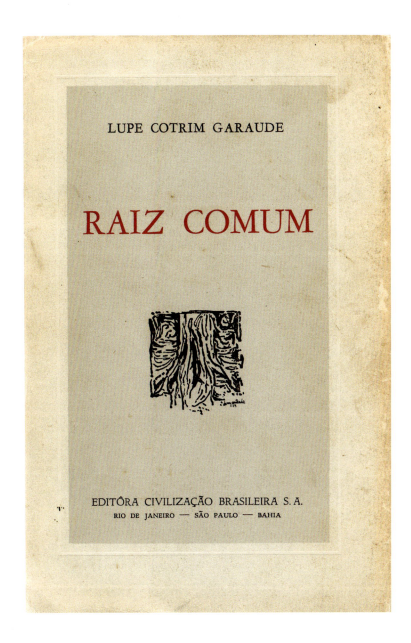

Capa de *Raiz comum*, segundo livro de poesia de Lupe Cotrim • 1959 •
Ilustração de Darcy Penteado

Nist, então às vésperas de voltar aos Estados Unidos, depois de ministrar um curso sobre literatura norte-americana na Faculdade de Filosofia da rua Maria Antônia. Autor de traduções e ensaios sobre Drummond, Cecília, Bandeira e Graciliano Ramos, entre outros, Nist atribuía o despertar desse interesse, em parte, à sua conterrânea, a poeta Emily Dickinson, que "sempre escreveu sobre o Brasil como um símbolo do exótico".[172]

Com epígrafes de Rainer Maria Rilke e do trovador provençal Giraut de Borneil, o segundo livro viria a comprovar o empenhado esforço de Lupe em desenvolver a técnica do verso, também pelo exercício artesanal do soneto – dos 35 poemas do livro, 17 trazem esse formato, por vezes sem a separação estrófica. Alguns críticos viram aí certa obediência ao formalismo tradicionalista e à dicção antiprosaica da "geração de 45", mas a retomada da forma fixa por Jorge de Lima, Vinicius de Moraes e pelo próprio Drummond não estará ausente da opção por esse esforço de concisão e disciplina. Afinal, aludido já na Ars Poética que abre o volume: "Da desordem nunca/erguerei um verso". Era como se, lembrando as palavras de Carpeaux sobre Graciliano Ramos, Lupe buscasse "estabilizar classicamente o turbilhão" interior.

Amor, solidão, morte são os temas recorrentes, mas a abertura à "historicidade" comparece, também no Hino ao Augustus, sobre o Sputnik. O sentimento de um mundo desencantado, sem "deuses" nem consolo, e o latente humanismo impregnam-se em várias das composições, como no primeiro soneto da série "A raiz comum":

> Feito de egoísmo e amor sempre em atrito
> surge no mundo o humano passageiro.
> Filho de céu e pó, é ser fronteiro,
> e suas asas são pés, sem infinito. [...]

---

172 • Entrevista a Stella Leonardos. *Leitura*, Rio de Janeiro, out. 1961, p. 38-39.

Lupe autografa exemplar de *Raiz comum*
para o editor Diaulas Riedel • jul. 1959 • FLCG-IEB

A repercussão de *Raiz comum* na imprensa e entre os amigos escritores superou a da coletânea de estreia. Dividindo o espaço de uma resenha com a leitura de *Sonetos*, de Paulo Bonfim, a amiga Lygia empenhou-se em demonstrar isenção:

> É certo que ela se volta constantemente para si mesma, pois se trata de uma poesia subjetiva, intimista. Mas o faz com invulgar bom gosto. E com dignidade. Seus sonetos, que estão dentro da linha dos sonetos de Vinicius de Moraes, são graves e contidos, embora ternos. Com apurado senso estético, sabe usar a rima e a imagem exata.

Guilherme de Almeida também comentou: "Poesia da disciplina [...] há aí uma constante vigília de si própria. [...] tenho a impressão de estar Lupe diante de sua poesia como diante de um espelho: sempre se estudando, analisando, autocriticando". De Cassiano Ricardo, Lupe receberia uma cartinha: "*Raiz comum* encantou-me pelo seu original lirismo. [O soneto] Nem um profundo mar, por exemplo, revela a meu ver excepcional concepção poética. Impõe-se, também, pelo valor formal, tão lucidamente perseguido e atingido". A opinião decerto mais esperada, a de Carlos Drummond de Andrade, viria em forma sucinta: "Fico contente em saber de suas alegrias com o soneto e sinto através delas sua consciência – e sua exigência – de poeta".[173]

Nem um profundo mar, o soneto de dicção clássica em decassílabos, assinalado por Cassiano Ricardo, talvez revele que o lembrete "ler Camões", inscrito no diário de Lupe em seu empenho de aprendizado, não terá sido

---

173 • Lygia Fagundes Telles, em Dois poetas. *O Estado de S. Paulo*, São Paulo, 9 out. 1959, [Suplemento Feminino]; Guilherme de Almeida, em Raiz Comum. *O Estado de S. Paulo*, São Paulo, 21 jul. 1959 [coluna Eco ao longo dos meus passos]; carta de Cassiano Ricardo a Lupe Cotrim, 24 set. 1959; carta de Carlos Drummond de Andrade a Lupe Cotrim, 24 ago. 1959.

em vão. O poema alude ao exercício cotidiano de construção do próprio eu e, em meio à pulsão de absoluto, grafa como num paradoxo um indício característico do viés intelectual da poesia da autora, de sua lucidez poética: "preso à consciência".

> Não sou uma vitória ou uma derrota,
> mas me conquisto sempre cada dia,
> procurando essa forma mais remota
> do que em mim nos instantes se perdia.
> Nem um profundo mar, nem superfície,
> nem vento ou pedra: leve, na existência,
> balanço entre as montanhas e a planície
> com asas no sentir, preso à consciência.
> Tudo o que é meu anseia uma amplidão
> de um céu inacabado a nostalgia.
> É o peso desta terra em minha mão.
> E enquanto espero o mundo na Poesia
> enfim suprir, eu luto e mais persigo
> esta ideia de mim, que não consigo.
> NEM UM PROFUNDO MAR • *Raiz comum*

Tempos depois, o crítico Anatol Rosenfeld, em célebre ensaio, tomaria alguns versos de *Raiz comum* para ilustrar suas reflexões sobre a poesia lírica. Era uma quadra do algo verlainiano TEMPO DE AMOR: "A chuva de outono molha/o peso de minha altura/e tal rosa que desfolha/tenho pétalas na figura. [...]". Escreveu Rosenfeld:

> Seria absurdo falar de juízos, mesmo subjetivos, referentes, passo a passo, a estados psíquicos reais da poetisa. Contudo, a personagem do poema lírico não se define nitidamente. Antes de tudo pelo fato de o Eu lírico manifestar-se apenas no monólogo, fundido com o mundo ("A chuva de outono molha/o peso da minha altura"), de

modo que não adquire contornos marcantes; depois, porque exprime em geral apenas estados enquanto a personagem se define com nitidez somente na distensão temporal do evento ou da ação [...].[174]

Um amigo de Lupe logo lhe escreveu comentando a referência de Anatol Rosenfeld, além de várias publicações da autora, em prosa e verso, da mesma época. Era o escritor Fábio Lucas, ainda radicado em Belo Horizonte. Já ia adiantada a década de 1960, e Lupe Cotrim começava a acercar-se do limiar de sua maturidade intelectual e literária. Inicia, então, uma fase de produtividade extraordinária. Seria, contudo, uma efêmera fase.

---

[174] • Anatol Rosenfeld. LITERATURA E PERSONAGEM. Em *A personagem de ficção.* Antonio Candido (org.). São Paulo: Perspectiva, 1968, p. 22.

Página de agenda de Lupe Cotrim,
onde ela anotou frases de *Grande sertão: veredas*, de Guimarães Rosa
(copyright NONADA CULTURAL LTDA.) • FLCG-IEB

NO LIMIAR DA INVENÇÃO

Lupe Cotrim com os dois filhos, Lupe Maria (Pupe) e Marco • c. 1968 •
Álbum de família, cópia FLCG-IEB

7. POESIA ATÉ O FIM ✺ Em maio de 1966, nascia Marco, filho de Lupe Cotrim Garaude e de José Arthur Giannotti. Logo saudado por um como que premonitório poema da mãe, com quem conviveria tão pouco. O garoto, que Lupe gostava de admirar, erguendo-o ao alto nos braços, girando-o delicadamente no espaço, viria a ser o renomado artista plástico Marco Giannotti, pesquisador e reinventor das cores, construtor paciente de um "jogo de subtrações". [175]

> Que estranhas rivalidades
> as raízes que arrancas do meu corpo
> vão erguer contra o mundo. [...]
> Uma parte do amor
> que me alimenta as coisas
> deita-se a teu lado:
> contudo há mais amor
> que sobra de nós dois
> e outra fome, distante e acuada. [...]
> Há que esperar o teu desdobramento
> e a fartura do tempo que te cabe. [...]
> O nosso reencontro se dará
> no ventre de vários cruzamentos
> que nos defrontam
> enquanto construímos nosso rumo
> intimamente unidos e separados
> para que o mundo continue a nos caber
> por nossa própria conta.
> PRIMEIRO MARCO • Inéditos, *Obra consentida*

---

[175] • Segundo Lorenzo Mammi, o artista "constrói pacientemente seu jogo de subtrações". Em Nelson Brissac Peixoto. *Marco Giannotti*. São Paulo: Cosac Naify, 2007, p. 26-27.

O filho da poeta e do filósofo realizaria, afinal, a profissão de Paula, a protagonista não isenta de traços autobiográficos da peça de teatro que Lupe Cotrim escreveria logo depois, *Amanhã seria diferente*, e cuja última versão não teve tempo de completar. Os manuscritos foram depois encontrados entre seus inéditos.[176]

O "drama leve" em três atos terá nascido, em parte, como fruto de conversas com o marido sobre um tema da preocupação do filósofo, futuro autor de *Universidade em ritmo de barbárie*: as primeiras tentativas de instrumentalização da universidade após o golpe militar de 1964. A "primeira versão está pronta", Lupe chegou a comentar, em meados de 1967.

> [A peça] trata de alguns problemas típicos dos intelectuais brasileiros, do conflito latente entre a vida pessoal e a vida intelectual, das opções que sempre se impõem e que, quase sempre, trazem conflito. [...] Tenho uma grande fascinação pelo teatro, [...] não pelo teatro poético, porém. [...] *Amanhã seria diferente* poderia ser definida como [...] realista. O teatro pode objetivar coisas que o poema apenas indica.

— disse em uma entrevista a antiga admiradora de Shakespeare, depois de Beckett, Brecht e tantos mais, também espectadora assídua de espetáculos teatrais. Ainda em 1966, além dos estudos teóricos, lera *Galileu* e *Sr. Puntila e seu criado Matti*, de Brecht; e mais um punhado de livros de ficção, entre eles *Doutor Fausto*, de Thomas Mann; *Germinal*, de Émile Zola; *Madame Bovary*, de Gustave Flaubert; *Memórias póstumas de Brás Cubas*, de Machado de Assis; *Memórias de um sargento de milícias*, de Manuel Antonio de Almeida, além do *Diário* de Franz Kafka — anotou em um caderno. Algumas dessas leituras relacionavam-se ao curso de teoria da literatura, de Roberto Schwarz, que seguia na USP.[177]

---

176 • Três versões datiloscritas constam de seu arquivo pessoal, FLCG-IEB.

177 • Entrevista em 2 ago. 1967. [O título aludirá à peça *Amanhã será diferente*, de Paschoal Carlos Magno. Em seu diário de juventude, Lupe chega a comentar algumas peças e espetáculos que assistia, entre eles *A casa de chá do luar de agosto*, em montagem do Teatro

Agora dedicava-se à escritura da peça de teatro. Política universitária, ambiente repressivo, posicionamentos, traições, psicanálise, conflitos conjugais e entre gerações formam o pano de fundo do drama inacabado. Carlos, o outro protagonista, professor de ciências sociais, se rebela contra mudanças curriculares, fruto do autoritarismo pró-mercado, em curso na universidade onde leciona. Uma de suas indignadas falas:

> – O que eu acho inacreditável é que uma ordem, emanada do governo, faça um catedrático mudar toda a estrutura do curso, como quem muda os móveis da sala, ou adota outra linha de calças-esporte. "Daqui por diante as ciências sociais passarão a integrar as disciplinas técnicas...". Traduzindo em miúdos: ficarão subordinadas, na parte teórica e de pesquisa, às necessidades ditadas pelo Instituto de Planificação. Pesquisa, só para servir de auxílio e informação à iniciativa privada. [...]

Em casa, Carlos, o inconformado docente, discute com a mulher, a inteligente e loquaz pintora Paula, sobre os riscos implicados em seu desafiador posicionamento contra as reformas, o qual poderia acarretar sua demissão. Também o universitário Pedro Sérgio, filho do casal, vivencia o cerco repressivo na faculdade onde estuda: "Nós andamos quietos, qualquer protesto é subversão". De modo contundente, Paula debate as decisões do marido, fundamentando alguns de seus argumentos na psicanálise a que se submete.

Assim se inicia a peça inédita, a única que Lupe Cotrim escreveu, e que guardará valor como documento de época – quando emergia a quadra mais tenebrosa da vida política brasileira, em que o pior ainda estava por vir. Ela chegou a datilografar outras duas versões do drama, com pequenas variações. Mas nunca veio a considerar o trabalho pronto.

Brasileiro de Comédia (TBC), com direção de Maurice Vaneau, em 1955; as anotações de livros lidos foram encontradas em seus papéis – FLCG-IEB.]

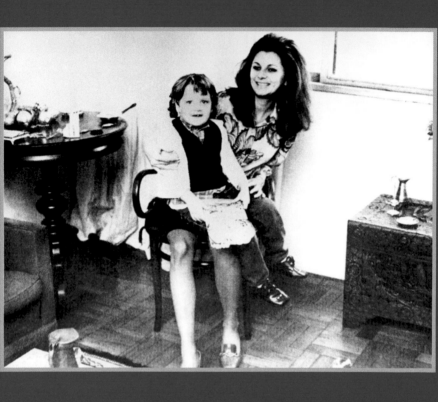

Lupe com seu filho Marco • 1969 •
Foto de Djalma Batista • cópia FLCG-IEB

Lupe • 1969 •
Foto de Djalma Batista • cópia FLCG-IEB

Na vida real, do convívio conjugal da autora com o filósofo brotariam outros frutos. Um trabalho assinado a quatro mãos com José Arthur Giannotti foi a tradução, realizada em curto prazo, do ensaio Ciências humanas e filosofia, de autoria do filósofo e crítico francês Lucien Goldmann, um clássico na área. Escreveria depois Giannotti sobre a obra que traduziu com Lupe:

> Para a geração que nasceu na década de 30 e teve a oportunidade de assistir ao degelo do marxismo, este ensaio [...] foi muito importante. [...] De novo, capitalismo e socialismo se colocavam em campos opostos, e todos nós, ainda muito jovens, nos defrontávamos com a catastrófica perspectiva duma terceira guerra [...]. O livro de Goldmann [...] abria brechas enormes na ortodoxia marxista, obrigando-nos à leitura minuciosa dos escritos de juventude de Marx e, por fim, à análise percuciente do próprio *O Capital*. Mas antes de tudo ele nos punha em contato com os problemas da ideologia. [...] Na tradução, na medida do possível, tivemos o cuidado de manter todas essas ambiguidades.[178]

Pessoas que conviveram com Lupe Cotrim avaliam que o convívio e o cotidiano diálogo dela com o filósofo tiveram extraordinária importância, ao lado do curso de Filosofia, para que ela se assenhoreasse de modo mais pleno de seus próprios dons intelectuais e literários. Para que organizasse a sua vontade de conhecimento e se dedicasse com maior rigor e disciplina aos estudos. "Foi uma convivência muito positiva para ela, talvez mesmo para ambos", testemunhou a amiga escritora Edla van Steen, que contou uma curiosidade: naqueles anos 1960, aprendeu com Lupe uma das raras especialidades culinárias praticadas pela poeta, musse de chocolate, uma novidade na época. "Giannotti se revelaria enorme para Lupe e seus fi-

---

178 • Apresentação, em: Lucien Goldmann. *Ciências humanas e filosofia*, 4 ed. Trad. Lupe Cotrim Garaude e José Arthur Giannotti. São Paulo: Difel, 1974.

lhos, sobretudo quando ela adoeceu", opinou, por sua vez, a psicanalista Lília Cintra Leite, que foi uma das mais próximas amigas da escritora. A própria Lupe comentou, mais de uma vez, as benesses do convívio com o filósofo, que se estendiam pelo lado prático da vida cotidiana: o fato de ser casada com "um professor [...] é muito bom para a vida em comum. Temos os mesmos interesses. [...] José Arthur respeita o que faço, acha que cuidar de filhos e da casa é uma atividade que pode ser cumprida a dois... e ele me ajuda muito". Uma vez, Lygia Fagundes Telles ainda lembrou as aconchegantes reuniões no apartamento do casal, junto às crianças, Marco e Pupe, quando Giannotti punha em prática seus renomados dons culinários, por vezes na forma de "fantásticas galinhas".[179]

O amor e o reconhecimento pelo marido filósofo deixaram rastros. Num aniversário dele, Lupe escreve-lhe um cartão, em versos manuscritos: "Não posso dar-te, concreto/um presente que resuma/o amor, que um dia inventado,/se fez em si nosso verso.//Ofereço-te a expectativa/talvez o gesto espinhoso/mais o impasse, mais o encontro/de amar-te por toda a vida".[180]

O "gesto espinhoso" será uma alusão ao feitio franco, irreverente, pouco "diplomático" de se comunicar da poeta, fosse com quem fosse. Não hesitava em dizer o que pensava, em sua fala rápida, desconcertante por vezes. Já o "amor inventado" alude, sem dúvida, ao livro *Inventos*, cujo admirável "entreato" terá sido escrito por Lupe como que em celebração do amor intenso, de há muito buscado, que então vivia com José Arthur Giannotti. O novo livro ressoa o êxtase da completude amorosa, o pleno encontro com a intensidade.

---

179 • Depoimentos de Edla van Steen e de Lília Cintra Leite à autora, cit.; e entrevista de Lupe Cotrim a Baby Garroux: LUPE E AS SUAS MÚLTIPLAS FACES. *Diário de S. Paulo*, São Paulo, 21 maio 1967; Lygia Fagundes Telles lembrou as reuniões em seminário sobre Lupe Cotrim no IEB.

180 • Cartão manuscrito, de 25 fev. 1967 [FLCG-IEB; há uma segunda versão dos mesmos versos].

> Hei de inventar amor, ávida e atenta.
> Amor de ser a outro que é demais
> o amor que em coisas hoje se alimenta. [...]
> Hei de inventar amor num desafio
> às mais concretas frases, aos dias úteis,
> amor de ser a outro que é demais
> ter um mundo por dentro desprovido. [...]
> MONÓLOGO I · *Inventos*

— diz a voz feminina no MONÓLOGO I desse extraordinário poema para vozes, em que numa atmosfera de delicado, sutil erotismo, enunciam um casal de amantes e um narrador. Giannotti chegou a admitir:

> O que existiu entre [nós] durante os sete anos de nosso relacionamento, do namoro ao casamento e nascimento do filho, é basicamente coisa nossa, e coisa que não deve ser dita. No entanto, a própria Lupe, no seu processo de criação, deixava transpirar essa vida cotidiana. Fazendo poesia lírica, seu material [era], basicamente, as suas emoções diante daquele cotidiano. E, portanto, ela foi a primeira que desvendou, de uma forma muito elusiva, aquilo que acontecia não só entre nós, mas em toda a sua vida pessoal.[181]

Ainda inédita, *Inventos* é a coletânea a que Carlos Drummond de Andrade se refere na carta em que saudou o filho recém-nascido do casal: "Viva Marco! O aparecimento dele, numa hora tão anticoncepcional, tão impregnada de fluidos bélicos como esta, é um testemunho de poesia e de continuidade do humano. [...] Agora que venha o livro anunciado, com seus novos belos poemas". Anteriormente, o poeta já havia mencionado o livro em gestação, por ela referido: "Fico à espera da publicação [...], em que pressinto a boa poesia que o seu avanço constante está prometendo".[182]

---

[181] • Depoimento em *Lupe Cotrim – Simpósios em comunicações e artes*, n. 7, cit.
[182] • Cartas de Carlos Drummond de Andrade a Lupe Cotrim, 25 ago. 1966 e 8 set. 1965.

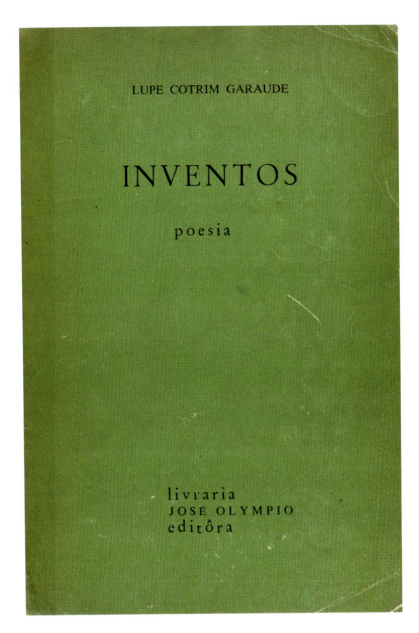

Capa do sexto livro de Lupe Cotrim, *Inventos* • 1967,
que marcou o início de uma nova fase na escrita poética da autora

Rio, 25 agôsto 1966.

Lupe, amiga querida:

      Viva Marco ! O aparecimento dêle, numa hora tão anticoncepcional, tão impregnada de fluidos bélicos como esta, é um testemunho de poesia e de continuidade do humano. De coração desejo que seu filhinho cresça em paz, e em paz se realize plenamente.
      Agora que venha o livro anunciado, com seus novos belos poemas. Mas você não está em falta comigo, sei o que são as ocupações de todo dia, e espero receber seu trabalho a meu respeito quando lhe sobrar tempo para os retoques e a remessa.
      De bom grado serei intermediário do seu poema para o "Correio", mas acho que o Condé terá mais prazer em recebê-lo das mãos da autora, mesmo por via postal. Você sabe: é humano que o diretor do suplemento prefira ter comunicação direta com seus colaboradores, e no caso ainda mais, por serdes vós quem sois. Se preferir esta alternativa, fruto de velha sabedoria mineira, o endereço dêle é: Rua Viveiros de Castro, 41, ap. 201, ZC-07.
      Pois é, você foi me oferecer aquêle bilhete da rifa, eu não dou sorte, e não ganhamos a paca. Seria ótimo se a ganhássemos: em vez de despachá-la para o Rio, você me telefonaria urgente: "Paca à espera, venha", eu iria aí e comeríamos dignamente a boa carne da paca, segundo os ritos da amizade. Fica para outra vez !
      Até lá, sempre e sempre, o abraço afetuoso de seu amigo

Carlos

Carta de Carlos Drummond de Andrade, saudando o nascimento de Marco, filho de Lupe Cotrim e José Arthur Giannotti, com referência ao próximo aparecimento do sexto livro da poeta [*Inventos*, 1967] • FLCG-IEB

Deve-se lamentar que justamente a carta em que o autor de *Fazendeiro do ar* terá comentado com mais vagar a coletânea, logo depois de publicada, tenha se extraviado: "Agradeci em tempo seu livro, que me encantou: e você não recebeu minha carta! Mas o encantamento perdura", escreveria depois a Lupe num cartão de boas-festas.[183]

Com epígrafe do antropólogo Claude Lévi-Strauss, sobre o desafio de invenção da "beleza" no mundo administrado,[184] *Inventos*, sexto livro de Lupe Cotrim, foi lançado em 26 de maio de 1967 no Clube dos Artistas, o famoso Clubinho. Com efeito, representava já considerável avanço na pesquisa formal e busca de uma dicção própria, especialmente a segunda série, o denso "entreato de amor". A primeira sequência, os "inventos de mar", em que retira do velho (e obsessivo) motivo metáforas ousadas e alguns oxímoros, além de críticas à sociedade em que viveu – é ali recorrente a presença de palavras como "fome", "miséria" e "entranhas" –, revela, sobretudo nos poemas iniciais, ressonâncias contundentes da poética cabralina. Especialmente nas sonoridades – as quais, também como herança dos romanceiros ibéricos, exploram a dissonância entre rimas toantes e consoantes (na verdade, dissonância praticada como que intuitivamente por Lupe desde os poemas inaugurais). Em uma carta a Carlos Drummond de Andrade, ela chegou a referir suas intensivas leituras do genial pernambucano: "me fascino cada vez mais pela obra de João Cabral – é algo de muito sério, se concretismo de fato houvesse e valesse a pena, ele já o realizou plenamente. O objeto é visto, dissecado até o fim, com uma [...] economia de meios realmente excepcional".[185] Considerava a escrita

---

183 • Cartão de Carlos Drummond de Andrade a Lupe Cotrim, jan. 1968.
184 • Claude Lévi-Strauss: "Poderíamos perfeitamente nos propor a missão de representar, de modo escrupuloso e literal, certas formas de beleza, e mesmo reconhecendo que essas formas de beleza não mais existem no mundo que nos rodeia, devemos inventá-las", diz o antropólogo na epígrafe escolhida.
185 • Carta de Lupe Cotrim a Carlos Drummond de Andrade, 20 nov. 1965.

Programa

1) Conceitos de estética: sua problemática. [illegible] Kant, Kroner, Langer...

2) Determinação do objeto estético. Arte do país e Arte popular. Arte e artesanato. Arte primitiva. Arte e Indústria. (Hauser 13-17 de ouvirig. W. Benjamin Heidegger. (Read. Bayer)
   Proprio - pintar primitivo.   [illegible]

3) Fenomenologia do objeto artístico. — Arte figurativa e representativa. Conceitos de Wölfflin, Worringer, Lévi-Strauss. Exemplos nos diversos estilos. Mímese Aristóteles (L. Strauss - Cu Tristes e Pensée Sauvage. — Ex. de Worringer (arte e antiga) arte feitiço x arte grega. arte egipcia arte pre-historia. Pré-renascença e renascimento. Barroco.

3) Arte e linguagem. Análise de L. Strauss, Eco, [illegible] — Barthes
   (Um trabalho- psic. do impressionismo. Pressa. Arte abstrata. Klee. Picasso) Semiótica

4) Arte e Cultura de massa. Eco. Semiótica TV e McLuhan. P. Valéry. McLuhan. [illegible]

Bibliografia básica.

1) [illegible] - Linguística e semiótica
2) L. Strauss - La cru et le cuit. Cu Tristes / Pensée Sauvage
3) Adam Schaff - Introdução à semântica
4) U. Eco. Obra aberta.

5) M. Luhan - o meio é a mensagem
6) Worringer. Abstração e natureza.
7) Hauser. Fran[illegible]   Introduction.
                              H. Read
                              Dorfles
                              R. Huyghe
8) Heidegger
9) Wölfflin

Programa manuscrito, preparado por Lupe,
para o curso de Estética que ministrou entre 1967 e 1969 na atual ECA-USP • FLCG-IEB

de Cabral um avatar de "poesia fenomenológica", que então já vinha explorando em sua própria lírica.

> O mar não é este estar
> sobre as coisas, derramado.
> É antes ir, penetrar,
> tal peixe metalizado
> e penetrar pelo gesto
> direto, de quem arrisca
> sua própria carne no sal,
> na epiderme da vista.
>
> Para o corpo recoberto
> nos costumes, nos haveres,
> para a mão que em si retém
> o mundo em vários poderes
> o mar devolve a nudez,
> despojando cada rosto,
> e desconhece o que tem
> mas não tem seu próprio corpo. [...]
> DE MAR I • *Inventos*

A presença de João Cabral na primeira sequência de *Inventos* foi percebida por críticos e amigos, que, todavia, também assinalaram, nos demais poemas, o "avanço" pressentido por Drummond. Nélida Piñon escreveu à autora:

> *Inventos*, gostei muito. Sobretudo da temática. Sua imagística muito rica, sempre contraditória. Às vezes, porém, senti presença excessiva de Cabral; ao mesmo tempo, felizmente, [...] você rebelando-se [...] e partindo para soluções rigorosamente originais. [...] Acho, sim, você agora ingressou em altitude criadora [...] mais alta,

Lupe e a amiga Lygia Fagundes Telles • c. 1967 • FLCG-IEB

rarefeita, daí começar a exigir instrumentos mais sensíveis, que sustentem formalmente a escalada [...].[186]

Por sua vez, Lygia Fagundes Telles foi, entusiástica e diretamente, ao melhor da coletânea. Em bilhete manuscrito em tinta vermelha, escreveu:

> Lupe, seu livro é excelente. Excelente. Incrível como você mudou do último para esse, incrível. Você está mais madura, mais harmoniosa, mais exata. Aprofundou-se em essência. E a forma ficou mais pura. A parte DE AMOR é uma beleza, principalmente, dentre todos, o MONÓLOGO IV. Você se comunica, incomunicável. Sempre a solidão.

> É o tempo o meu receio, não o amor,
> que este perdura. [...]
> Esta brisa entre nós, este sossego
> agudo de desejo, esta presença
> alerta, esta carne toda apego
> certo se apagam [...]
> O futuro só nasce de um invento:
> nós dois, amor, nós somos este tempo.
> MONÓLOGO IV • *Inventos*

Já o poeta César Leal, radicado no Recife, que Lupe Cotrim conheceu em um encontro de escritores em Brasília, também lhe escreveria expressando sua admiração pelo livro e contextualizando as referidas ressonâncias cabralinas.

> O quarteto assonantado [praticado por João Cabral] é mais antigo que o soneto. Suas origens se perdem no romanceiro medieval. [...] A influência do romancei-

---

186 • Carta de Nélida Piñon a Lupe Cotrim, out. 1969, FLCG - IEB.

ro hispânico é universal, ou pelo menos abrange toda a poesia europeia e norte-americana.[187]

O "entreato de amor", o melhor de *Inventos*, inclui, em registro sublime, versos livres e metrificados, com larga variedade de ritmos, repartindo-se os seus dezessete textos, alguns deles antológicos, em "prólogo" de um narrador e "monólogos", "diálogos" e "posses" dos dois amantes. Um poema-cantata, poder-se-ia dizer, em que se alternam árias e duetos, no qual se encontram versos epifânicos, extraordinários. "Ser transparente/é quase um suicídio [...]", diz a voz masculina no DIÁLOGO I. O aparato repressivo da ditadura militar, já referido na peça *Amanhã seria diferente*, então avançava a passos firmes, infiltrando-se sub-repticiamente mesmo nos recintos mais íntimos:

> [...] É o tempo da solidão,
> do arremedo do amor,
> da vida a olhar-se de fora,
> do refúgio opaco em si mesmo.
> É o tempo do medo.
> MONÓLOGO III • *Inventos*

– diz a voz feminina no MONÓLOGO III desse livro que, em resposta aos apelos éticos do tempo, aproxima, ainda sutilmente, "lirismo e participação".[188]

Lupe Cotrim chegou a considerar *Inventos* um marco, o início de uma nova fase em sua escrita poética. E comentou, um pouco com o olhar da es-

---

187 • Bilhete de Lygia Fagundes Telles a Lupe Cotrim, 14 jun. 1967; e carta de César Leal à poeta, jan. 1969. [Naturalmente, o escritor incluía outros tipos de estrofes "assonantadas", uma vez que o quarteto propriamente constitui minoria no livro.]

188 • Haroldo de Campos. *Metalinguagem e outras metas*. 4 ed. São Paulo: Perspectiva, 1992, p. 89-96.

tudiosa de Filosofia, já se detendo em uma questão que emergia nos debates da época, e que viria a se tornar recorrente também em sua lírica: o "outro".

> É, de fato, o meu livro predileto; muitos dos poemas anteriores, dos outros livros, eu hoje dispensaria. Nele procuro mostrar o papel do invento em nossa visão das coisas e do outro. [...] Não quero dizer com isso que é apenas a nossa subjetividade que confere existência ao outro, mas que é nela que o nosso amor pelo outro se configura, para depois tentar construir sua área de realidade. Porque amar, enfim, é a forma que cada um tem de ser artista – aquele que empresta ao objeto maior significação, maior densidade. Enquanto os dois personagens inventam e, por isso, criam, o amor existe.[189]

Em fins de 1966, Lupe Cotrim conclui a graduação em Filosofia. O curso "me foi muito útil. Pelo menos o ranço filosófico saiu de minha poesia, que ficou mais lírica, veja só", logo escreve ao amigo Drummond. Contraditório expediente, característico de Lupe, esse buscar se livrar do veio filosofante que detectava em sua escrita justamente na rigorosa Faculdade de Filosofia da rua Maria Antônia.

> Lembro-me que no final do curso ela me dizia o quanto havia escrito durante aqueles anos. Ela havia reunido todos os trabalhos e realmente dava um volume impressionante, [evidenciando o] quanto tinha sido obrigada a escrever. [Ainda trabalhando na Caixa Econômica Federal], ela terminou o curso em condições muito adversas.

– recordou José Arthur Giannotti.[190] E a vasta pilha de anotações, trabalhos e escritos filosóficos ainda iria aumentar, uma vez que, decidida a con-

---

189 • Entrevista a Baby Garroux, LUPE E AS SUAS MÚLTIPLAS FACES, cit.
190 • *Lupe Cotrim – Simpósios em comunicações e artes*, n. 7., cit., p. 10-11.

tinuar a vida acadêmica e intelectual, Lupe resolve fazer pós-graduação, em regime de doutoramento direto. Empenhada em se livrar do tedioso e desgastante emprego na Caixa Econômica, começa a esboçar planos de lecionar no antigo curso de segundo grau em humanidades, o chamado Clássico. "Ensinar é uma atividade compatível para o poeta", costumava dizer.

Foi então que recebeu um telefonema do professor Julio García Morejón. Na época, ele integrava a comissão encarregada de criar a Escola de Comunicações Culturais da USP (futura ECA), da qual se tornaria o primeiro diretor, e explicou: queria convidar Lupe para integrar o corpo docente da nova escola, ensinando Estética. Lembraria Giannotti:

> O mais interessante é que ela recusa. Diz a Morejón que não tinha condições de ser professora de Estética quando ainda não sabia Filosofia o suficiente para enfrentar um curso daquela natureza. Morejón pediu então que esperasse, pensasse, conversasse comigo, e depois dissesse o que [achava] da proposta. Eu, de fato, estimulei-a muito: "É uma temeridade ensinar Filosofia logo depois que você termina o seu curso, mas nós temos que levar em consideração certas vicissitudes do Brasil. [...]".[191]

O filósofo acabou convencendo-a a vencer o escrúpulo, a aceitar o convite e a se preparar para o desafio. "Você vai direto para o doutoramento [...] e aos poucos nós vamos avaliar a situação", encorajou. Afinal, mais de uma vez ele chegou a dizer que "docência é uma técnica que se aprende".

Entre temerosa e feliz, Lupe volta então a mergulhar nos estudos – "ler cerca de oitenta páginas por dia", era um adágio doméstico. E, na melhor tradição acadêmica, ela estrutura o programa do curso e redige aula por aula da disciplina Fundamentos de Estética e Evolução dos Estilos Artísticos, que passaria a lecionar alguns meses depois. Primeiro, elaborou o programa geral, segmentando-o em tópicos: "Conceitos de Estética: sua

---

[191] • Idem, ibidem, p. 12.

problemática. O belo e o feio"; "Fenomenologia do objeto artístico"; "Arte e linguagem"; "Arte e cultura de massa"... Baseava-se em bibliografia que inclui obras de, entre outros, Kant, Heidegger e Merleau-Ponty aos antigos, como Platão e Aristóteles; de Lévi-Strauss e Barthes a Umberto Eco, McLuhan, Max Bense e Walter Benjamin – além de Hauser, Francastel, Herbert Read. E tantos outros. Muitos dos autores, mal conhecidos na época. Também não se esqueceu de incluir o "jovem Marx". Esquematizou seminários, num total de oito. E, à mão e à máquina, foi redigindo cada aula: "Mímesis – Representação, Significação"; "A beleza para Platão"; "Escolas experimentais de Estética"; "O *quatroccento* italiano: as premissas do Renascimento"; "A literatura na época do impressionismo"; "O espaço na arte moderna"; "Arte e cultura de massa"; "Arte e artesanato – arte e indústria, arte popular, arte do povo etc.", aí recorrendo sobretudo a Mário de Andrade e a Lévi-Strauss – entre outras. Alguns manuscritos dessas aulas chegam a vinte páginas.[192]

No primeiro semestre de 1967, alforriada enfim do emprego na Caixa Econômica, Lupe inicia com entusiasmo a vida de professora universitária. Logo se tornaria uma das estrelas da nova Escola de Comunicações, ao lado de intelectuais renomados como Paulo Emílio Salles Gomes, Jacob Ginzburg, Jean-Claude Bernardet, Flávio Império, Sábato Magaldi, Eduardo Peñuela Canizal, Virgílio Noya Pinto, entre outros que integraram o grupo de "docentes fundadores". Pouco depois ingressariam outros nomes conhecidos, como a dramaturga e também poeta Renata Pallottini, já amiga de Lupe Cotrim. Eles lecionavam para turmas imensas, divididas em 150 alunos no período da manhã e outros 150 à tarde, nas ainda improvisadas instalações, em uma ala lateral do velho prédio da Reitoria, na Cidade Universitária.

---

192 • Os manuscritos das aulas de Estética também se encontram em seu arquivo pessoal, FLCG-IEB.

Por essa época, Lupe escreve a Carlos Drummond de Andrade, contando a novidade:

> Virei professora – e logo de 300 alunos de uma vez só. [...] Leciono Estética e Evolução dos Estilos. Tenho tido, pois, muito trabalho, estudando muito. [...] Mas é bom, tem muito aluno inteligente, em geral são curiosos, críticos. Acho que enfim é uma profissão para o poeta, o campo de interesse converge – é um trabalho criador [...].[193]

Em uma de suas primeiras aulas, "A literatura na época do impressionismo", Lupe abordou teorias sobre o símbolo e a alegoria, citou *O castelo de Axel*, de Edmund Wilson, deteve-se na "obra pequena e requintada" de Mallarmé e na "estética de dizer coisas vagas em verso rigoroso" de Valéry. Lembrou que ler um poema da "poesia pura era ser envolvido pelo seu encantamento; não a compreensão racional, mas uma espécie de contágio, de magia". Depois leu aos alunos ANNABEL LEE, de Edgar Allan Poe, poema de intenso lirismo que tematiza o mito da indestrutividade do amor mesmo após a morte.

> Há muitos, muitos anos, existia
> num reino à beira-mar
> uma virgem, que bem se poderia
> Annabel Lee chamar.
> Amava-me, e seu sonho consistia
> em ter-me para a amar. [...]
>
> nosso amor chegava, ó Annabel Lee,
> o sonho a ultrapassar,
> amor que os próprios serafins celestes
> vieram a invejar.

[193] • Carta de Lupe Cotrim a Carlos Drummond de Andrade, 27 maio 1967.

Foi por isso que há muitos, muitos anos,
no reino à beira-mar,
de uma nuvem soprou um vento e veio
Annabel Lee gelar. [...]

Pois, quando surge a lua, há um sonho que flutua,
de Annabel Lee, no luar;
e, quando se ergue a estrela, o seu fulgor revela
de Annabel Lee o olhar;
assim, a noite inteira, eu passo junto a ela,
a minha vida, aquela que amo, a companheira,
na tumba à beira-mar,
junto ao clamor do mar.
Annabel Lee • Edgar Allan Poe[194]

Em outra aula, Lupe leu uma composição de Drummond, Tu? Eu?, de *A falta que ama*, explicando em carta ao poeta:

[...] terminei minha aula inaugural este ano com o poema – você sabe que tudo hoje é comunicações, informações, e é bom alguém escandalizar, como você, dizendo-se não informado. Quem sabe se desconfiam o que há por dizer?[195]

[...]
E tudo foi a caça
veloz fugindo ao tiro
e o tiro se perdendo

---

194 • Edgar Allan Poe, *Poemas e ensaios*. Tradução de Oscar Mendes e Milton Amado. 3 ed. São Paulo: Globo, 1999, p. 58-59.
195 • Carta de Lupe Cotrim a Carlos Drummond de Andrade, 15 abr. 1969.

> em outra caça ou planta
> ou barro, arame, gruta.
> E a procura do tiro
> e do atirador
> (nem sequer tinha mãos),
> a procura, a procura
> da razão de procura.
> Não morres satisfeito,
> morres desinformado.
> Tu? Eu? • Carlos Drummond de Andrade[196]

Com sua fala rápida, gestos céleres e nervosos, movimentos abruptos do olhar, como que movida pela paixão, a professora saltava nas aulas de um autor a outro, de uma a outra teoria, conceito ou escola, comentando, situando (e pronunciando) com familiaridade nomes da bibliografia que a maioria dos jovens alunos nunca tinha ouvido antes. Heidegger, Hauser, Merleau-Ponty, Foucault, Lévi-Strauss, Herbert Read, Pierre Francastel, Roland Barthes, Walter Benjamin... Naqueles tempos isentos de restrições tabagísticas, acendia com elegância vários cigarros em cada aula, deixando ao sair o cinzeiro de vidro cheio, sobre a mesa – e muitas cabeças atônitas.

> Lembro-me bem da primeira aula. Lupe entra bem vestida, com saia *evasée*, *twin-set* marrom, pulseiras de ouro. Logo revela a personalidade muito forte. Tinha uma aura especial. Era um símbolo. Mesclava cultura e inteligência, beleza e certo ar chique. E deixava transparecer uma liberdade que poucos se permitiam na época. Para mim, ela foi muito importante naquele período de fim de adolescência, que foi um dos mais ricos da minha vida. Lupe inspirou muitos de nós.[197]

---

196 • *Poesia completa*. Rio de Janeiro: Nova Aguilar, 2002, p. 699-700.
197 • Depoimento do diretor teatral José Possi Neto à autora, 18 mar. 2008.

A professora ia escrevendo tantos conceitos, títulos de livros e nomes de filósofos no quadro negro que, numa tarde, uma aluna mais atrevida subiu ao tablado do acanhado anfiteatro onde lecionavam os mestres do primeiro ano e apagou nome por nome, pedindo: "Um de cada vez, professora!". Mas, como sempre, Lupe não se deixou intimidar: "Você é sempre assim azeda, ou é só hoje?", replicou à queima-roupa, mas com sorriso aberto e voz gentil, desarmando a ousada jovem, que silenciosamente desceu do tablado.

Tablado? Não, no caso de Lupe. "Quando ali subia para dar suas aulas, aquilo se transformava em palco, que ela dominava de maneira impressionante. Todos os alunos prestavam atenção", lembra a aluna da turma de 1968, Dora Mourão, que, décadas depois, viria a ser vice-diretora de ECA.

> Além de charmosíssima, a professora Lupe era inteligentíssima. Na linha de Arnold Hauser, acreditava que a história da arte estava ligada a componentes sociais, políticos. Lembro que os livros que ela trazia para citar em aula, e que pedíamos para folhear, eram caprichosamente sublinhados. Meses depois de lançado na França, ela aparece com *Les mots et les choses*, de Foucault, ainda cheirando a tinta de tipografia e com dedicatória ao Giannotti.[198]

— recorda o jornalista que também foi seu aluno João Batista Natali —, convindo lembrar que este é um dos inúmeros livros minuciosamente fichados pela estudiosa, segundo mostram os documentos de seu arquivo. Natali ainda relembra que Lupe, sempre disposta a inovar, uma vez chegou a chamar a pianista Anna Stella Schic, sua amiga, para ilustrar a "evolução da música no século 20" em uma de suas aulas. "Depois sugeriu que fizéssemos uma vaquinha para comprar um presente para a intérprete, que se

---

198 • Dora Mourão, entrevista em 24 jun. 2009; e depoimento de J. B. Natali por e-mail, 15 maio 2009. [Entre os maiores admiradores de Lupe Cotrim incluíam-se os alunos do período da tarde Alex Piccinini e Vicente Tambasco Neto, este também poeta – infelizmente não localizados pela autora.]

apresentara gratuita e especialmente para aquele grupo maluco de alunos." Radicada em Paris, foi Anna Stella quem depois abasteceu Lupe Cotrim de informações privilegiadas sobre o "maio de 1968" na França.

Como os demais professores, Lupe não chegou a ser uma unanimidade entre os estudantes. "É apenas a mulher do Giannotti, o filósofo", diziam alguns (algumas, sobretudo), esquecendo-se de que ao conhecer o professor ela tinha já quatro livros publicados, e o quinto estava a caminho. "Lupe Cotrim é uma burguesa metida a intelectual", satirizavam outros. Contudo, não demorou a se formar na recém-criada escola um verdadeiro fã-clube, especialmente entre os estudantes do sexo masculino, alguns deles visivelmente apaixonados pela bela professora-poeta. E circularam histórias pintando-a com cores de heroína: a poeta que desfez o casamento com um homem rico (Marinho Ribeiro Lima) para se ligar a um intelectual de esquerda, passando ainda a se sustentar por própria conta, em nome dessa liberdade.

Sem nunca se distanciar dos alunos ou dos colegas docentes em decorrência do mito em que se ia tornando, a generosa professora costumava dar carona em seu fusca bordô a quem quer que, desejando fugir dos lotados ônibus que iam e vinham da então remota Cidade Universitária, se encorajasse a pedir. Para a boa conversadora, era decerto uma oportunidade a mais de trocar ideias. Por exemplo, sobre obras e filmes recém-lançados, como *Cem anos de solidão*, de García Marquez, *A chinesa*, de Jean-Luc Godard, e mais tarde *2001, uma odisseia no espaço*, de Stanley Kubrick. Depois, também sobre as matérias que saíam no grande arauto contra a ditadura ainda em livre circulação, o imperdível e recém-surgido *O Pasquim*. Por vezes, em seu trajeto, Lupe subia a rua Augusta, onde, nas proximidades da Oscar Freire, ia apanhar "Zezinho" (o marido José Arthur Giannotti), mergulhado em reuniões e debates.[199]

---

199 • Conforme minhas próprias lembranças das vezes em que voltei da Cidade Universitária em seu carro.

Quando uma vez o aluno Luís Milanesi a procurou com uma lista de dúvidas depois de uma aula, ela abriu a porta do carro e despachou: "Entra aí", e deu a partida.

> Mas eu ia continuar na escola... Ela então desligou o motor, e eu desandei a falar, olhando vez ou outra para minha listinha. Disse que eu estava perdido, que não conseguia acompanhar aquela avalanche filosófica, que eu não dava conta de ler tudo [a vasta bibliografia indicada por ela]. A Lupe ouviu em silêncio, olhou para a minha lista e, sorrindo, perguntou: "E o último tópico? Não vai falar sobre ele?". Fiquei sem palavra e recolhi rapidamente o papel onde eu escrevera, por último: "pânico geral". O episódio serviu para uma aproximação humana.

— lembraria o depois diretor da escola, concluindo: "A lição definitiva da Lupe não foi curricular".[200]

Nos primeiros anos da Escola de Comunicações, os alunos deviam optar já no início do curso entre as especialidades oferecidas: cinema, teatro, jornalismo, rádio e televisão, biblioteconomia. A cinéfila Lupe Cotrim logo se aproximou particularmente da área de cinema — já no programa de seu curso anotara os nomes de Buñuel, Fellini e Godard entre os possíveis temas de trabalhos dos alunos. Por essa época, chegou a escrever ao menos uma crítica, do filme *O anjo exterminador* de Luis Buñuel.

> O filme [...] provoca o espectador, oferecendo-lhe sobretudo significações veladas, através de uma linguagem expressiva polivalente, ao mesmo tempo surrealista e expressionista, contidas porém no horizonte de um realismo que garante a objetividade do tema tratado. As inferências [...] que o espectador pode buscar devem

---

200 • O ÚLTIMO TÓPICO. Em *Primeiro toque*, São Paulo, n. 9, abr.-jun. 1984; e depoimento à autora, maio 2008.

ser analógicas, sendo que o eventual simbolismo sugerido se situa dentro dessa analogia implícita. Estamos longe do intelectualismo de um Godard. [...][201]

– iniciava o texto. O único desentendimento com a grande amiga Lygia Fagundes Telles, de que se tem notícia, deveu-se justamente a restrições da poeta ao filme *Capitu*, de Paulo César Saraceni, sobretudo quanto a algumas interpretações. Foi após um debate do qual ambas participaram no Sesc Consolação sobre a recém-lançada produção, cujo roteiro Lygia assinou em parceria com Paulo Emílio Salles Gomes, seu marido. Pouco depois, Lupe não se fez de rogada quando um de seus alunos do curso de cinema, Eduardo Leone, a convidou para atuar como atriz em uma ponta no seu primeiro curta-metragem, *A morte da stripteaser*, de 1969 – fez o papel de uma balconista; a *stripteaser* foi interpretada por Vânia Toledo, que se notabilizaria como fotógrafa. "Na época, estávamos imersos no debate sobre o tropicalismo e o *pop*, e em seu personagem Lupe fez uma paródia da emergente publicidade na tevê", sintetizou o crítico Ismail Xavier, responsável pela montagem do curta de Leone.[202]

Logo a professora-poeta seria chamada a atuar, como protagonista, em um segundo filme, planejado pelo já premiado aluno de cinema Djalma Limongi Batista. Djalma chegou a fazer um primoroso ensaio fotográfico de Lupe, com vistas à produção. Durante esse trabalho, foi convidado a almoçar algumas vezes com ela, no apartamento da rua Itambé.

> Seria *Hang five*, a história de uma poeta que devorava as personagens que ela mesma criava. Eu amava a Lupe, e acho que era recíproco. Adorava a elegância dela, sua incrível vivacidade. Ela tinha um carisma impressionante, para boa parte dos alunos. Não poderia ser para todos.

---

201 • A PROPÓSITO DO ANJO EXTERMINADOR. *Diário de S. Paulo*, São Paulo, 8 out. 1967, [2º. Caderno].

202 • Depoimento de Ismail Xavier no seminário sobre Lupe Cotrim realizado no IEB-USP, 23 mar. 2010.

Lupe devia apreciar o talento do jovem, que se gabava de ter sido o único a obter a nota dez na disciplina que ela ministrava. Depois de, com apenas dezoito anos, ganhar um prêmio com o curta-metragem *Um clássico, dois em casa e nenhum jogo fora*, Djalma viajou à Europa, percorrendo um roteiro até certo ponto inspirado por Lupe: a galeria Uffizi, em Florença, aulas e palestras de Roland Barthes e de Nathalie Sarraute, na Sorbonne, em Paris. Ao voltar, soube da doença traiçoeira, que poria fim àquele e a tantos outros planos de Lupe. Ainda assim, em seu primeiro curta-metragem Djalma já inscrevera versos da poeta, dentre os preferidos por um grupo de alunos de cinema na Escola de Comunicações, formado por ele, Mariângela Alves de Lima, Aloysio Raulino de Oliveira, Thomas Going – que pouco depois viria a se suicidar.[203]

> Se entre nós cada folha de silêncio
> for linguagem dos gestos desprendidos
> e em clareiras tombar cada momento
> o que outrora foi verde e preenchido,
> segurarei na queda tua imagem.
> Antes que perca todos os indícios
> desta palavra dita na coragem
> da posse em nós, hei de levar comigo
> o último desejo, o corpo intenso
> para tramar de novo um novo invento.
> MONÓLOGO VI • *Inventos*

---

[203] • Depoimentos de Djalma Batista à autora por e-mail, jul. 2009. [O filme *Hang five* foi depois realizado com outra atriz.]

Lupe Cotrim conciliou a atividade docente, na Cidade Universitária, com os estudos para o doutoramento em Estética no período noturno, na rua Maria Antônia. Teve como orientadora a mestra que já era um mito na Faculdade de Filosofia: a professora Gilda de Mello e Souza, casada com Antonio Candido, que fora aluna de Claude Lévi-Strauss e de outros *maîtres à penser* que integraram a "missão francesa", nos primórdios da USP. E cuja tese de doutoramento, o belo ensaio *O espírito das roupas*, teve por orientador o sociólogo francês Roger Bastide. Mas, a crer em um irreverente depoimento de um ex-aluno, Estética era disciplina ainda vista com preconceito, na época:

> D. Gilda era uma ilha cercada de tubarões positivistas, fenomenólogos linha-dura, marxistas ortodoxos ou não e estruturalistas delirantes. Gostar de suas aulas, salvo duas ou três exceções, era malvisto pelo quadro docente. O espírito objetivista predominava e a abertura à Estética, quando não provinha de Kant, assustava.

— relembrou o crítico e historiador Nelson Aguilar.[204] "Gilda achava Lupe extremamente inteligente, gostava muito dela", recordaria Antonio Candido. "E Lupe também contribuiu para que os filósofos da Maria Antônia superassem o preconceito em relação à Estética."[205]

Em 1967, a pós-graduanda começa então a assinalar livros e textos com a rubrica "para tese" – obras de Hegel, Dufrenne, Merleau-Ponty, Lévi-Strauss, do crítico Charles Baudelaire, e tantos mais. Sobre o então recém-publicado *Literatura e sociedade*, de Antonio Candido, anota: "Análises

---

204 • Entrevista em *Gilda: a paixão pela forma*. São Paulo: Fapesp, Rio de Janeiro: Ouro sobre Azul, 2007 (organização de Sergio Miceli e Franklin de Mattos).
205 • Depoimento de Antonio Candido à autora, 11 set. 2008.

brilhantes [neste] livro". Pensou, em princípio, em "pesquisar a contribuição da psicanálise à Estética – examinar o conceito de sublimação e [verificá-lo] na obra de um artista", escreveu ao amigo Carlos Drummond de Andrade. O ponto de partida seria, conforme os primeiros esboços, a imagem da morte:

> Imagine que me sugeriram você, mas eu jamais seria chata com um amigo querido. É melhor pegar um morto. O que você acha da Cecília? [falecida três anos antes]. Examinar as conotações da palavra, da imagem da morte na poesia dela. Tenho *a priori* a impressão de que a psicanálise precisa mais da arte do que esta dela; isto é, a arte dá possibilidade de mostrar no universal [...] o que os psicanalistas procuram no individual – mas se a psicanálise contribui para a compreensão da gênese da obra, para a apreensão da obra mesma, é de uma contribuição relativa. Enfim, quero pesquisar isso, ficar doutora e, sossegada, poder trabalhar em paz na minha poesia.[206]

Em sua resposta, o grande poeta não entra em detalhes, mas volta a estimulá-la em seus estudos, mencionando o "trabalho universitário sério e criador, de satisfação íntima para você". O projeto inicial de Lupe sofreria mudanças. Pensou, primeiro, em trocar Cecília Meireles por João Cabral – com quem tentou se corresponder, aparentemente sem sucesso –, até optar definitivamente pela pesquisa da obra do francês Francis Ponge, o defensor da autonomia da palavra poética, da volta às coisas, o "poeta do existencialismo", segundo Sartre. Autor ligado, "em caráter precursor, [a] alguns dos principais movimentos filosóficos e literários" do século 20, e cujo *"parti-pris* de descrever, em vez de definir, é o próprio processo de redução fenomenológica".[207]

---

206 • Carta de Lupe Cotrim a Carlos Drummond de Andrade, 27 maio 1967.
207 • Leyla Perrone-Moisés. O PARTI-PRIS DE PONGE. Em *Inútil poesia*. São Paulo: Companhia das Letras, 2000, p. 75-84.

A nova etapa de pesquisas, naturalmente, repercutiria na escrita poética de Lupe, convergindo para suas cogitações sobre a viabilidade de uma nova "poesia fenomenológica". E ela volta a escrever a Drummond: "Estudo demais preparando o doutoramento para daqui a três anos – depois, liberdade. E poesia até o fim".[208]

Contava então ter escrito PASSAPORTE DE HERÓI - RETRATO, na morte de "Che" Guevara, poema em dicção elíptica e antioratória, no qual alude aos emergentes "paraísos artificiais" naqueles anos e, em alguns versos, aproxima o guerrilheiro ao mito de Cristo – como o fizera, em parte, Cecília Meireles com Tiradentes no *Romanceiro da Inconfidência*.

>Do espinho essa viagem
>de luta, não de profeta.
>Sempre à beira da imagem,
>no alerta do sentido. [...]
>Do ritmo esse andar
>atonal, imprevisto,
>que refaz hierarquias:
>do ritmo esse porte
>solidário e conforme
>à fome de outro homem. [...]
>Traído? a mesma cena
>se repete: lavam-se
>as culpas, soam moedas [...]
>– seu estigma é querer
>a entrega dos pães
>mas fora do milagre.
>Não se dizia mito? [...]
>Herói? Agora?

---

208 • Cartão de boas-festas de Lupe Cotrim a Carlos Drummond de Andrade, dez. 1967.

> Em tempo moderníssimo
> em que apenas se acena
> para o próximo, vizinho
> de outro quadro
> da história em quadrinhos?
> Herói? Muitos hesitam,
> abanam emoções
> com frases eruditas
> enquanto alguns adquirem
> emoções lisérgicas
> para tardes vazias. [...]
> PASSAPORTE DE HERÓI — RETRATO
> Inéditos, *Obra consentida*

Mais de uma década depois, desse poema Hilda Hilst tiraria dois versos para epígrafe de um dos capítulos de seu quarto livro de prosa: "Paixão. Só dela cresce/o fôlego de um rumo".[209]

Entre os estudantes, o ano de 1968 começou a dar sinais de efervescência extraordinária desde a retomada das aulas. Em abril, os alunos da Escola de Comunicações entram em greve e ocupam as suas então precárias instalações. Era um protesto contra a "improvisação" e a "inconsistência" do currículo dos cursos oferecidos pela recém-criada unidade da USP. Aumentava o clima repressivo no país. Em 28 de março, o estudante Edson Luís de Lima Souto havia sido assassinado pela Polícia Militar durante um

---

[209] • MATAMOROS (DA FANTASIA), em *Tu não te moves de ti*. 2 ed. São Paulo: Globo, 2004, p. 59. [Devo a Elly Ferrari a lembrança dessa epígrafe.]

protesto no restaurante universitário Calabouço, no Rio de Janeiro – e um colega seu, Benedito Frazão Dutra, igualmente baleado no mesmo local, morreria dias depois. Quando eclodiu na França o movimento de maio, com suas utópicas e libertárias bandeiras, também os estudantes da Faculdade de Filosofia da Maria Antônia já estavam em greve. Disseminaram-se por vários Estados as manifestações contra a ditadura militar e, em junho, acontecia no Rio a histórica "passeata dos cem mil", engrossada por trabalhadores, intelectuais e artistas, em repúdio à escalada repressiva. No *front* internacional, eventos como a guerra dos Estados Unidos no Vietnã, a invasão da antiga Checoslováquia pela extinta URSS, os assassinatos dos líderes americanos Martin Luther King e, depois, Bob Kennedy, contribuíam para levar ao paroxismo revoltas e protestos por toda parte. Na Ásia, monges budistas imolavam-se diante do horror. Outra guerra, a de Biafra na África, com multidões esquálidas fugindo ao conflito e sucumbindo de fome – depois referida em um poema de Lupe –, foi a primeira a ser exibida ao mundo pela televisão, suscitando comoção planetária.

> [...]
> Ladeando a fome,
> ladeando a morte
> de Biafra às vizinhanças
> consumir alegria
> de manter-se vivo
> apesar e contra isso.
> [...]
> João, fragmentos • *Poemas ao outro*

Nesse cenário em alta ebulição, também a poeta Lupe Cotrim, então no duplo papel de professora e estudante, não se furtou a marcar posições. Se, com alguma perplexidade, via-se, com os demais professores, contestada pelos estudantes na escola onde lecionava, na Faculdade de Filosofia a aluna de pós-graduação não hesitou em juntar-se aos protestos. Em julho, militou intensamente no movimento de ocupação do velho prédio da rua Maria Antônia.

> Em 1968, quando ocupamos a Maria Antônia, Lupe estava lá [...]. Lembro-me que se estava escolhendo um representante dos alunos para a pós-graduação, pois queríamos discutir de igual para igual com nossos professores sobre o curso que íamos ter. [Um deles] era o professor Rui Fausto. [...] Estávamos pensando em quem poderia ser representante dos alunos de pós-graduação e a Lupe, muito participante, assumiu também essa representação.

– lembraria a colega Anamaria Fadul, mais tarde chamada por Lupe Cotrim para substituí-la na cadeira de Estética na Escola de Comunicações.[210]

Quando, por provocação dos grupos ultradireitistas da vizinha Universidade Mackenzie, se deflagrou em outubro a histórica batalha dos estudantes, Lupe foi uma das pessoas procuradas pela polícia, acabando por se refugiar um tempo na casa de uma amiga para evitar a prisão. Mais radicais, alguns de seus colegas da Maria Antônia, entre os quais Helena Hirata e Iara Iavelberg, passaram então à clandestinidade, aderindo à luta armada contra o regime, que fechara todas as saídas pacíficas para protesto. O AI-5, o "instrumento mais repressivo que já existiu na civilização dos povos cultos" (estaria o Brasil entre eles?), estava a caminho.[211] O país vivia em turbulência a véspera de sua mais negra quadra de barbárie explícita, os "anos de chumbo".

---

210 • *Lupe Cotrim – Simpósios em comunicações e artes*, cit. p. 34-36; e em depoimento pessoal à autora, 2007.

211 • A frase é atribuída ao político liberal Tancredo Neves, primeiro-ministro no "período parlamentarista" de João Goulart.

Na Escola de Comunicações, diante do prolongamento da greve dos estudantes, surgiram as "comissões paritárias" formadas por professores e alunos, com a finalidade de discutir o currículo e buscar um acordo. "Para nós, naquela época, tudo o que não fosse radical e novo era decadente, conservador e reacionário", lembra José Possi Neto, que como estudante integrou uma das comissões, ao lado do professor Sábato Magaldi, entre outros. A professora-poeta participou ativamente dos debates pela reforma do currículo. Um dos "docentes fundadores" da escola, Virgílio Noya Pinto, que havia estudado em Paris com o historiador Fernand Braudel, viria depois a comentar a perplexidade de Lupe ao ver-se pressionada por seus alunos a retirar do programa autores "dispensáveis" como Barthes e Foucault e a centrar-se, sobretudo, em Marx e Marcuse, um dos inspiradores do movimento de maio de 1968. Ambos, afinal, já incluídos em sua bibliografia. Lembrou o professor Virgílio:

> O movimento de 68 era realmente um espanto para todos nós. Mas eu me lembro especificamente [do espanto] da Lupe quando [...], oferecendo à Universidade [...] os seus primeiros passos de experiência [...], aquilo que ela tinha de melhor, de repente ela se sentiu contestada pelos alunos. [...] E ela deixava transparecer isso em nossas discussões, na medida em que não se conformava.[212]

O "espanto" de Lupe devia se vincular também ao empenho com que montara o seu curso, vendo então como que se quebrar uma linha de pensamento trabalhosamente delineada. Antes mesmo desse episódio, na sua vontade de ensinar, ela chegara a defender que o curso de Estética passasse a ser dado a partir do segundo ano, quando os estudantes tivessem talvez alcançado um pouco mais de "maturidade"; e, em discussão com os professores, tinha conseguido essa alteração junto à direção da escola. Talvez

---

212 • *Lupe Cotrim – Simpósios em comunicações e artes*, n. 7, cit., p. 28-30.

nunca tenha chegado aos seus ouvidos um fato mais tarde lembrado pelo professor Eduardo Peñuela Canizal, seu colega: "Em meio às discussões, disseram uma vez os estudantes: 'Queremos mais professores como Lupe Cotrim'".[213]

Um de seus alunos, o professor e crítico Ismail Xavier, egresso da primeira turma de cinema da escola, também rememorou mais tarde aquela intricada conjuntura de 1968, em depoimento no qual chegou a traçar um nítido perfil da carismática (embora, por vezes, ainda algo insegura) professora Lupe Cotrim. Atribuiu então ao posicionamento corajoso de Lupe, sempre aberta ao diálogo durante aquele crítico interregno, a posterior decisão dos estudantes de dar o nome da escritora ao Centro Acadêmico da Escola de Comunicações da USP. Afinal, a jovem professora não deixou que aquele "espanto" inicial tolhesse o diálogo com os revoltosos, cujas reivindicações bem compreendia. Nas palavras de Ismail,

> [...] [Ela] se transformou numa referência porque, sem [querer] mistificar, acredito ter sido ela, naquele primeiro momento, quem conseguiu simbolizar uma resposta [...] ao desafio de dar conta dessa relação viva [da recém-fundada escola] com o contemporâneo na área da cultura. [...] Ao mesmo tempo em que havia da parte da Lupe professora uma preocupação imensa com problemas de rigor acadêmico, intelectual e conceitual, inclusive até enfrentando determinadas inseguranças [...], pelo fato de estar começando sua carreira como docente, em nenhum momento ela se escondeu em formalismos [...]. [É] importante lembrar, no caso de Lupe professora, essa vivacidade, essa capacidade de se expor, de assumir os riscos que essa Escola nova trazia, [onde] os professores [...] tinham de enfrentar uma escola nova e uma conjuntura política, social e cultural extremamente desafiadora, e [...] uma geração que cobrava muito. [...] Acredito que Lupe Cotrim se transformou numa referência nessa escola porque, acima de tudo, ela definiu [de modo] muito claro

---

213 • Depoimento do professor Eduardo Peñuela Canizal no seminário sobre Lupe Cotrim, realizado no IEB-USP, 23 mar. 2010.

uma personalidade. [...] É claro que a dimensão política dessas características da professora Lupe gerou, não por acaso, a decisão de batizar-se o Centro Acadêmico [da ECA] com o seu nome. Isto se deu muito em função do comportamento que ela sempre teve durante aquele período de crise. [...] sempre tivemos na nossa experiência, na nossa memória, uma visão extremamente positiva da maneira como ela se relacionou com [as] diversas áreas [da ECA] e, em particular, com a área de cinema. [...] [214]

Essa interlocução privilegiada de Lupe Cotrim com os alunos acabaria, ainda em 1968, por salvar do fracasso o Seminário Internacional sobre Cinema e Televisão na América Latina. Promovido pela Unesco, com a intermediação do poeta e diplomata Francisco Alvim, o evento levaria à USP, mais precisamente à Escola de Comunicações, sede do encontro, ninguém menos do que os cineastas Roberto Rossellini, Alfredo Guevara e Glauber Rocha, além do filósofo Edgar Morin. Só que os eminentes palestrantes corriam o risco de, ao chegar, encontrar a escola fechada, ainda sob ocupação dos alunos. Atarantados, os anfitriões – entre eles, os professores Paulo Emílio Salles Gomes, Rudá de Andrade e Dino Pretti – enviaram Lupe como delegada em missão junto aos estudantes, na tentativa de convencê-los a abrir as portas. Pelo diálogo, ela não demorou a fazer com que percebessem a relevância dos debates propostos. E o seminário acabou transcorrendo com altas polêmicas e extraordinário brilho no rústico "piscinão" – como os alunos chamavam o Pavilhão B-9 da escola. "Nossa relação não era apenas com a professora de Estética, mas com uma personalidade, com um diálogo que extravasava em muito [a] situação emparedada da sala de aula", lembraria Ismail Xavier.[215]

---

214 • *Lupe Cotrim – Simpósios em comunicações e artes*, n. 7, p. 30-33.
215 • Depoimento do professor José Marques de Melo, 31 out. 2007; e de Ismail Xavier, em *Lupe Cotrim – Simpósios em comunicações e artes*, cit.

Lupe Cotrim combinou os anos de docência com participação intensa nos encontros e debates literários travados no país. Época de encruzilhadas na literatura, quando, além da poesia concreta e do movimento práxis, pululavam novas experiências: poema-processo, poema-postal, afora o impacto do projeto tropicalista, encenado desde 1967. No outro extremo, a bem-comportada "geração de 45" continuava presente e atuante. E a poeta, em sintonia com a escrita de Drummond e a de João Cabral, continuava em busca de uma dicção entre lírica e participante, independente tanto das vanguardas quanto dos autores de 45.

Entre 1967 e 1969, ela foi presença assídua nos ecléticos encontros anuais de escritores promovidos pela Fundação Cultural do Distrito Federal. No primeiro, foi uma das signatárias do manifesto de escritores e intelectuais contra as ameaças à liberdade de expressão, entregue em mãos por poetas e ficcionistas, Lupe à frente, ao general-presidente da República. Numa das sessões do evento, apresentou sua conferência "A dúvida na poesia de Carlos Drummond", fundamentada em trabalho universitário escrito tempos antes. E logo relatou ao poeta e amigo: "Falei nosso trabalho; gostaram, polemizaram, o Candido [Mota] Filho achou que eu estava achando dúvida demais em sua poesia – mas eu expliquei".[216] Contou, ainda, ter ficado encantada com a nova capital da República, especialmente com o Palácio dos Arcos, sede do Itamaraty, que chega a classificar como talvez "a obra deste século" na arquitetura. Escreve então poema sobre a cidade, MEMÓRIA FUTURA, o qual viria a dedicar à amiga Lygia Fagundes Telles:

> Mesmo coberta,
> Brasília é uma cidade
> nua. Intervalos,

---

216 • Carta de Lupe Cotrim a Carlos Drummond de Andrade, 27 maio 1967.

espaço, o plano em que se inventa
se despojam [...]
Em que cidade os vãos
se mostram com tanto
azul, e ventos e vertentes? [...]
Os edifícios, nítidos
como cactos, contra uma terra
envolta em terra
se amaciam e se retomam em lago.
E o branco é mais longo
no assalto do poente
e a terra se arredonda
na memória da Acrópole
e a pergunta do ser,
pelo ser,
se aconchega, nas dobras
do existente. [...]
Aqui se faz o homem:
geografia-geometria
e a história murmurando
amanhã
nas curvas da poesia. [...]
MEMÓRIA FUTURA • *Poemas ao outro*[217]

Lupe conhece então escritores de todo o país: Emílio Moura, Cyro dos Anjos, Murilo Rubião, Nélida Piñon, César Leal, Fausto Cunha, Fábio Lucas, e com vários deles começa a se corresponder. "Depois dos trabalhos, ficávamos conversando até tarde num dos salões do Hotel Nacional. Lupe e Lygia, sempre presentes e muito falantes", recordou Fábio Lucas.

---

217 • Inserido na segunda parte (O dúplice) da coletânea póstuma *Poemas ao outro*.

Murilo Rubião lembraria a conversa sobre Jorge Luis Borges que teve com Lupe – ela chegou a encontrar-se com Borges na passagem dele por São Paulo em fins da década de 1960 –, enquanto Fábio Lucas fez menção ao entusiasmo que ela revelava pelas ideias de Lévi-Strauss, que tanto lia na época. Fábio Lucas também assinalou a "grande honestidade e coerência" demonstradas pela escritora por ocasião de concurso de poesia em um dos encontros de Brasília, no qual ela foi membro do júri.

> Havia duas correntes, uma determinada a premiar Drummond, pelo conjunto da obra, outra que se inclinava pelo Péricles Eugênio da Silva Ramos. A maioria dos jurados foi pendendo para o Péricles, enquanto Lupe e eu resistimos até o fim em favor de Drummond. Ganhou o Péricles.[218]

Era mais um posicionamento de Lupe Cotrim contrário à "geração de 1945", da qual Péricles Eugênio da Silva Ramos foi um dos expoentes – e, sobretudo, mais uma demonstração da admiração e da lealdade "até o fim" dedicadas a Carlos Drummond de Andrade. No último encontro de escritores de que participou em Brasília, em 1969, Lupe falou sobre "A crítica e o estruturalismo". Apresentando-se com "clareza sem vulgaridade e exegese sem pedantismo", sua comunicação foi considerada um dos "pontos altos" do evento, registraria Domingos Carvalho da Silva, um dos organizadores.[219]

Lupe Cotrim começa então a ganhar certa expressão nacional. Seus poemas passam a sair regularmente em páginas literárias de diferentes capitais, além de São Paulo e Rio. Quando emergiram as discussões sobre o ingresso de escritoras na Academia Brasileira de Letras, seu nome chegou a ser mencionado como uma das possíveis futuras postulantes. Diria com humor o poeta Ledo Ivo, que na época ainda começava a pensar em

---

218 • Depoimento de Fábio Lucas à autora, 28 nov. 2007; e carta de Murilo Rubião a Lupe Cotrim, 1º jun. 1967.

219 • Depoimento. *Correio Braziliense*, Brasília, 10 mar. 1970.

Arte e alienação - I   21-9-68

Lape Cotrin Garaude

Embora o conceito de alienação seja carregado de ambiguidade, como acontece com outros que com ele partilham da esfera ideológica, não podemos prescindir de interrogá-lo: "designa bem um conjunto de realidades existentes, mas diferentemente do conceito científico, não fornece os meios de conhecê-las", diz Althusser. (1). Assim, mesmo não sendo um conceito científico, pois êste produz um objeto de conhecimento, é capaz de nomear a realidade, constituindo, a seu modo, uma etapa para a compreensão de fenômenos sociais.

Também a arte, como a alienação, é um conceito ideológico, manifestando-se ao nível da superestrutura da sociedade: "Na ideologia, os homens exprimem, com efeito, não suas relações com suas condições de existência, mas o modo pelo qual êles vivem sua relação com as condições de existência: o que supõe, ao mesmo tempo, a relação real, a "vivida" e a "imaginária". Na ideologia, a relação real é, inevitávelmente, investida na relação imaginária" (2).

Vemos assim que êsses dois conceitos podem se refletir mùtuamente, já que se inserem no mesmo meio comum da ideologia, sistema geral das representações que os homens se fazem da realidade.

A alienação pode ser vista através de várias perspectivas, assumindo conotações diversas, conforme o enfoque adotado, quer seja econômico-filosófico, como no jovem Marx, biológico, em Freud, ontológico, em Heidegger. Também a arte é passível de várias definições, segundo a visão dos criadores e das estéticas. Adotaremos pois um critério geral, em que a alienação significa a projeção do humano em algo que lhe é estranho, implicando uma perda essencial, enquanto a arte constitui uma recriação da realidade, exprimindo-a no nível do imaginário. Como porém aceitar a entrosagem dêsses dois conceitos que se opõem, já que alienação é perda e a arte é enriquecimento? Marcuse propõe uma interessante interpretação do problema, em seu recente livro "Ideologia da sociedade industrial" (3) que tem, na colocação dessa questão, um de seus melhores momentos.

Analisando os fenômenos de alienação nas sociedades "afluentes", isto é, altamente industrializadas e tecnológicas, constata como nelas se vem operando um processo contínuo de "dessublimação", pela tentativa de aplainar a distância entre cultura e realidade social "por meio d obliteração dos elementos de oposição alienígenas e transcendentes da cultura superior, pelos quais constitui outra dimensão da sociedade" (pág. 76). Tal obliteração é consumada pela incorporação dos valores culturais à ordem estabelecida, pela sua reprodução e exibição em escala maciça, pela comunicação de massas que transforma, unindo-as nos anúncios, arte, política, filosofia, em mercadoria, cujo valor é o valor de troca, e não o de verdade.

A arte, dêsse modo, perderia sua distância da realidade, não mais significando sua recusa. Segundo Marcuse, o fenômeno artístico é uma forma de alienação da sociedade que é, por sua vez, alienada: constitui assim uma alienação que reflete a outra, transcendendo-a e enriquecendo-a. A arte se revelou sempre um mundo pré-tecnológico, como alienação consciente, metódica, de tôda esfera de negócios e indústria, protestando contra a adesão a essa realidade. Nesse mundo pré-tecnológico, entretanto, o homem e a natureza não se encontravam inteiramente organizados como instrumentos e como coisas, podendo-se dizer que nesse sentido será também pós-tecnológico.

Nesse contexto a arte pôde se exprimir como verdade: "a alienação artística é a transcendência consciente da existência alienada, uma alienação de "nível superior" ou interposta" (pág. 72). Seu poder consiste dêsse modo em incompatibilidade, recusa, sendo uma força negadora junto à sociedade, encontrando, ao expressar essa negação, o valor de sua crítica e a profundidade de suas invenções.

No mundo contemporâneo, porém, adverte Marcuse, tal negação se acha ameaçada; a sociedade procura absorver a arte em seu consumo, procurando também fazer com que ela sirva de estímulo ao consumo junto às massas. "A grande Recusa é, por sua vez, recusada". Quer fazendo divulgação superficial das grandes obras, quer pressionando os artistas para que empreguem suas expressões e seus valôres, a sociedade atual promove a "dessublimação" e a integra a em suas fileiras de produção.

"Antes de o advento dessa reconciliação cultural, a literatura e a arte eram essencialmente alienação, conservando e protegendo a contradição, a consciência infeliz do mundo dividido, as possibilidades derrotadas, as esperanças não concretizadas e as promessas traídas" (73). Agora servem para psicanalisar o estado de coisas: integram, vendem, reconfortam, excitam. "A alienação artística tende a se tornar tão funcional quanto a arquitetura dos novos teatros e salões de concêrto em que ela é desempenhada" (76). Essa arquitetura pode ser melhor mas é mais "integrada", e a dominação, que tem sua própria estética, também ordena a produção artística, que acaba por se acomodar aos padrões da racionalidade tecnológica.

E' como alienação porém da realidade alienada, isto é, como meta-alienação, entendida como uma possibilidade de nomear, em outro universo expressivo, essa perda silenciosa em que todos estamos inseridos, que a arte encontra sua mais profunda destinação. Em nossos dias, entretanto, vão-se tornando raros os Brechts que se opõem à integração, resistindo à sociedade de consumo, assumindo que a arte não é catarse, mas recusa, não é identificação do espectador com o espetáculo mas participação distante e crítica, tornando-o não um mero consumidor, mas alguém dotado de uma consciência mais viva e lúcida da ordem existente.

Certas vanguardas supõem que renovam a arte e a mantêm em seu papel adotando uma linguagem que não transcende aquela em que se exprime a mera alienação: antes recusam a arte e não a sociedade, pois adotam, sem maiores críticas, todos os recursos que esta oferece, auxiliando-a assim na tarefa de "dessublimação" a que Marcuse se refere. A tese dessas "vanguardas" se encontra muitas vêzes expressa pelos teóricos da comunicação de massas: Marshall Mc Luhan é um exemplo típico de tal ideologia, opondo-se frontalmente ao pensamento de Marcuse.

Para êle, a arte não deve ser negação, mas integração: não consiste em outra linguagem, mas necessita assumir a não-linguagem em que os meios eletrônicos emitem sua envolvente e física mensagem. Mc Luhan, que encara com entusiasmo festivo a volta da humanidade a uma tribo, coabitando uma aldeia universal, em volta não mais do feiticeiro, mas da televisão, afirma "que contraído eletrônicamente, o globo não é mais do que uma vila". Considera que o ponto de vista, parcial e especializado, mesmo nôbre, já não mais tem utilidade na época da eletrônica; quanto a arte, esta não é senão o ensejo de todos rearrumarem seu psiquismo para a nova situação. "Porque na idade eletrônica não há mais sentido em dizer que o artista está adiante de seu tempo... dêsse modo o artista é indispensável na configuração, análise e entendimento da vida das formas e estruturas criadas pela tecnologia eletrônica" (pág. 76).

Confere aos artistas apenas o papel de tradutor e intérprete de um contexto histórico, mas lhe recusa qualquer função de crítica, transcendência e negação. Mc Luhan por certo supõe que está "no melhor dos mundos possíveis": numa nova mística, a da idade eletrônica, em que a escrita, a expressão verbal se tornarão desnecessárias, conclui: "A condição de "faita de pêso", que os biólogos dizem promover a imortalidade física, pode ser exposta paralelamente à condição de ausência de fala, o que poderia conferir perpetuidade da harmonia coletiva e paz" (pág. 84). De fato, se todos se calassem, as injustiças e desigualdades sociais se envolveriam no silêncio tão vantajoso para aquêles que dispuserem do maior contrôle do instrumental eletrônico...

Nessa perspectiva, cabe aos artistas a tarefa de consolidar a integração grupal em que todos, devidamente massificados, consumiriam, de preferência pelos ouvidos, a quietude pacífica da comunhão universal. Os místicos, em geral, procuram essa solidariedade aérea e otimista e Mc Luhan não escapa a essa tradição.

Em Marcuse encontramos exatamente a denúncia dêsse tipo de ideologia. Para êle a arte é negação, devendo-se recusar ao processo de "dessublimação" promovido pela sociedade atual, "substituindo satisfação mediata por satisfação imediata" (82). Ele prevê, em seu livro, as críticas que os néoconservadores de vanguarda farão à sua posição, pois estes crêem que a democratização da cultura é o fato positivo, embora ela não se acompanhe de uma autêntica democratização social, única de fato a permitir à arte a possibilidade de uma integração que não significasse a perda de seu valor de negação. Segundo os neoconservadores, é "aristocrático" não querer se pôr artisticamente ao nível da massa, como se estivessem corridas, em tal tipo de solidariedade, a resolução das desigualdades sociais. Na verdade, essa vanguarda se põe a serviço da sociedade de consumo, sem meditando sôbre as consequências de tal atitude de renunciar a meta-alienação em favor da mera alienação banal e corriqueira.

Na última Bienal tivemos um exemplo disso: com exceção de alguns, a maioria dos artistas se entregou a uma manipulação desenfreada e frenética de materiais, recursos técnicos, o mais das vêzes sem qualquer expressão artística. Certas criações da Pop-Art, entretanto, embora utilizando a vontade os meios técnicos pela sociedade industrial, realizaram interessantes caricaturas desta, colocando-se assim como negação e distância da envolvente asfixia da sociedade tecnocrática.

Certo é que a arte não pode nem deve fugir à linguagem de seu tempo, incorporando o inédito de suas conquistas e consolidando a riqueza de suas expressões: mas o importante é não perder as margens que a separam da realidade, é ser meta-alienação, que se torna um tipo de consciência da simples alienação inconsciente, e guardar diante da técnica, como diz Heidegger, a memória prospectiva das origens em que a pergunta pelo ser mantém uma dimensão essencial.

Embora não dando a Marcuse o papel de profeta de nossa era, como alguns conferem a Mc Luhan, acreditamos que êle recoloca questões fundamentais que devem ser meditadas, sobretudo no que concerne às formas de que se reveste a ideologia na sociedade contemporânea.

1) Althusser, Pour Marx, Maspero, 1968.
2) Idem. pág. 240.
3) Marshall McLuhan, Understanding media, Signet books, pág. 20.

ARTE E ALIENAÇÃO, publicado por Lupe, em 1968,
no Suplemento Literário de *O Estado de S. Paulo* • FLCG-IEB

ingressar na chamada "casa de Machado de Assis": "Espero que no dia em que eu me candidate nenhuma mulher do gabarito de Rachel de Queiroz, Clarice Lispector, Dinah Silveira de Queiroz, Lupe Cotrim, Stella Leonardos, entre tantas, atrapalhe minha eleição". Ledo Ivo, Peregrino Júnior e outros escritores defendiam o fim da vigência de um "clube do Bolinha" naquela venerável instituição.[220] Mas apenas em 1977 aconteceu a ruptura da exclusividade masculina, com o ingresso pioneiro da autora de *O Quinze*.

Em 1968, Lupe Cotrim publica no Suplemento Literário de *O Estado de S. Paulo* o longo artigo ARTE E ALIENAÇÃO, em duas partes. Nele, polemiza abertamente com Décio Pignatari; ou, mais precisamente, com as ideias expostas em seu recém-lançado livro *Informação, linguagem, comunicação*, que versava sobre arte e "comunicação de massa". Lupe abre o texto conforme o protocolo acadêmico, discutindo os conceitos de ideologia e de alienação, servindo-se da teoria de Louis Althusser, um dos mais relevantes comentadores de Marx na época. Segue com um paralelo entre a arte como recusa, negação (ou resistência), segundo Herbert Marcuse (e a escola de Frankfurt), e, de outro lado, o discurso sobre a "idade eletrônica" e a "aldeia global" de Marshall McLuhan, o qual qualifica de uma "nova mística". Passa então a se fundamentar em Marcuse – "sobretudo no que concerne às formas de que se reveste a ideologia na sociedade contemporânea".

> Marcuse prevê [em obras como *Ideologia da sociedade industrial*] as críticas que os neoconservadores de vanguarda farão à sua posição, pois estes creem que a democratização da cultura é o fato positivo, embora ela não se acompanhe de uma autêntica democratização social, única de fato a permitir à arte a possibilidade de uma integração que não significaria perda de seu valor de negação.[221]

---

220 • ESCRITORAS CALAM SOBRE O ACESSO À "IMORTALIDADE". *O Globo*, Rio de Janeiro, 9 jul. 1968.

221 • Lupe Cotrim Garaude. ARTE E ALIENAÇÃO-I. *O Estado de S. Paulo*, São Paulo, 21 set. 1968 [Suplemento Literário].

– defende, com ênfase. Passa a enfocar, na segunda parte, o livro de Pignatari, que interpreta como uma "tradução nativa de McLuhan"; e, *en passant*, faz a defesa de experiências do tempo exibidas na última Bienal (a nona), como a arte *pop*, que lê como "interessantes caricaturas" da sociedade industrial, sublinhando a necessidade de a "criação estar atenta às possibilidades de comunicação que hoje se abrem". Porém ressalva:

> O que se nota é que Décio Pignatari, numa defesa subjetiva e desordenada de uma vanguarda integrada totalmente na sociedade industrial, desliza sobre suas próprias contradições. Verifica, por exemplo, que a massa consome tanto Chacrinha como Shakespeare, sem critério de valores, já que este pressupõe hierarquização das elites, e ele crê que de modo progressivo a massa venha a criar os seus. Mas se esquece de constatar que se as coisas continuam como estão dificilmente tal criação se tornará possível, sendo que Chacrinha ganha mesmo a parada, e Shakespeare, muito verbal, e utilizando pouco os efeitos sonoros da buzina, irá parar em alguma cesta de papéis.[222]

Era um debate sem fim sobre o impacto da novidadeira disseminação das comunicações de massa sobre as artes contemporâneas; sobre arte e participação e os caminhos de se fazer a arte chegar ao povo; sobre a utopia tecnológica. E Lupe, com viés marxista, se aferrava ao "papel fundante de negação" da criação artística "dentro e diante da sociedade", opondo "elite intelectual" e "elite econômica".

> Dificilmente os meios de comunicação de massa, nas atuais sociedades de consumo, se dedicarão a integrar o povo num verdadeiro processo cultural; no caso do povo brasileiro, como assistimos, a tendência é continuar a mantê-lo como mero consumidor passivo de seu próprio subdesenvolvimento. [...] Os argumentos de Décio

---

[222] • Idem, ARTE E ALIENAÇÃO-II. *O Estado de S. Paulo*, São Paulo, 5 out. 1968 [Suplemento Literário].

Pignatari não convencem: apoiam-se numa ideologia do consumo em que a alienação tem força preponderante.

– escreveu com clarividência na conclusão, sem antes deixar de alfinetar a poesia concreta, a seu ver "apologista da comunicação de massa, [sem conseguir] atingir o público que cobiça"; e de fazer, em rápidas menções, a defesa da poesia de Carlos Drummond de Andrade, João Cabral de Melo Neto e ainda do poeta que começava a estudar, então: Francis Ponge.[223]

Também a permanência do verso e da própria poesia lírica estava em questão. E Lupe tentava investigar o solo ideológico de uma tal ameaça. Em uma carta, ela chegou a comentar os motivos que a levaram a escrever o artigo:

> Ser poeta se torna dia a dia mais ingrato, ninguém mais lê poesia, e é pena, porque o poeta enfim vive dramaticamente sua relação com a linguagem, tentando salvar a palavra de ser apenas veículo da comunicação para ser a própria instauradora da comunicação. É nesse sentido que escrevi [o artigo]. Os concretistas, o Décio em particular, contornam a dificuldade, tentando uma adesão não-crítica à sociedade do consumo – isto, a meu ver, é insustentável.[224]

Além da produção poética, Lupe começava a se firmar também como articulista. Naqueles anos, publicou ainda um texto sobre a IX Bienal de São Paulo, no mesmo Suplemento Literário, em que discutia ideias do polêmico pensador Vilém Flusser; e dois alentados ensaios acadêmicos, sobre Lukács (CONSIDERAÇÕES SOBRE A OPOSIÇÃO: NARRAR OU DESCREVER) e Rousseau (O OFÍCIO DO IMAGINÁRIO), na *Revista da Escola de Comunicações* da USP.[225]

---

223 • Idem, ibidem.
224 • Carta de Lupe Cotrim a Fábio Lucas, 2 out. 1968.
225 • A MUNDANIDADE DA BIENAL. *O Estado de S. Paulo*, São Paulo, 23 dez. 1967 [Suplemento Literário]; ROUSSEAU – O OFÍCIO DO IMAGINÁRIO, 1968; e CONSIDERAÇÕES SOBRE A OPOSIÇÃO: NARRAR OU DESCREVER, 1967.

Os tumultuados anos 1960 iam chegando ao fim. Espicaçada embora pela angústia diante do que percebia como declinante audiência da poesia lírica – em São Paulo, praticamente apenas o Suplemento Literário de *O Estado de S. Paulo* ainda publica poemas, queixou-se, na época –, Lupe Cotrim começa a escrever pensando já naquele que, afinal, viria a ser o seu último livro (*Poemas ao outro*). Nele, como que procuraria por em prática uma nova concepção poética, lentamente gestada nos anos de reflexão e estudo na Faculdade de Filosofia – que, afinal, prosseguiam, com a docência e a pós-graduação. Em meio ao turbilhão das atividades múltiplas, o tempo se torna mais e mais escasso. "Olho para o lado e vejo quinze livros aguardando leitura. [...] Ler para ensinar é trabalho dobrado, não é mesmo?", diria em uma carta. E em outra: "Meu próximo livro está nascendo lentamente – ando demais exigente. Mas é melhor assim".[226]

Em fins de novembro de 1968, acompanha José Arthur Giannotti a Salvador, onde o filósofo daria um curso como professor convidado na universidade. Voltava à Bahia depois de dez anos – lá estivera, pouco depois da publicação de seu primeiro livro, com as amigas Helena Silveira e Zelinda Silveira de Queiroz. E por lá tinha deixado um grupo de admiradores, escritores e artistas, com alguns dos quais passou a se corresponder. O pintor e tapeceiro Genaro de Carvalho lhe escreveu na época, assinalando ter descoberto "inteligência" e "sensibilidade", além de "modéstia", por trás dos "cabelos revoltos" da jovem poeta. Os escritores Wilson Rocha e Pedro Moacir Maia, mais tarde fundador das Edições Dinamene, também passariam a trocar cartas e poemas com Lupe.

---

226 • Cartas de Lupe Cotrim a Fábio Lucas, 2 out. 1968, e a Carlos Drummond de Andrade, set. 1968 e 15 abr. 1969.

Mas agora os tempos eram bravios. Em Salvador, Lupe e Giannotti são colhidos pela notícia que espalharia comoção e revolta por todo o país: a edição do Ato Institucional n. 5 pela ditadura militar. Era uma sexta-feira, 13 de dezembro de 1968. Sucede-se uma avalancha inédita de atos de violência. Cassações, suspensão de direitos políticos e civis, prisões por toda parte, disseminação generalizada da tortura, imprensa sob censura prévia, fechamento do Congresso. Buscando esmagar todo e qualquer tipo de oposição, a ditadura se desembaraçava brutalmente do pouco que ainda restava do verniz de arremedo democrático. Começavam os "anos de chumbo" e o rolo compressor da modernização conservadora. O Brasil nunca mais voltaria a ser o mesmo.

Depois de uma visita a Alagados, o miserável bairro de palafitas de Salvador, onde ouviu pelo rádio a notícia do AI-5, Lupe Cotrim escreve de imediato, incorporando à linguagem a tensão do momento, um de seus mais fortes e extraordinários poemas. Sua lírica adentrava então pela vertente participante, de denúncia social, que, aqui e ali, já se insinuava em sua produção, desde a estreia. Travessia que coincide com um novo patamar formal, de maior rigor no trato da linguagem.

> Uma cola negra escorre
> das calçadas, e o mar escurece
> no pigmento do rosto.
> Uma fratura na pedra; e mais outra.
> Estátua que se ergue
> ou entranha que se mostra.
> O saveiro furta às águas
> a sumária riqueza dos peixes
> e no farol se acende
> a história ameaçada; nem tudo será
> resíduo e paisagem. A couraça
> urbana acintura a nova cidade
> cinza e domesticada. [...]

Soerguidos pela brisa
imergimos nos meandros do mar
e na paisagem da magia:
mas rasga-se entre as mãos
a miséria sem névoa
— é ela que nos penetra.

Homens cercados de águas
por todos os lados:
perfis Alagados.
Numa vida em que o futuro
não é o primeiro rumo,
lá em Alagados.
Uma criança no detrito
inventa seu edifício
lá em Alagados
e o corpo insiste sobre o lixo
uma sentença passada.
Confins Alagados.

O rádio noticia o ato
lá em Alagados.
Para homens sem enxada
lá de Alagados. [...]
Uma árvore de natal
lá em Alagados
aponta Cristo à espera
— atento, Alagados.
Uma mulher varre o lixo
lá em Alagados
morando sobre os detritos
lá de Alagados. [...]

> Tudo é um deserto de águas
> lá em Alagados
> consumindo seus naufrágios.
> Ai, Alagados. [...]
> Memória barroca • *Poemas ao outro*

Domando a indignada comoção, adensando a linguagem concisa e elíptica, o poema encarna um dos pontos mais altos da poesia lírica de Lupe Cotrim. Seria dedicado a Carlos Drummond de Andrade, e com epígrafe dele, tirada de Lanterna mágica (*Alguma poesia*): "É preciso fazer um poema sobre a Bahia.../Mas eu nunca fui lá".

E foi a Drummond que a poeta voltou a dar notícias sobre o andamento de sua nova coletânea *in progress* – "meu livro mais engajado e, portanto, minha resposta ao que se passa", aludindo aí à temporada de treva em que o país, agora sem mais quaisquer disfarces, mergulhava. E ainda: "Andamos tristes, e tristes não é bem o termo. Mas senti isso em teu livro [*Boitempo*], como sinto no meu próximo – *Poemas ao outro*. Uma lucidez terrível, porque ainda apaixonada, nos espeta por todos os lados".[227]

Logo a violência política bateu à porta também de Lupe Cotrim. Em abril de 1969, seu marido, o professor José Arthur Giannotti, era um dos docentes "cassados" na USP pela ditadura militar. Integrava a lista de 28 mestres sumariamente "aposentados" da Faculdade de Filosofia por motivos políticos. Lupe então relata ao já velho amigo Drummond:

> Como V. já deve saber, meu marido foi "aposentado" da cátedra de filosofia (aos 39 anos). V. pode imaginar o que isto significou para nós. Infelizmente, a profissão de filósofo não permite as contemporizações do poeta [...]. Assim, não podendo ensinar, só lhe resta partir. O que faremos provavelmente para a França. Eu ainda

---

227 • Cartas de Lupe Cotrim a Carlos Drummond de Andrade, 29 maio 1969 e 15 abr. 1969.

não fui "aposentada" – pedirei afastamento da universidade. Estou começando a imaginar [...] a minha poesia em francês – o que é difícil, pois agora é que estou, depois de tanta reviravolta, lidando melhor com [a língua].[228]

Giannotti havia sido convidado a lecionar em Aix-en-Provence pelo professor Gilles-Gaston Granger, o orientador de sua tese de doutorado, defendida ainda na década de 1950. Era mais uma demonstração de solidariedade dos intelectuais franceses diante da escalada da barbárie no Brasil. Em meio aos planos de exílio da família, Lupe escreve à amiga pianista Anna Stella Schic, lá radicada, pedindo-lhe informações sobre o custo da sobrevivência na França. Entre um concerto e outro, na Europa e nos Estados Unidos, a pianista lhe responde, tomando como referência Paris:

> [Nesta] cidade genial, [que] oferece um prazer constante aos olhos e aos sentidos, além de possibilitar o desenvolvimento mental e o contato com tudo o que existe em matéria de expressão cultural [...], com 1.000 dólares por mês, vive-se bem, e mesmo *très bien*.[229]

Os tempos, de fato, eram outros. Mas os planos da família acabaram tomando novo rumo. Giannotti lembraria, mais tarde: uma vez que ele tinha sido chamado a participar da fundação do Centro Brasileiro de Análise e Planejamento, o Cebrap, o casal resolveu, naquele momento, adiar o exílio na França.[230] A ideia era tentar a possibilidade de uma resistência à ditadura no próprio país. Antes da decisão, contudo, Lupe se aflige – o que fazer com seu novo livro de poemas, já pronto? Publicá-lo, de imediato, ou ainda deixá-lo na gaveta e aguardar a sua plena maturação? Na dúvida, escreve novamente a Carlos Drummond de Andrade – e, pela primeira

---

228 • Carta de Lupe Cotrim a Carlos Drummond de Andrade, 29 maio 1969.
229 • Carta de Anna Stella Schic a Lupe Cotrim, 10 nov. 1969.
230 • Depoimento em *Lupe Cotrim – Simpósios em comunicações e artes*, n. 7, cit., p. 12.

vez ao longo de quase 15 anos de diálogo epistolar (afora aquela solicitação referente ao diário de adolescência), pede-lhe que leia os manuscritos de um livro seu (*Poemas ao outro*) e a oriente.

> O que pergunto é se V. poderia lê-lo, e conversar comigo sobre ele, dar-me algumas sugestões. Vou [em junho] ao congresso de escritores [em Brasília], e em seguida irei ao Rio – gostaria que V. me reservasse uma hora sua no dia 16 de junho: telefonarei na hora do almoço. Se puder ler o livro antes, eu o enviarei pela Lygia [Fagundes Telles], que vai ao Rio no dia 6. [...] se V. não puder, por estar ocupado, me envie um telegrama [...]. Desculpe essa urgência [...]. Sua opinião é muito importante – talvez porque este seja meu livro mais engajado [...]. Sinto uma grande solidão em volta do que escrevo, mas quando V. me lê, um vale por mil.[231]

Naqueles anos 1960, o meio mais rápido de comunicação para grande parte da população ainda era o telegrama... "Ainda não tenho telefone (ai joia inatingível, que aguardo há quatro anos, pago)", reclamou com resignação em uma carta.

Em meio a tantas pressões e dilemas, Lupe ainda colheria outra dolorosa "flor vermelha que passa no vento", a imagem da morte em seu poema PAISAGEM DE UMA AULA DE FILOSOFIA. Naquele cruel abril de 1969, recebe a notícia do súbito falecimento do pai de sua filha, Pupe, o ex-companheiro Marinho Ribeiro Lima. Com pouco mais de trinta anos, desaparecia o "anjo barroco" evocado em seu poema de 1961, depois inserido no livro *O poeta e o mundo*. "Anjo barroco é a fonte do teu rosto/e és fiel e grave como as crianças tristes. [...]", escrevera no soneto. Anjo... Imagem rilkeana, associada uma vez à própria Lupe por um crítico, Temístocles Linhares: "Lupe Cotrim é um anjo, congenitamente anjo, falando a sua

---

231 • Carta de Lupe Cotrim a Carlos Drummond de Andrade, 29 maio 1969.

linguagem [...]".²³² Logo um amigo lembraria Marinho Ribeiro Lima na imprensa, voltando também ao poema de Lupe, transcrito ao final do artigo. Sem deixar de mencionar a boêmia e as noites regadas a *scotch*, que velozmente corroeram a saúde de seu amigo, assinalou:

> De fato, o aspecto redondo do rosto, emoldurado pelos cabelos encaracolados, lhe dava uma aparência efetivamente barroca. [...] Marinho penetrava os salões palacianos ou os tugúrios humílimos com a mesma serena bondade. [...] Com Marinho se foi uma existência boêmia e de bondade esparzida por onde andou, angariando benquerença e popularidade. [...] Anjo. Também o foi [...]. Os anjos não pertencem ao mundo terreno.²³³

No Brasil daqueles tempos sombrios, contudo, a vida não permitia hesitações, vacilações. A dor seria trabalhada a "faca e cicatriz", na memória, conforme o poema que Lupe escreveu talvez por essa época:

> [...]
> Em cada morto amor
> a memória operária
> de faca e cicatriz
> de flor e seu processo. [...]
> Os mortos • *Poemas ao outro*

Mesmo abalada, a professora-poeta prossegue o curso de Estética na Escola de Comunicações e o projeto de doutoramento na Faculdade de Filosofia — já então desterrada da rua Maria Antônia para os toscos barracões erguidos às pressas na Cidade Universitária, depois do incêndio provocado pela extrema direita na antiga e emblemática sede. Em junho, ela volta

---

232 • Em Velhos e moços, ainda poetas. *O Estado de S. Paulo*, São Paulo, s.d. [1963], Suplemento Literário. [O crítico abordava *Cânticos da terra*, quarto livro de Lupe Cotrim.]

233 • Jairo Navarro de Magalhães. Preito de saudade. [*Diário de S. Paulo*?], s.d. [1969].

a participar de encontro de escritores em Brasília. E ao retornar faz uma escala no Rio para ouvir a avaliação de Drummond sobre o manuscrito de seu "mais engajado livro", *Poemas ao outro*.

A conversa aconteceu no apartamento do poeta, em Copacabana, na tranquila rua Conselheiro Lafayette, salpicada pelas amendoeiras famosas, que "ainda ninguém se lembrou de arrancar, talvez porque haja destruições mais urgentes".[234] Decerto o diálogo não durou tanto quanto ela almejava, pois a certa altura toca a campainha e entra outro jovem poeta, Carlos Nejar, já um expoente da chamada "geração 60" da poesia brasileira, à qual Lupe também tem sido associada.

> Gostaria de ter sabido [mais] o que você achou de minha tentativa de 'lirismo engajado', afinal é possível. Sinto que minha poesia, depois de muita volta, voltou a você; isto é, sou poeta pós-drummondiana, filiada a certo tratamento da palavra, mais seca, econômica etc., embora guarde um lirismo que em você se cobre de ironia. Enfim, sua filha, quer queira, quer não. Quando não estiver com muita preguiça, responda. [...] Não falei mais frente ao Nejar pois não quis que ele visse que você aceitou de mim esse tipo de chateação de ler originais [...].[235]

Não se tem notícia do teor da conversa entre ambos, nem de resposta do autor de *A vida passada a limpo* sobre aquele atestado explícito de filiação poética formulado por Lupe em sua carta. No entanto, com a concisão de sempre, Drummond chegou a elogiar os originais da nova coletânea, em uma dedicatória: "obrigado pela beleza dos poemas!". E pouco mais tarde, classificaria *Poemas ao outro* como o "mais sério" livro de Lupe Cotrim.[236]

---

234 • Carlos Drummond de Andrade. *Fala, amendoeira*. Rio de Janeiro: José Olympio, 1957, p. 11.

235 • Carta de Lupe Cotrim a Carlos Drummond de Andrade, 10 set. 1969.

236 • Dedicatória de Carlos Drummond de Andrade no exemplar de sua coletânea *Reunião* enviado a Lupe Cotrim; e Lupe, rápida. *Jornal do Brasil*, Rio de Janeiro, 28 fev. 1970.

REUNIÃO

10
LIVROS
DE
POESIA

A Lupe,

com o abraço afetuoso
do

Drummond

(obrigado pela beleza
dos poemas!)

Maio 1949

Dedicatória de Carlos Drummond de Andrade a Lupe Cotrim.
O elogio refere-se aos manuscritos de *Poemas ao outro*,
enviados pela poeta • Biblioteca da família

Carlos Nejar relembrou aquele tríplice encontro de poetas no apartamento de Copacabana.

Drummond me apresentou a Lupe: "Olhe, Nejar, uma poeta importante, a Lupe Cotrim". Senti que ele estava muito afável, menos formal, talvez. Fez lembrar uma relação entre pai e filha. Logo vi que Lupe, talentosa, conversadora, era uma pessoa extraordinária, especial. Depois ela me mandou alguns de seus livros. Ela tinha mencionado naquela conversa [a nova coletânea, ainda inédita] *Poemas ao outro*. Quando vim a ler esses poemas, encontrei um [apelo] social, mas era um social humanista. Sua escrita não tinha a suavidade em geral atribuída à poesia feminina. Trata-se de uma poesia mais do intelecto, da razão, do que da emoção, tecida em uma linguagem austera. Ela tinha todo o caminho mágico do grande poeta, que só o tempo poderia consolidar. No que faz lembrar Mário Faustino.[237]

As conversas de jovens poetas com Drummond logo viravam assunto nas rodas literárias. Não demorou, Armindo Trevisan, poeta gaúcho, na época se preparando para longa temporada de estudos na Europa, enviaria a Lupe uma carta na qual se refere àquele encontro dela com os dois Carlos, aproveitando para tecer grandes elogios a ela – e a Drummond.

[...] Estou [...] para dizer-lhe que a admiro muito como poeta, e agora mais ainda como pessoa. Aliás, seja-me permitido ferir-lhe a modéstia, transmitindo-lhe a opinião de pessoas que a conheceram: todas acham você simpática à beça, inteligente, fina, culta e, para coroamento final de suas qualidades, bonita como Deus a fez: um alumbramento! Se seu marido for ciumento, que me perdoe. [...] Disse-me o Nejar, a quem dedico uma amizade profunda, que o papo de vocês com o Drummond foi ótimo! Alegro-me, à distância, e retroativamente, com o encontro, porquanto sou um amigo e fã incondicional do nosso Poeta Maior! O Drummond,

---

237 • Depoimento por telefone à autora, 21 abr. 2009; e depois conversa pessoal na Casa do Vento, Rio de Janeiro, 23 out. 2009.

aparentemente, é espinhoso, rugoso, mineral, só "aparentemente". Por dentro é uma criatura superiormente sensível, leal, de uma afetividade maravilhosa. [...][238]

Com o plano de transferência para a França a princípio adiado, a poeta decide, enfim, inscrever os originais de *Poemas ao outro* em um concurso literário. Na verdade, em dois: o Governador do Estado, em São Paulo, e o da Fundação Cultural de Brasília. Afinal, sentia que o livro estava bom, que sua escrita poética tinha chegado ao limiar da maturidade. "Acho que consegui ficar enxuta e simples [...], como valorizo nos bons poemas. Será?", no entanto ainda se perguntava.[239]

Poemas ao outro consubstancia a viagem arduamente empreendida por Lupe Cotrim do monólogo inaugural, com predomínio da nebulosa do eu, ao sentimento do mundo e do "outro". "Outro" que emerge sob o avatar de um imaginário homem do povo – símbolo dos milhões de excluídos do banquete capitalista –, nomeado João, feito interlocutor, a quem o eu poético se dirige e dá voz na primeira série do livro. A preocupação com o homem (ou o "Homem"), presente desde os primeiros poemas, afinal ganhava contorno mais nítido, na figura de um trabalhador subsistindo sob o flagelo da miséria, da exclusão e do analfabetismo.

> Não sei, João,
> se és ou serias
> meu irmão.
> Mas por certo
> rima segura
> dos meus versos. [...]
> teu rosto é comum
> e familiar:

---

238 • Carta de Armindo Trevisan a Lupe Cotrim, 30 jul. 1969.
239 • Carta de Lupe Cotrim a Carlos Drummond de Andrade, 15 abr. 1969.

> por muitos homens
> vejo-te passar.
> Apanhador de papel
> catas do chão
> o que a fala disse a mais
> ou em vão. [...]
> O alfabeto são pedregulhos
> no silêncio onde pisas
> nesse fantástico itinerário
> a estar fora dos homens
> e além dos bichos.
> Jogo pela janela
> o poema alado e conciso
> que deseja saldar
> teu percurso aflitivo. [...]
> João, apresentação • *Poemas ao outro*

Afastando-se do "espetáculo do autor", referido por João Cabral, Lupe Cotrim ensaiava mais resolutamente a dicção participante – em resposta, como ela mesma aludiu, à truculência social e política do momento. O que, afinal, era uma ressonância da "exigência ética sentida por toda a cultura brasileira" no período, lembraria Alfredo Bosi.[240] Lupe lograva praticar, em suma, o que José Guilherme Merquior chamou, em um ensaio sobre os novos caminhos da lírica, de "uma poesia do pensamento em vibração emotiva".[241] Vertente que resume, em parte, o projeto que ela mesma esboçou de poesia lírica.

---

240 • Alfredo Bosi. *História concisa da literatura brasileira*, cit., p. 523; e João Cabral de Melo Neto, A geração de 45, cit.

241 • Crítica, razão e lírica. Em *Razão do poema*. Rio de Janeiro: Civilização Brasileira, 1965.

A coletânea faz transparecer também o esforço de depuração da linguagem, o empenho de liberar o verso de resquícios extemporâneos, neoparnasianos e neossimbolistas; e marca o pleno abandono do soneto. Sem abdicar da herança reflexiva de Drummond, a autora buscava acercar-se, agora em linguagem mais pessoal, do "verso concreto", da "nova objetividade" e da sorte de "poesia fenomenológica" que vinha sondando desde o início do curso de Filosofia; e que ela mesma havia identificado no autor de *Uma faca só lâmina*.

Ela própria traçou a genealogia de seu interlocutor – e, enfim, de sua nova dicção poética –, ao aproximar o João, de *Poemas ao outro*, do José, de Drummond, e do Severino de *Morte e vida severina*, de Cabral.[242]

> O que é nosso, João,
> entre o teu e o meu,
> o que separa em posse
> a nossa solidão?
> Não sei. Não sei
> o que era de mim
> no que te encontrei.
> Hesito entre o inscrito
> e o que me vem às mãos:
> tenho pouco do perto.
> Antes creio
> no que ainda terei
> porque desperto.
> Vês o mundo, João,
> como quem não sabe
> ou enxerga em vão.
> É um ver qualquer,

---

242 • PARA ELAS, NOSSO MAIOR PRÊMIO. *Jornal da Tarde*, São Paulo, [8] out. 1969.

> o teu, sem detalhe ou magia,
> e devo a teu olhar
> o segredo ondulado
> onde o mundo principia. [...]
> João, fragmentos • *Poemas ao outro*

E como que ecoando a terrível pergunta de Hölderlin – "para que poetas em tempo de penúria?" –, e a própria angústia de perceber a poesia acuada naquele tempo inóspito, prossegue a interlocução ao longo de toda a série:

> Por que te faço poemas?
> E o protesto irradia:
> tão poucos leem estes versos
> e deles ninguém desperta.
>
> Este lavrar dia a dia
> o que em ti nos desconversa? [...]
>
> Há o sentido que salta
> pelo ombro da palavra:
> a denúncia que soletra
> atrás da porta lacrada. [...]
> Indagações de João • *Poemas ao outro*

Na segunda parte do livro, nomeada O dúplice, a poeta dá sequência à captação do "outro", mas sob outros avatares: "o outro amigo, o outro analista, o outro lugar e os outros, os mortos", diria.[243] Aí se encontram a elegia ao psicanalista, em Paisagem da análise; os poemas que evocam o Chile, Brasília e Alagados, na Bahia; o filho, Marco; os amigos; Os mortos.

---

243 • CEL premia este ano duas mulheres. *O Estado de S. Paulo*, São Paulo, 5 out. 1969.

> O amigo segura
> o que digo, e o silêncio
> é tramado, tecido
> de lado a lado.
> O inimigo, avesso,
> arrepia o que falo
> e espeta cada sílaba
> em seu próprio contrário. [...]
> DAS INVENÇÕES ANTIGAS • *Poemas ao outro*

O "outro" ainda comparece metamorfoseado na própria poesia, na composição em que dialoga com Rilke e Maiakovski. Aí evocando o proclamado imperativo da vida, a contrapelo de toda adversidade.

> Rilke estava enganado:
> um poeta é um poeta
> e vive sem fazer versos.
> Por outras razões se morre
> e as forças de viver
> são mais cegas, são mais ágeis
> que a direção de morrer.
>
> Maiakovski se matou
> podendo fazer poesia
> e pagando seus impostos.
> Como? Onde? Para quem?
> Aqui, ali, pouco importa,
> em tudo a mentira sobra;
> morreu na boca de um poema
> o pulso farto de versos. [...]

> Se vive com fome e sede
> com amor estilhaçado,
> analfabeto, amarrado,
> com chumbo dentro do ventre,
> sem sexo, luz, alvorada,
> um homem vive de pouco
> resiste às vezes de nada. [...]
> Rilke estava enganado.
> Um poeta-suicida
> anunciou vento adentro
> – o romantismo acabou. [...]
> À MARGEM DA POESIA • *Poemas ao outro*

Outro desafio que a autora se colocava na busca de uma nova linguagem poética, a custo lavrada, era desvencilhar-se do modo romântico de sentir o mundo.

Testar um dos primeiros frutos do limiar de sua maturidade poética, mas também realizar um antigo desejo, se vencesse. Esse duplo objetivo esteve, decerto, por detrás da decisão de Lupe Cotrim de inscrever *Poemas ao outro* em dois concursos literários, em 1969. O desejo: voltar com mais vagar à Europa, ver (ou rever) museus, galerias, talvez ainda verificar *in loco* a Paris pós-revoltas de maio de 1968. Ela escreve então ao amigo Adalardo Cunha, funcionário da José Olympio, editora que publicara os seus últimos livros, solicitando o envio de um dos regulamentos. E esclarece: "Seria bom um prêmio, para levantar as finanças, o moral e a carreira". As cartas entre ambos são marcadas pelo bom humor. Quando Cunha uma vez lhe pediu uma fotografia sua para integrar a galeria dos autores da José Olympio, ela logo replicou: "espero que me pendurem devidamente (há vista para o mar?)".[244]

---

244 • Cartas de Lupe Cotrim a Adalardo Cunha, 5 maio 1969 e 7 set. 1965.

A soma de um dos prêmios era considerável, daria bem para a viagem cultural que começou a planejar na época. Iria com a amiga Mariela Kantor, que tinha conhecido na roda de mulheres intelectuais que se reuniam para discutir política, livros e artes, integrada por Yolanda (Danda) Prado, Edla van Steen, Anésia Pacheco Chaves, entre outras.

> Eu conhecia muito bem Londres, onde havia feito um curso de história da literatura e das artes. Lupe e eu combinamos então viajar sozinhas à Inglaterra e à Itália no inverno europeu. Planejávamos desfrutar ao máximo galerias e museus, locais que os maridos em geral não têm paciência para longas visitas. [245]

Mas também esse plano teve de ser desfeito. Em junho, Lupe começa a sentir persistentes dores na coluna. O que seria?

> Nós não sabíamos exatamente o que era. Ela percorre vários médicos, [faz] tratamentos dos mais diversos a propósito desse [possível] reumatismo [ou] desvio de coluna, e assim por diante. Até que, finalmente, aparece um pequeno tumor no ovário. [246]

Em fins de setembro, a poeta passa por uma cirurgia. E o resultado, que ela nunca viria a saber com clareza (ou não quis nunca deixar que os outros soubessem que sabia), era o pior possível: câncer já transformado em metástase. É verdade que, com aquela sua espontaneidade por vezes desconcertante, desabafou, na época: "Já me aconteceu quase tudo na vida. Só me falta morrer". Lembraria depois Giannotti:

> Coisa extraordinária: na estratégia de sua vida, o câncer não cabia. Acho que isso é um aspecto que [se deve] salientar, porque é talvez aquilo que mais impressionou

---

245 • Depoimento de Mariela Kantor à autora, 29 jan. 2008.
246 • Depoimento de José Arthur Gianotti, *Lupe Cotrim – Simpósios em comunicações e artes*, n. 7, cit., p. 12.

Minha cara grande Poetisa
Lupe Cotrim Garaude

Este seu amigo "fan" não teve notícia da homenagem que farão a V. pela sua fulgurante vitoria. Teria me proposto ser um dos oradores para erguer minha taça pelo seu triunfo.

Sua poesia é uma glória para S. Paulo. Grato, como paulista, pela beleza que V. semeia e pelo que V. significa para a cultura de nossa terra.

Do confrade
Menotti del P.

12-11-968

Carta de Menotti del Picchia • FLCG-IEB

[seus] alunos nos últimos momentos da sua vida. Ela agia como se o câncer não existisse, embora muitas vezes ela me perguntasse, olho no olho, se estava ou não com [essa doença].[247]

E Lupe continuou com seus estudos, trabalhos e projetos. Entre eles, o de um novo livro de poemas, no qual pensava retomar, em parte, o obsessivo motivo do mar, que comparece recorrentemente em sua lírica desde a segunda coletânea, *Raiz comum*. "Pretendo fazer uma série de mar e de terra", chegou a planejar, disposta a explorar ainda o filão da "poesia fenomenológica".[248] Em 1968, tinha já escrito algumas composições, com essa intenção. FORMAS E HUMORES DO MAR – I, II; e DIANTE DO MAR – I, II, III. Em algumas delas, contudo, ainda reincidia no "absoluto" romântico.

> [...]
> Quem inventou a viagem?
> Quem decidiu a aventura?
> Qual cais fez de sua pedra
> o asfalto da partida?
> Não abandono: sinal de ida
> e ordem de comando.
> O poeta é estar sozinho
> a dois, crispado de absoluto,
> cicatrizando-se em palavras
> e faróis mudos. [...]
> DIANTE DO MAR – II • Inéditos, *Obra consentida*

Lupe mal tinha saído do hospital quando recebeu a notícia de que seu livro ainda inédito *Poemas ao outro* tinha conquistado o Prêmio Governador do

---

247 • Idem, ibidem.
248 • Carta de Lupe Cotrim a Fábio Lucas, 23 mar. 1968.

Estado de Poesia. Vitória mais expressiva quando se recorda que o concurso havia reunido naquele ano perto de trezentos concorrentes, em meio aos quais vários dos principais nomes de sua "geração", parte deles seus amigos. Pela "indiscutível qualidade" da escrita, alguns desses poetas receberam menções: Hilda Hilst, Lindolf Bell, Modesto Carone, Neide Archanjo, Pedro Xisto de Carvalho, Roberto Pompeu de Toledo, Reynaldo Bairão, Fúlvia de Carvalho Lopes, José Carlos de Queiroz Telles, André Carneiro, entre outros. Mas o prêmio, conferido pela Comissão Estadual de Cultura do governo paulista, no valor nada desprezível de dez mil cruzeiros novos, era "indivisível", segundo o regulamento. Integraram a comissão julgadora os escritores e críticos Péricles Eugênio da Silva Ramos, Oliveira Ribeiro Neto e José Geraldo Nogueira Moutinho.[249] Pouco depois, chega a Lupe Cotrim a confirmação de ter obtido também o prêmio de poesia do concurso da Fundação Cultural de Brasília de 1969, com o mesmo livro.

Recebe então uma avalancha de cumprimentos, homenagens e manifestações de alegria de amigos, colegas, alunos, admiradores, que acabam se misturando aos votos de pronto restabelecimento, após a cirurgia a que tinha se submetido.

> O amigo ouve [...]
> E sobre o espaço branco
> onde a ausência se conta
> desenha um rosto,
> um riso, um campo
> em gestos do verde
> e seus lençóis de sombra. [...]
> DAS INVENÇÕES ANTIGAS • *Poemas ao outro*

---

249 • Entre outros, CEL PREMIA ESTE ANO DUAS MULHERES, cit.

Lupe amiga:

Neste fim de ano, estou pensando carinhosamente em você. Na poesia que você deu a todos, e na amizade que particularmente me tocou. As duas são coisas que ajudam a viver. Conto com elas, partidas de você, em 1970. Abraço de coração pleno do

Drummond

Rio, 30.XII.1969

Cartão de Carlos Drummond de Andrade a Lupe Cotrim, último documento da correspondência mantida pelos dois poetas por quase quinze anos • 30 dez. 1969 • FLCG-IEB

Em papel timbrado da Academia Brasileira de Letras, Menotti Del Picchia cumprimenta a poeta por sua "fulgurante vitória" e afirma que sua poesia lírica "representa uma glória para São Paulo". De Paris, a pianista Anna Stella Schic lhe escreve, "só para dizer [...] que vibrei com o prêmio tão merecido que você (finalmente!) ganhou". Nélida Piñon expressa em carta a "alegria" de saber que Lupe obtivera "o grande prêmio de poesia de São Paulo", acrescentando: "Confio em você, na sua criação. Você merece esse estímulo". De Carlos Drummond de Andrade, Lupe receberia um afetuoso cartão de fim de ano. Sem mencionar o prêmio, ele deixa, talvez, entrever que já sabia da doença de sua amiga. Seria, de todo modo, a última mensagem da correspondência que os ligou por quase 15 anos:

> Lupe, amiga: Neste fim de ano, estou pensando carinhosamente em você. Na poesia que você deu a todos, e na amizade que particularmente me tocou. As duas são coisas que ajudam a viver. Conto com elas, partidas de você, em 1970. O abraço de coração pleno do Drummond.[250]

Na Escola de Comunicações, onde ela lecionava, professores e alunos realizaram uma homenagem à poeta premiada. Lupe chega elegantíssima, num *tailleur* assinado pelo amigo Dener. "Disse-lhe que estava linda e comentei sua roupa chique. E ela brincou: 'É dos tempos em que eu era rica'", lembrou o aluno José Possi Neto, que leu alguns poemas de Lupe no encontro. Outros foram ditos por ela própria. Mesmo depois da cirurgia, ela continuava mencionando o plano de viagem à Europa, e quando a professora Anamaria Fadul lhe perguntou se o professor Giannotti iria junto, disparou, apesar da formalidade da cerimônia: "Eu lá estou para pagar passagem de marido?". Fadul, que foi colega de Lupe na graduação e na pós-graduação na rua Maria Antônia, lembrou depois também

---

[250] • Carta de Menotti Del Picchia a Lupe Cotrim, 14 nov. 1969; carta de Anna Stella Schic a Lupe Cotrim, 10 nov. 1969; carta de Nélida Piñon a Lupe Cotrim, out. 1969; cartão de Carlos Drummond de Andrade a Lupe Cotrim, 30 dez. 1969.

a Lupe um pouco irreverente, a pessoa divertida, alegre, que tinha 'tiradas' muito boas. Ela me assustava um pouco porque tinha coragem de dizer coisas que não se tinha coragem de dizer. Era muito querida pelos alunos.[251]

Outro professor, Virgílio Noya Pinto, mais tarde rememorou a homenagem:

> Reunimo-nos no velho barracão [instalação provisória da escola] e ela declamou uma série de poesias de sua própria obra. Lembro-me [...] exatamente desse aspecto esfuziante com que ela interpretou sua própria [lírica]. Foi um momento extremamente comovente porque, naquele momento, nós já estávamos sabendo sobre sua doença. [...] Ela morreu vivendo, pensando exclusivamente na vida. Extravasou a sua tensão com relação à morte na poesia. Na convivência, não. Tanto assim que nós jamais [nos referimos] ao que lhe estava acontecendo. [...] E ela continuou a ser um mito dentro da escola. [Guardo] a imagem daqueles olhos verdes, ávidos de vida, e [da pessoa] que nos fascinou a todos [...].[252]

"Ela morreu vivendo", disse o professor. Para Lupe, efetivamente, não seria impossível vivenciar o paradoxo. Quando não pôde acumular as aulas de Estética com as do curso do professor Lívio Teixeira, que precisou se afastar repentinamente, indicou a colega Anamaria Fadul para assumi-las. Porém, continuou a fazer planos para o curso do próximo ano. Fadul relembra:

> Eu chegava da Faculdade de Filosofia, onde essas leituras muito contemporâneas, principalmente as referentes à Escola de Frankfurt, não tinham chegado ainda. Logo tive de dar uma prova sobre Marcuse. Então percebi que nós tínhamos de ser absolutamente contemporâneos, porque os alunos (de Lupe) estavam sintonizados com aquele tempo e com aquela época. Foi meu primeiro embate com a

---

251 • José Possi Neto, depoimento pessoal à autora, 18 mar. 2008; Anamaria Fadul, em *Lupe Cotrim – Simpósios em comunicações e artes*, cit.; e em depoimento pessoal.

252 • *Lupe Cotrim – Simpósios em comunicações e artes*, n. 7, cit., p. 28-30.

modernidade da ECA. [...] Depois levei as provas para Lupe ver. Sentadas no sofá de seu apartamento na rua Itambé, ela ia olhando e, em geral, dizia: "Sim, está bom", concordando com a minha avaliação.

Anamaria Fadul lembra também que, ao menos uma vez, deu carona a Lupe até o Instituto de Radioterapia de São Paulo, na rua Cubatão, onde, por vezes sozinha, ia se submeter a tratamento. Sem nunca mencionar a própria doença.[253]

Aos poucos, os planos de viagem cultural à Europa foram dando lugar a uma silenciosa *via crucis* por consultórios, institutos e centros médicos, onde passava por sessões e exames ambulatoriais. Aos quais comparecia sem nenhuma queixa ou sinal de tristeza. Por vezes, sutilmente provocava algum esclarecimento dos amigos mais próximos: "Duquinha, será que estou com câncer? Se for, pelo menos seria melhor, porque [um médico] me garantiu que estão curando experimentalmente [alguns] presos. Mas, o que eu tenho, ninguém sabe o que é!", contou uma vez a amiga Dulce Simonsen – que, como os demais, resistiu à insinuação e desconversou.[254] Giannotti relembrou, mais tarde:

> Ela passou por um tratamento muito violento. [...] de outubro a fevereiro passou por 35 irradiações, que realmente a machucaram muito. O que não a impediu de [ir] fazer o exame em dezembro [na Escola de Comunicações], nem de realizar o exame de segunda época, no início do ano. O médico realmente não acreditava, dizendo que ela deveria estar se sentindo extremamente mal, não compreendendo como ela era capaz de desenvolver toda aquela atividade. No entanto, ela se mantinha impávida.[255]

---

253 • Idem, ibidem; e em depoimento pessoal, set. 2007.

254 • Depoimento de Dulce Simonsen em *Lupe Cotrim – Simpósios em comunicações e artes*, cit., p. 36-40.

255 • Depoimento de José Arthur Giannoti, ibidem, p. 13.

"Impávida", Lupe prosseguia a vida no costumeiro ritmo de urgência. O marido então a convence a fazer uma seleção de seus poemas, com vistas à publicação de uma possível antologia. Antes avessa a esse tipo de retorno ao já escrito – antologia é coisa "para depois dos 50 anos", disse mais de uma vez –, consente afinal em realizar a tarefa. Munida de tesoura, qual um bisturi, Lupe passa a recortar das edições *princeps* de seus próprios livros as páginas com os poemas que gostaria de preservar. Sobre os textos impressos assinala à tinta cortes e substituições de versos, palavras e estrofes inteiras. Disposição de cortar que não deixa de simbolizar o seu projeto de escrita econômica e concisa – que sempre perseguiu, e que se adensaria com as pesquisas literárias e os estudos na Faculdade de Filosofia. Preservou, contudo, algumas composições ingênuas da primeira fase, talvez por senti-las em sintonia com a sua verdade poética. Já nas duas últimas coletâneas, *Inventos* e *Poemas ao outro* (esta, ainda inédita), não mexeu. Afinal, considerava ambas frutos do limiar de sua maturidade expressiva. "Cortou o que não mais gostava, retrabalhou alguns [poemas], alterou a ordem de apresentação", resumiria José Arthur Giannotti. Assim nasceu a *Obra consentida* de Lupe Cotrim Garaude, que três anos depois veio a ser publicada por iniciativa do filósofo, em bela edição da Brasiliense, desenhada por Fernando Lemos.[256]

E "impávida" prosseguia Lupe. No início de fevereiro de 1970, acompanhada da filha Pupe, então com sete anos, cruza com uma de suas alunas nas imediações da rua Maria Antônia, e a cumprimenta com alegria e a simpatia de sempre. Despede-se, porém, com uma frase dubitativa: "Acho que em março a gente se vê". Referia-se ao calendário de retomada das aulas na USP, aludindo ao plano de retomá-las.[257]

Em férias, continuou a frequentar as reuniões sociais que tanto a divertiam. Ainda nos primeiros dias de fevereiro, viaja com a família para passar os feriados de Carnaval em Campo Verde, a fazenda de Dulce e Victor

---

256 • Lupe Cotrim Garaude. *Obra consentida*. São Paulo: Brasiliense, 1973.

257 • A aluna é a autora desta biografia.

Aceitarei a velhice.
Os protestos apagados
contra vidraças de venda.

Com a desintegração
das formas, da palavra
empenhada, que permite
saldar detrás de si
o envolta pleno
de contradições.
Pois que venha,
a desfazer o corpo de hoje
por outro mais lento,
reticente, trôpego
de receios, mas ainda
ligado à vida e às manhãs.

Enquanto vivo
em nenhum instante,
o futuro é preterido.
Os velhos a êle se referem
com os dias nodosos,
longos de passados,
apontando nas rugas
- cicatrizes - a terra revolvida.

se recolham,o tato
se modere
em toques comedidos:
haverá a mesma esponja
de água,o mesmo ventre
de sol, o mesmo muro
de árvores,para o corpo
envelhecido,mais longe
do ~~existente~~

Também eu envelhecerei;
netos,o passo ambíguo,
o mundo imperturbável
nas memórias circulares
que se retomam e se repetem
sem chegada ou ida.

A morte é hoje,
Se fôsse-durante auge,

Eu que desprezei
o branco dos cabelos,
a pele introvertida e seca,
a espinha sofrida,gesto
crucial de lembranças,
o acomodamento do desejo
- serão bem vindos.

De onde a vida vier

só partida, mas a valer a pena
~~as seivas~~ oSena, o salto,
a despedida.

Dermanchar-me-ei
durante a existência
como muitos,
apagando em lágrimas
a perspicácia,
a presença mais ao lado,
morna. Também contarei ~~estorias~~
estorias que ladearam
o sub-sentido
de meus poemas,
das decisões apressadas.

Nessa carne-memória
amarei os jovens,
a applidão de sua permanência
Estarei velha, mais
fria -viva.

Datiloscrito do penúltimo poema de Lupe Cotrim,
A MORTE É HOJE, escrito dias antes de morrer • 6 fev. 1970 • FLCG-IEB

Simonsen, nas cercanias de Jundiaí. Com espírito invariavelmente aglutinador e festeiro, sempre procurando animar, Dulce convoca então seus convidados, umas vinte pessoas, a um baile de Momo, no Tênis Clube da vizinha Campinas. E inscreve Lupe e outros amigos como jurados do concurso de fantasias da festa. Um baile de máscaras.

A noitada se prolonga. Desconfortável numa improvisada fantasia que lhe tinham arrumado, Giannotti resolve ir esperar Lupe no carro, e ali dormir um pouco.

> Meia hora depois ela desce, vai me ver no carro e diz: "Você não tem nenhum senso de humor. [...] Você está estragando a festa!" [Diante de minha recusa em voltar], mancando [devido ao tumor], ela sobe para continuar. Fica até bem tarde. Quando chegamos [de volta à fazenda], ela diz: "Hoje eu exagerei!" Era [...] uma ânsia enorme de não permitir que a doença penetrasse pelos poros de sua vida. [258]

Depois do baile, a vigília da poeta ainda continuou noite adentro. Ela sobe para o quarto e escreve um de seus mais dramáticos poemas, FUTURO IMPERFEITO— depois renomeado FUTURO ANTERIOR e, por fim, A MORTE É HOJE. Composição que encena o enfrentamento do "eu" diante do doloroso e irremediável embate humano entre a perspectiva da velhice e a da morte. No fundo, bem sentia que a "flor vermelha que passa no vento" agora se encaminhava em sua direção. E a bela mulher, apaixonada pela vida e com tantos planos, percebendo-se acuada pelo próximo perecimento, como que tenta, utopicamente, negociar seu destino, consentindo em aceitar a humilhação da própria decadência, optando pelo sacrifício do envelhecimento, contra a morte.

Lupe desce a seguir, para reunir-se às amigas notívagas no salão da fazenda. Tinha nas mãos o poema, datilografado em papel de seda.

---

[258] • Depoimento de José Arthur Giannotti em *Lupe Cotrim – Simpósios em comunicações e artes*, n. 7, cit., p.13

Era dia 6 de fevereiro de 1970, [já] manhã fria no microclima da fazenda. Como sempre, lareira acesa no "Clubinho". Ela sentou-se de costas para o fogo, ficando emoldurada por ele, como aura dourada de santo, e leu [os versos recém-escritos].[259]

"Pois que venha." Agarrando-se à "vida" e às "manhãs", ainda à espera do "auge" (também intelectual e poético), Lupe desafiava a velhice a vir a seu encontro, ainda que ao custo da própria beleza, da "desintegração das formas", da extinção do desejo. Esperaria pelos netos, cogitava. E grafava uma vez mais o "futuro", uma das palavras mais recorrentes em sua obra poética.

Aceitarei a velhice.
Os protestos apagados
contra vidraças de vento.
Com a desintegração
das formas, da palavra
empenhada, que permite
saldar dentro de si
o em volta pleno
de contradições.
Pois que venha,
a desfazer o corpo de hoje
por outro mais lento,
reticente, trôpego
de receios, mas ainda
ligado à vida e às manhãs.
Enquanto vivo
em nenhum instante
o futuro é preterido. [...]

[259] • Idem, ibidem, p. 40. [Este poema foi publicado algumas vezes na imprensa com o título ACEITAREI A VELHICE.]

Também eu envelhecerei;
netos, o passo ambíguo,
a vida vivida no rascunho dos dias.

A morte é hoje
— se fosse durante o auge.

Eu que desprezei
o branco dos cabelos,
a pele introvertida e seca,
a espinha sofrida, o gesto
crucial de lembranças,
o acomodamento do desejo
— serão bem vindos. [...]
Nessa carne memória
amarei os jovens,
a amplidão de sua permanência.
Estarei velha, mais
fria-viva.
A MORTE É HOJE • Inéditos, *Obra consentida*

"Leu com tanta dignidade, sempre tão íntegra. Mas era um poema de quem sabia que estava morrendo", lembraria a amiga e psicanalista Lília Cintra Leite.[260]

Dias depois, Lupe despede-se dos amigos. Rumaria com a família para as montanhas. Lá, cogitava, talvez se refizesse do enorme "cansaço" que sentia. Antes, tinha pedido a Dulce que lhe emprestasse a casa de Campos do Jordão, a "Vila Simonsen", por alguns dias. Mas, intuindo a gravidade

[260] • Depoimento à autora, 19 jan. 2007.

de seu estado de saúde, a amiga despistou: não, a casa é grande demais, está sem empregados etc.[261]

Ainda em 1969, contudo, num *vernissage* em São Paulo, a poeta havia reencontrado um velho amigo dos tempos de adolescência no Rio. Era Paulinho (Paulo Egydio Martins), que muitos anos antes cursara Engenharia na antiga capital da República, e tinha namorado na época uma grande amiga de Lupe. Lembrou Paulo Egydio:

> Foi um período marcante da adolescência. Lupe namorava outro paulista, e costumávamos sair sempre os quatro. Eu tinha muita simpatia por ela. Depois, ficamos muitos anos sem nos ver. Até que nos reencontramos naquela noite. Ela, poeta, dando aulas, casada com Giannotti.

Os dois conversaram longamente, relembrando os tempos cariocas, e Lupe lhe contou que, depois dos exames que daria a seus alunos na Escola de Comunicações, pensava em seguir para alguma montanha, a fim de repor as energias. Queixava-se, ainda, daquele grande cansaço.

> Foi quando eu lhe ofereci minha casa recém-construída, no sítio de Pinhal da Serra, distrito de Campos do Jordão. A 1.200 metros de altura, com uma vista deslumbrante para o Vale do Lajeado e as serras de Minas, na Mantiqueira.[262]

Lupe acabou aceitando o oferecimento generoso do amigo de adolescência. Ela telefona então à amiga Lygia Fagundes Telles, propondo-lhe que fosse junto. Lá poderiam ler, escrever, conversar, além de se distrair com um antigo *hobby* de Lupe: jogos de cartas. Especialmente o pôquer.[263]

---

261 • Depoimento de Dulce Simonsen em *Lupe Cotrim – Simpósios em comunicações e artes*, n. 7, cit, p. 40
262 • Depoimento de Paulo Egydio Martins à autora, 28 jun. 2007.
263 • Breve depoimento de Lygia Fagundes Telles à autora, 27 jul. 2007.

Com outra amiga, a psicanalista Melanie Farkas, que conhecera ainda nos tempos em que foram vizinhas, quando, na década de 1950, moraram na rua Avanhandava, Lupe muitas vezes compôs a exígua ala feminina nas rodadas de pôquer formadas por alguns intelectuais e artistas que costumavam se reunir na casa de Melanie, no Pacaembu. Entre eles, os professores Cândido Procópio Ferreira de Camargo, Paulo Alves Pinto e Paul Singer. Noutras vezes, jogava com os Simonsen, na fazenda Campo Verde ou em Campos do Jordão. "Sempre corria um dinheirinho, e Lupe detestava perder. Afinal, ela sempre foi uma pessoa apaixonada, nunca morna", recorda a psicanalista Melanie, que por várias vezes chegou a acompanhar a poeta às sessões de radioterapia na Vila Mariana. Terá Lupe aprendido a ler o rosto das pessoas, como o clássico jogador? Com Lygia, em todo caso, o lance de dados não funcionou. A autora de *Antes do baile verde*, avessa aos jogos de cartas, explicou que não podia se ausentar de São Paulo naquele momento. Com o marido Paulo Emílio, tinha que supervisionar a pintura de seu apartamento, na rua Sabará, bem próximo ao de Lupe. Sugeriu então que ela convidasse sua irmã, Lourdes, também apreciadora do carteado.[264]

E levada pelo marido, com as duas Lourdes (a outra era sua mãe), os dois filhos e ajudante, Lupe subiu para as montanhas de Pinhal da Serra. "As diferenças políticas não impediram meu relacionamento com Paulo Egydio, que teve papel importante na consolidação do Cebrap", diria depois Giannotti. Mas o filósofo logo regressou a São Paulo.

> Na sua ansiedade, Lupe não gostava de ficar em casa. Embora, ela mesma, [olhando-se] no espelho, não se acreditasse doente. Somente eu sabia [exatamente] da gravidade do caso, pois a cada raio-X, mais tumores apareciam. Deixei-os então em Campos do Jordão e voltei a São Paulo para cuidar da possibilidade de ainda levar Lupe aos Estados Unidos, para tentar um tra-

---

264 • Depoimentos de Melanie Farkas à autora, 5 mar. 2008; e de Lygia Fagundes Telles, cit.

tamento alternativo. Eu tinha enviado o relatório médico sobre o estado dela a um amigo, que lecionava na universidade [americana onde se realizavam aquelas pesquisas]. Foi quando recebi uma carta dele, dizendo que não havia mais o que fazer.[265]

Fascinada com a paisagem do Vale do Lajeado – em meio ao "mar sem sal" dos pinheirais a perder de vista, logo escreveria –, Lupe não demorou a telefonar para agradecer o empréstimo da casa ao amigo. "Ela amou o lugar, e me ligou felicíssima, fazendo lembrar a adolescente que conheci no Rio", recordaria Paulo Egydio. A quem, num ímpeto, ela propôs: "Paulinho, estou com uma inspiração muito forte. Quero escrever um poema, e preciso da sua permissão para escrevê-lo no vidro". Era o vidro do terraço através do qual se descortinava o verde sem fim da paisagem. O amigo pensou e respondeu: "Vidro quebra, Lupe. Mas sabe de uma coisa? Faça o que você quiser".[266]

> De repente
> um vento mais forte:
> o verde se eriça
> e gera seu próprio mar
> em ondas que se identificam
> pela cor – no musgo
> de memórias azuis, no
> verde desenho
> dos pinheiros [...]

265 • Breve esclarecimento de José Arthur Giannotti, por e-mail de 23 jun. 2009. [Também Paulo Egydio Martins abordou as suas relações com o filósofo: "Apesar das divergências políticas e filosóficas, fiquei amigo do Giannotti, e Lupe foi o ponto de ligação. Depois, acabei avalizando o Cebrap, com referências à Fundação Ford" (sobre os intelectuais fundadores). – Em depoimento à autora, 28 jun. 2007].

266 • Depoimento de Paulo Egydio Martins, cit.

a ser sua própria noite.
E esse mar sem sal
se tempera
nas esponjas brancas
de um ar denso e penetrante,
de marés que envolvem
ao contrário da onda [...]
E o cheiro da maresia
é outro, desmaiando
num leve sonho de
carne.
Nesta paisagem
é o músculo do olhar
que conta, é o saber
enrolar-se de nervuras
e contemplar, é nascer a mais
neste silêncio.
Atrás do mar criador
outro horizonte
se prepara:
dentro do vale
curvas estáveis reclamam permanências
— não ir — fundir, semear
a vida reclamando um sentido
explícito, a nitidez de um perfil.
E o ver desses verdes
é armadilha
— do lado da fonte e da paz. [267]

---

267 • Diante do vale, atrás do mar é o último poema da seção Inéditos na *Obra consentida* de Lupe Cotrim Garaude, cit.

Diante do vale, atrás do mar, afinal escrito em papel – não em vidro, nem na água do epitáfio de John Keats –, foi o último poema de Lupe Cotrim. Escrito em meio às curvas que reclamavam "permanências". "Do lado da fonte e da paz."

Conta-se que falava animadamente quando sofreu a hemorragia e desmaiou. Chegou a ser levada a um hospital de Campos do Jordão. Enquanto ainda aguardava a chegada de Giannotti, chamado às pressas, a amiga Lourdes Fagundes autorizou o médico a aplicar-lhe morfina, para que não sofresse. Segurou-lhe as mãos. E ouviu de Lupe uma torrente de planos de viagens, de novos trabalhos, de poemas. "Semear a vida."

Era 18 de fevereiro de 1970. Chovia. Em 16 de março Lupe completaria 37 anos.

DIANTE DO VALE
ATRÁS DO MAR.

De repente
um vento mais forte:
o verde se erige
e gera seu próprio mar
em ondas que se identificam
pela côr — no museu
de memórias azuis, no
verde desenho
dos pinheiros que têm
seu tom nos relêvos,
no teto das montanhas
a ber sua própria noite.
É êsse mar sem sal
se tempera
nas espunhas brancas
de um ar donno e penetrante,
de marés que envolvem
a_o contrário da onda,
em que se entra
para obter veludo
e consistências,
onde conchas
flores depositam seu tecido
tênue e febril
a desmanchar-se
em arco-íris sem rosto.
E o cheiro da maresia
é outro, desmaiando
num leve sonho de
carne.

Nesta paisagem
é o músculo do olhar
que conta, é o saber
enrolar-se de nervuras
e contemplar, é nascer a mais
neste silêncio.
Atrás do mar criador
outro horizonte
se prepara:
dentro do vale
curvas estáveis reclamam permanências
— não ir — fundir, nomear
a vida reclamando um sentido
explícito, a nitidez de um perfil.
E o ver dês os verdes
é armadilha
— do lado da fonte e da paz.

    Pinhal da Serra, Fevereiro, 1970

    Lupe Cotrim Garaude

Datiloscrito do último poema de Lupe Cotrim,
D<small>IANTE DO VALE, ATRÁS DO MAR</small>, escrito em Pinhal da Serra,
na véspera de sua morte • fev. 1970 • FLCG-IEB

Lupe • 1969 • foto de Djalma Batista • FLCG-IEB

✴ O lamento de Caio Fernando Abreu [268]
[Excerto de uma carta a Hilda Hilst]

Dias depois da morte de Lupe Cotrim, o escritor Caio Fernando Abreu enviava de Porto Alegre uma carta à amiga Hilda Hilst, acusando o fechamento do círculo de sufocamento das liberdades na ditadura militar. Revoltava-se contra a censura prévia, inclusive de livros – "é a degradação completa, o medievalismo e a inquisição reinstaurados" –, e a perseguição a intelectuais, artistas e a todos os que não se enquadrassem, entre os quais os *hippies*, com seu ideal ingênuo de "paz e amor". Indignava-se contra a infiltração de "espiões" por toda parte, o que induzia as pessoas à autorrepressão mesmo em ambientes propícios à descontração entre amigos, como bares e restaurantes. A carta, contudo, abria com o lamento pela morte de Lupe – que para muitos simbolizou o advento já inapelável de um tempo sombrio, os anos de chumbo:

> Hildinha, acabo de receber a tua carta. A demora não me surpreendeu: eu sabia que devias estar muito abatida com a morte de Lupe. Eu próprio fiquei muito chocado, não sabia que ela estava doente. Aliás, aconteceu uma coisa mais ou menos estranha antes de eu saber que ela havia morrido: uma noite, conversando com um amigo meu, sem motivo aparente, comecei a falar sobre ela, que era muito amiga tua e de Lygia, bom poeta, muito bonita etc. Fiquei horas falando, quando voltava para casa comprei o jornal e lá estava a notícia. Senti como nunca a precariedade da existência humana. Ela estava aí, escrevendo, ganhando prêmios – e de repente não está mais.
>
> Não consigo aceitar nem compreender isso; não consigo sobretudo deixar de pensar que a mesma coisa pode acontecer daqui a pouco comigo ou contigo. As coisas realmente não andam boas. Parece que tudo começou a degringolar, não há o que segure. [...]

268 • Carta de Caio Fernando Abreu a Hilda Hilst. Porto Alegre, 4 mar. 1970. Arquivo Hilda Hilst. Centro de Documentação Cultural Alexandre Eulálio (Cedae), Instituto de Estudos da Linguagem (IEL), Unicamp.

※ *Despedida* [269]
Hilda Hilst

    E desta amiga morta
    me aproximo. Curvo-me
    sobre o que foi rosto:
    oval em branco
    pálpebra remota
    boca disciplinada para o canto.
    O braço longo. Asa de ombro.
    Amou. Corroeu-se de sonhos
    e cúmplice de aflitos
    foi construída e refeita
    em sal e trigo.

    Tem os pés de criança:
    altos e curvados. O corpo
    distendido como lança.
    É inteiriça e clara.

    Teve mãos desmedidas
    e o grito exacerbado.
    Foi o verso. Amou. Amou.

---

269 • Poema de Hilda Hilst na morte de Lupe Cotrim, publicado originalmente na *Folha de S.Paulo*, 22 fev. 1970. [Pouco antes de morrer, Hilda disse: "A Lupe fez ótima poesia, pena que tenha morrido tão jovem, porque o poeta [...] melhora com o tempo". Em SER POETA É DIFÍCIL EM QUALQUER LUGAR. *D.O. Leitura*, São Paulo, maio 2003, p. 55.]

Lupe, rápida [270]
Carlos Drummond de Andrade

A beleza – dizia o bardo Manuel – é triste "(não é triste em si, mas pelo que há nela de fragilidade e de incerteza.)" Dizem outros, com fundamento, que a beleza é antipática. Principalmente a feminina. Ao sentir-se bela, a mulher assume ares esfingéticos ou catedralescos que cortam a comunicação entre a beleza e o espectador. É admirada, mas com temor ou assombro. [...]

Lupe Cotrim Garaude, que morreu um dia desses em São Paulo, era bela, no fiel sentido da palavra, e não era triste nem antipática. Tinha um projeto de ser e fazer, e o vinha realizando: poeta, professora universitária, mãe. Interessava-se pela sorte dos outros (seu último e mais sério livro: *Poemas ao outro*). Queria um mundo mais razoável que o atual, para seres não condenados de nascença à miséria e ao embrutecimento, quando não ao extermínio em série. Comunicava-se com alegria e simplicidade. Buscava alcançar uma expressão poética que valesse por si, desligada da impressão física. Morrendo aos 36 anos, e morrendo com elegância, sem se deixar abater nos meses de convivência com a moléstia, deixa um traço vivo de sua passagem.

Há tempos, num encontro rápido, brinquei de entrevistá-la, e respondeu com agilidade e segurança a perguntas feitas no momento. Deixo aqui as reações de Lupe ao ataque do repórter improvisado.

A vida tem sentido?
Enorme. O de continuar a humanidade e criar coisas.
Gostaria de ser mãe ou filha de Dostoiévski?
Gostaria de ser filha dele.

---

270 • Publicada no *Jornal do Brasil*, Rio de Janeiro, 28 fev. 1970 – dez dias depois da morte de Lupe Cotrim. [A entrevista foi originalmente publicada, com outra abertura, no *Correio da Manhã*, Rio de Janeiro, 7 nov. 1958, sob o título LUPE, À TRAIÇÃO].

Deve-se dar esmola?
É inevitável. Não soluciona, mas não se pode deixar de dar.
Que falta ao teatro brasileiro?
Dinheiro.
Sua infância está na poesia?
Completa. [...]
Uísque é gostoso ou costume?
É mamadeira de criança grande e triste.
Os mortos se comunicam com os vivos?
Ficam dentro de nós.
Já sonhou um poema?
Sonhei um, em verso livre, que escrevi logo depois de acordar. [...]
Que é melhor: dia ou noite?
Noite. A gente pode imaginar mais coisas do que na claridade.
Se pudesse ser amiga de Rilke ou Camões – um dos dois –, qual escolheria?
Rilke.
Homem pode ser amigo de mulher?
Pode.
E mulher de mulher?
Só as superiores.
O mundo futuro será melhor?
Sem dúvida. O progresso é lento, mas enorme.
Machado de Assis é monótono?
Um pouco. Mas continua o maior escritor do Brasil.
Quando está triste, que disco põe na vitrola?
Morte de Tristão e Isolda, de Wagner.
Que há de bom na TV?
O debate político, para esclarecimento. [Nota do repórter: o papo foi em 1958]
A juventude está errada?
Não, está vazia.
Acredita em concurso literário?
De maneira alguma (agora).

Que é inferno?
É não poder mais amar.
Viver é difícil?
Dificílimo. Mas é uma delícia.
Que tal o imposto de renda?
Devia ser elevado ao triplo, para grandes fortunas.
Proibida de escrever, que faria?
Cantava.
E de cantar?
Olhava.
E de olhar?
Pegava.
E de pegar?
Desistia de viver.
Que lê no jornal?
1º. noticiário político nacional e internacional; 2º. vida literária; 3º. crônica social.
Que é poesia em sua vida?
É minha parte que está sempre sentindo as coisas.
Aguentaria passar a vida inteira numa casa que só tivesse quadro figurativo?
Nunca.
Casaria com Goethe ou Chaplin?
Com qualquer dos dois.
Sua atitude em face da doença?
Gosto da doença até o limite do perigo de vida: cuidam de mim.
Poeta e filósofo se completam?
Creio no poeta e desconfio do filósofo: ele apenas sistematiza o que o poeta descobriu.
Que há de mais importante no mundo?
Criança, que é o mundo de amanhã.

Adeus, Lupe amiga, que tão bem respondias na hora.

✳ *Lupe, a luz* [271]
Helena Silveira

Tinha doze anos e discutia Shakespeare junto a ribanceiras com lírios cor-de-rosa, em um jardim de Petrópolis. Os cabelos de ouro pálido presos em duas tranças atadas e que chegavam quase ao meio das costas, os olhos verdes no rosto cor de pêssego. Assim era Lupe quando a conheci. Descobri-lhe o diário de menina e transcrevi-lhe um trecho, aqui mesmo na *Folha de S.Paulo*, quando eu era uma jovem que se assinava Helen. E disse: Guardem este nome Lupe Cotrim Garaude. Ele é de uma criança que "concorda com Shakespeare quando ele descreve o amor das mulheres". Vieram os primeiros poemas, os caminhos que se abriam, e ela com aquela força de vida, com aquela urgência de vida que lhe estava como um selo, uma premonição. Foi um desses relâmpagos que cortam os céus e deixam na gente a ideia da eternidade que está por detrás. Foi o Poeta. Amou de amor amável pessoas, bichos (lembro-me de seu pequinês morto), coisas, a terra, as paisagens. E tudo dentro dela se transformava em poesia.

Era a transfiguração instantânea porque havia a grande urgência. Quinta-feira a deixamos no cemitério: rosto, corpo, mãos, pálpebras sobre os verdes olhos. Jacente e sem memória da luz que foi. Mas nós guardamos a centelha que ela desprendeu, o amor que ela deu, e o verso belo de toda a grande urgência contida. Curta, a grande e bela vida, Lupe! Mas a intensidade que você lhe imprimiu deu-lhe a dimensão de todos os céus. Adeus, amiga morta, pequena Lupe entre jardins e lírios.

---

271 • Texto de Helena Silveira publicado na morte de Lupe Cotrim. *Folha de S.Paulo*, São Paulo, 22 fev. 1970.

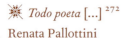 *Todo poeta* [...] [272]
Renata Pallottini

        Todo poeta é uma flor que permanece
        espada aérea e franca
        contra a morte

        Todo poeta é uma cor que permanece
        no olhar sobrevivente
        e na luz das manhãs que voltam sempre

        Lupe
        lume do azul
        longe beleza

        antena sobre o espaço
        e carne quente
        sílaba proferida, pesadelos
        a transitoriedade que se esquece
        na luta pela vida
        passageira

        Todo poeta é uma dor que permanece

---

272 • Poema de Renata Pallottini escrito para cerimônia de homenagem em memória de Lupe Cotrim em 1983, quando ela completaria 50 anos de nascimento.

Lupe Cotrim Garaude [273]
André Carneiro

Não é fácil situar a posição do escritor em um país onde a carreira não é profissionalizada (contam-se duas ou três exceções). [...] não se tem outra medida para julgar quem é escritor, senão a qualidade da sua obra e a seriedade dos seus propósitos.

Dentro desse ambiente, onde a pobreza dos meios serve de peneira constante, Lupe Cotrim Garaude foi uma escritora verdadeira e uma intelectual completa. Uma escritora profissional, diríamos, no sentido da dedicação, da seriedade, do estudo, que ela dedicava à sua carreira, com a constância e a modéstia das verdadeiras vocações.

Como Poeta, sua curva ascensional chegou à consagração dos importantes prêmios da Fundação Nacional de Brasília e do Governador do Estado, em São Paulo, incluindo a publicação deste *Poemas ao outro*. Livro póstumo, foi a última vitória de quem morreu jovem, mas deixou uma mensagem, que evoluía de livro para livro, escrita em versos contidos e policiados, em uma linguagem depurada, talvez um disfarce da sua condição de mulher. [...]

>   Ser transparente
>   é quase um suicídio

ela dizia em *Inventos*. [Lupe] tinha formação universitária [...] e a responsabilidade cultural de quem sabe o que está falando, e por isso repudiava a emoção fácil, a confidência inteiramente aberta, tão mais natural nas mulheres. Sua personalidade forte, se impondo sem favores [...], procurava emprestar um racionalismo masculino, uma quase frieza, que contrastavam com a sua beleza física. [...]

273 • Apresentação a *Poemas ao outro* [sétimo livro de Lupe Cotrim Garaude]. São Paulo: Comissão Estadual de Cultura, 1970, p. 5-8.

Neste seu premiado *Poemas ao outro*, sentimos aquela procurada seriedade [...], sua posição de quem sabe muito e para quem os problemas da humanidade ficam acima dos problemas pessoais. [...]

Infelizmente sua carreira foi interrompida exatamente quando acumulara todos os meios para se realizar plenamente como poeta e escritor. Além da sua obra, patrimônio que vale para todos, os seus amigos guardarão dela a sua personalidade marcante, a sua beleza, que ela parecia querer disfarçar, quase tímida, debaixo da sua erudição. [...] Perdemos a amiga, mas não perdemos o Poeta. Sua obra fica, inclusive para nos consolar, com a dura verdade poética destes versos:

Em cada manhã
reinventar descobertas.
Os mortos às costas
e o amor sem recesso.

Um cravo azul para Lupe [274]
Urbano Tavares Rodrigues

Tinha eu numa das mãos um copo de uísque, que fingia beber, e na outra um cravo artificialmente anilado, quando soube, por Lygia Fagundes Telles, que a Lupe tinha morrido. Adoecera "com câncer e em poucos meses…"

Leio os seus *Poemas ao outro*, tão cheios de morte, marcados como por uma presciência do que ia suceder-lhe, a ela que era vida, esperança, desejo, comunicação, pesquisa e descoberta. Tinha saltado o prefácio. Recordo, em meio da chalreada do "cocktail", alguns versos da sua PAISAGEM DA ANÁLISE:

> Entre nós, só a palavra
> é nua. Espada, afago,
> laço, desenlace, só ela é palpável
> e continua. Por ela reconstruo
> o lastro do percurso:
> e cada palavra nua
> tem outra nudez por dentro.
> O personagem e eu
> nesse tempo singrado
> no âmago da linguagem
> somos íntimos e alheios
> como a coisa e a palavra
> o fato e a fala.

---

274 • Lisboa, *República*, Porto, *Primeiro de Janeiro*, 8 nov. 1970. [O cronista alude, por vezes sem aspas, a vários versos do último livro de Lupe Cotrim, *Poemas ao outro*, publicado em setembro de 1970; a crônica foi escrita quase quatro anos antes da Revolução dos Cravos, que permitiu a redemocratização de Portugal.]

Vejo Lupe Cotrim Garaude, no Clubinho de São Paulo – Lupe para quem ser transparente era quase um suicídio, Lupe estudiosa da tecnologia e da linguagem – entre o Miguel[275], agora em La Paz [...], junto do Paulo Emílio sorridente, do Casanova, que dedilha o seu violão. E Lupe, tão loira, tão bela, tão só, desapareceu subitamente, lá longe, onde se agarrava às entranhas do possível e, cerebral como era, abria o coração à humanidade. Neste tempo de solidão, que ela chamava "de arremedo do amor", "da vida a olhar-se de fora", "do refúgio opaco em si mesmo", neste tempo do medo e do grito, Lupe sentia o medo sobrante do par. E por isso fazia suas as palavras de Merleau-Ponty, para quem o outro não era aquele que contesta a nossa vida, mas o que a conforma como variante de uma vida mais ampla, partilhada.

O meu cravo azul de fim de festa, palidamente mundano, estranho ao meu corpo e já fanado, devolvo-o a João, ao homem sem rosto, irmão de todos nós, ao homem da rua, comum e familiar, para quem escreveste, Lupe, a quem dirigiste o teu poema alado e conciso. Numa varanda o desfolho sobre a multidão e cada pétala que arranco, neste adeus de mágoa e saudade, vá uma a uma, como cálida rima unir-se ao que foi o teu projeto. Lupe, o teu projeto operário, humilde e sabedor, no teu concebido "dia raso de saldo imaginário".

---

275 • Miguel Urbano Tavares, jornalista e escritor português, irmão do escritor Urbano Tavares Rodrigues, viveu no Brasil, exilado, quando foi editorialista de *O Estado de S. Paulo*.

1933 ※ Nasce em São Paulo, a 16 de março, Maria José Cotrim Garaude, filha do médico Pedro Garaude, de ascendência francesa, e de Maria de Lourdes Lins Cotrim. Desde o berço, a garota seria chamada de Lupe, apelido formado pelas primeiras sílabas dos prenomes de seus pais.

1935 ※ A família Garaude transfere-se para Araçatuba, onde Pedro passa a clinicar. Em verso e prosa, Lupe evocaria, mais tarde, os encantos da infância transcorrida na pacata cidadezinha, situada a mais de quinhentos quilômetros da capital paulista.

1940 ※ Com a separação dos pais, Lupe transfere-se com a mãe para o Rio de Janeiro, onde vivia a família de Lourdes Cotrim. A futura poeta passa a estudar no Colégio Bennett, em Botafogo, onde se destaca pelo desempenho escolar.

1946 ※ Lupe começa a escrever um diário, no qual revela temperamento introvertido e solitário. Ali anota "pensamentos" e revela sua admiração por escritores e artistas, especialmente por Shakespeare e Chopin. Em fevereiro, escreve cartinha ao pai comunicando o projeto de vir a tornar-se "escritora". A seguir viaja a Petrópolis com a colega Zelinda, filha de Dinah Silveira de Queiroz e sobrinha de Helena Silveira. Ambas lá descobrem o diário de Lupe e, desde aí, identificam o talento de Lupe Cotrim para a literatura.

1947 ※ Escreve os primeiros contos, em seu diário.

1949 ※ No segundo semestre, volta para São Paulo, a fim de estar mais próxima do pai e integrar-se no meio cultural da Pauliceia.

1950 ※ Cursa Biblioteconomia e Cultura no Instituto Sedes Sapientiae. Em maio, o pai de Lupe morre, aos 47 anos, num acidente. Anos depois, ela escreveria a Elegia ao pai, longo e emocionado poema sobre essa primeira grande perda.

1951 ※ Morando novamente com a mãe, agora em São Paulo, Lupe estuda diversas línguas. Escreve, no Sedes, trabalho sobre o Poema de sete faces, de Carlos Drummond de Andrade. Recebe elogios e a nota máxima e, desde aí, o desejo de tornar-se escritora vai se metamorfoseando no de "ser poeta".

1952 ❊ Começa a escrever versos.

1955 ❊ Inicia a redação de um segundo diário, onde também escreve poemas. Suas primeiras crônicas são publicadas na *Folha da Manhã*.

1956 ❊ Publica o primeiro livro, *Monólogos do afeto*, que viria a ser considerado pela imprensa paulista como um dos principais lançamentos de poesia do ano. Vai ao Rio de Janeiro divulgar a coletânea e conhece Carlos Drummond de Andrade, com quem começa a se corresponder. Viaja à Europa. No final de 1956, acontecia em São Paulo a Exposição de Poesia Concreta, vanguarda que poria em xeque a própria sobrevivência do verso.

1957 ❊ Além de línguas, Lupe estuda canto lírico com o professor Paolo Ansaldi, chegando a pensar em profissionalizar-se como soprano.

1958 ❊ Com Hilda Hilst, é homenageada em São Paulo. Começa a tornar-se presença destacada na vida literária da cidade. Drummond publica no *Correio da Manhã* longa entrevista com Lupe, flagrando o pensamento rápido e a presença de espírito da jovem poeta.

1959 ❊ Lança o seu segundo livro, *Raiz comum*, passando a cultivar a técnica do verso por intermédio, também, do exercício artesanal do soneto. A nova coletânea tem boa recepção crítica na imprensa de São Paulo e do Rio; Guilherme de Almeida e Lygia Fagundes Telles, entre outros, destacam em artigos a qualidade dos poemas.

1960 ❊ Já com prestígio nos meios literários, Lupe associa-se à União Brasileira de Escritores, portando a carteira de número 681.

1961 ❊ Publica seu terceiro livro, *Entre a flor e o tempo*, que traz apresentação de Cassiano Ricardo e obtém grande repercussão nas páginas literárias. Recebe carta em versos do amigo Drummond, glosando os títulos de seus três primeiros livros. Suspende o aprendizado de canto, optando, como expressão artística, pela poesia em exclusividade. Apresenta na televisão o programa "A semana passada a limpo", ao lado do jornalista Joaquim Pinto Nazário.

1962 ❊ Nasce sua filha, Lupe Maria, da união com Marinho Ribeiro Lima. Para ela escreve poemas, desde a gravidez. O livro *Entre a flor e o tempo* recebe menção honrosa do Pen Clube. Seus poemas continuam a ser publicados nas páginas literárias de São Paulo e do Rio. No final do ano, publica seu quarto livro, o bestiário *Cânticos da terra*, em bela edição de Massao Ohno ilustrada por Aldemir Martins. Recebe carta de Drummond, particularmente elogiosa a seus poemas sobre bichos.

1963 ❋ Com a percepção de que sua escrita poética tinha chegado a um "impasse", presta o vestibular e começa a cursar Filosofia na antiga FFCL-USP, na rua Maria Antônia, com a convicção de que sua "realização como poeta" só se efetivaria com uma repensada "concepção do mundo". Passa a trabalhar em banco, e se transfere para o curso noturno.

1964 ❋ Publica seu quinto livro, *O poeta e o mundo*, que inclui o poema Paisagem de uma aula de Filosofia, marco, talvez, de sua reinflexão poética. Estuda intensamente. Casa-se com o professor José Arthur Giannotti, com quem viaja ao Chile. Lá encontra o poeta Pablo Neruda.

1966 ❋ Nasce seu filho, Marco Giannotti, para quem escreve o poema Primeiro marco.

Faz palestra a partir de um trabalho universitário, A dúvida na poesia de Carlos Drummond de Andrade, escrito para a disciplina História das Ideias, ministrada pelo professor Cruz Costa. Conclui o curso de Filosofia e logo é convidada a lecionar Estética na recém-fundada Escola de Comunicações Culturais da USP (hoje ECA).

1967 ❋ Inicia a carreira docente, preparando suas aulas por escrito. Publica o sexto livro, *Inventos*, primeiro fruto de suas empenhadas buscas de uma nova dicção poética.

Dá sequência aos estudos, com vistas a um doutoramento direto, sob orientação da professora Gilda de Mello e Souza, na mesma FFCL-USP. Participa de encontro de escritores, em Brasília, do qual resulta manifesto pela liberdade de expressão, ameaçada pela ditadura. Conhece e passa a se corresponder com outros escritores, como Fábio Lucas e Murilo Rubião; escreve o poema Passaporte de herói, na morte de "Che" Guevara. Em parceria com José Arthur Giannotti, traduz *Filosofia e ciências humanas*, de Lucien Goldmann; faz a primeira tentativa de escritura para o teatro, redigindo a peça *Amanhã seria diferente*, que deixaria inacabada.

1968 ✺ Começa a explorar certa vertente de "poesia fenomenológica". Escreve e publica ensaios, entre eles sobre Jean-Jacques Rousseau e Georg Lukács, além de Arte e alienação, no qual polemiza com Décio Pignatari acerca da poesia concreta; milita no movimento em defesa da faculdade da rua Maria Antônia, enquanto na Escola de Comunicações enfrenta, com os demais professores, greve dos estudantes por reforma do currículo; na edição do Ato Institucional n. 5, que instauraria os "anos de chumbo", escreve o extraordinário poema Memória barroca, que dedica ao amigo Carlos Drummond de Andrade.

1969 ✺ Com a "aposentadoria" do marido, o filósofo José Arthur Giannotti, a família planeja exilar-se na França; reúne poemas para um novo livro, grafando agora um "lirismo engajado" – em "resposta" ao completo cerceamento das liberdades no país; inscreve os originais de *Poemas ao outro* em concursos; conquista o prêmio Governador do Estado de Poesia e o da Fundação Cultural do Distrito Federal; é operada e o diagnóstico, do qual nunca veio a saber com clareza, indica câncer em estágio avançado; procura dar sequência a seus múltiplos planos e atividades.

1970 ✺ Escreve o poema A morte é hoje. Depois de ministrar os exames de segunda época a seus alunos, segue para as cercanias de Campos do Jordão, a fim de descansar; escreve o poema Diante do vale, atrás do mar e planeja um novo livro; em 18 de fevereiro, morre naquela cidade, um mês antes de completar 37 anos. Sua morte suscita consternação nos meios literários e acadêmicos; Carlos Drummond de Andrade republica a entrevista feita em 1958, Hilda Hilst dedica-lhe um poema; seus alunos dão o seu nome ao Centro Acadêmico da Escola de Comunicações; em setembro, é publicado seu premiado livro *Poemas ao outro*, que no ano seguinte ainda receberia o Jabuti.

1973 ✺ Por iniciativa de José Arthur Giannotti, é publicada sua *Obra consentida* – seleção que ela mesma fez de poemas de seus cinco primeiros livros, preservando os dois últimos na íntegra.

1975 ✺ O professor da Universidade de Glasgow, John M. Parker, publica em Londres o ensaio The poetry of Lupe Cotrim Garaude.

1983 ※ No ano em que se completariam cinquenta anos de seu nascimento, escritores a homenageiam; Renata Pallottini e Ilka B. Laurito dedicam--lhe poemas.

1984 ※ É publicada a antologia *Encontro*, organizada por Marco Giannotti, filho da poeta; a coletânea é resenhada por Cacaso.

1987 ※ Maria Beatriz Alcântara defende, na Universidade de Brasília, a dissertação "Imanência x transcendência: a poesia de Lupe Cotrim Garaude".

1990 ※ A ECA-USP presta homenagem à memória da professora-poeta, promovendo um simpósio, do qual publica os anais.

2007 ※ O acervo de Lupe Cotrim é transferido para o Instituto de Estudos Brasileiros (IEB-USP), mediante doação de seus filhos.

2010 ※ O IEB realiza um seminário sobre sua obra e vida e instala a exposição "Ser poeta: Lupe Cotrim, 40 anos depois", com documentos de seu arquivo pessoal, já catalogado, graças a uma bolsa de pós-doutorado concedida pela FAPESP. O compositor José Antônio de Almeida Prado cria um ciclo de canções sobre poemas de seu quarto livro, o bestiário *Cânticos da terra*. Parte das canções é apresentada em pré-estreia no IEB.

Abreviaturas

FCRB • Fundação Casa de Rui Barbosa
FLCG • Fundo Lupe Cotrim Garaude
IEB • Instituto de Estudos Brasileiros
USP • Universidade de São Paulo

Obras de Lupe Cotrim Garaude

 Poesia

Monólogos do afeto. São Paulo: Edigraf, 1956. Ils. Darcy Penteado.

Raiz comum. Rio de Janeiro: Civilização Brasileira, 1959. Com retrato de Darcy Penteado.

Entre a flor e o tempo. Rio de Janeiro: José Olympio, 1961.

Cânticos da terra. São Paulo: Massao Ohno, 1962 [1963]. Ils. de Aldemir Martins.

O poeta e o mundo. Rio de Janeiro: José Olympio, 1964.

Inventos. Rio de Janeiro: José Olympio, 1967.

Poemas ao outro. São Paulo: Conselho Estadual de Cultura, 1970.

Obra consentida. São Paulo: Brasiliense, 1973.

Encontro. Marco Giannotti (org.). São Paulo: Brasiliense, 1984.

Em antologias

• Ayala, Walmir (org.). *A novíssima poesia brasileira*. Rio de Janeiro: Cadernos Brasileiros, 1962, p. 122-123.

• Figueiredo, José Valle de (org.). *Antologia da poesia brasileira*. Lisboa: Verbo, s.d., p. 206 - 208.

• Lyra, Pedro. Em *Sincretismo, a poesia da geração 60*. Rio de Janeiro: Topbooks, 1995.

• Nejar, Carlos (org.). *Antologia da poesia brasileira contemporânea*. Lisboa: Imprensa Nacional, Casa da Moeda, 1986.

• Seffrin, André (org.). *1950 – Roteiro de poesia brasileira*. São Paulo: Global, 2007.

• Silva, Alberto da Costa e (org.). *A nova poesia brasileira*. Lisboa: ?, 1960.

※ Poemas inéditos e dispersos citados

Identidade, A angústia do falso poeta, Não penses, Desejo de relembrar-me [...] [todos devem ter sido escritos em 1955-56, na fase de primeiras tentativas poéticas de Lupe Cotrim]; Poema subiográfico, em convite da exposição "O espírito da coisa", de Wesley Duke Lee, na Galeria Sistina, São Paulo, 1961; Elegia ao pai [1964]; Interpretação de Dener, em Pamplona de Abreu, Dener. *Dener, o luxo*. São Paulo: Cosac Naify, 2007, s.n.p.

[No FLCG-IEB, há também algumas dezenas de poemas inéditos, em manuscritos ou datiloscritos, não "consentidos" para publicação pela autora]

※ Ficção

Contos: Tempestade e A preta seguia seu caminho [...], 1947; O rato [1957] [manuscritos]; Realização de viagem e O contragosto do amor [datiloscritos: 1955?]: inéditos, FLCG-IEB.

※ Crônicas

Falar em livros, Às vezes a realidade e o sonho [...], Data brasileira, Bola de praia, Das escolhas [datiloscritos: 1955?], FLCG-IEB.

Da importância da poesia. *Folha de S.Paulo*, São Paulo, s.d. [1961?].

※ Resenha e crítica

Algumas considerações sobre arte moderna. *Jornal do Brasil*, Rio de Janeiro, [1955?].

Os dias chineses [sobre livro de mesmo título de Helena Silveira]. *Folha de S.Paulo*, São Paulo, 26 nov. 1961.

Erich Fromm, uma resposta. [*Folha de S.Paulo*], São Paulo, s.d. [1961?].

A propósito do anjo exterminador [sobre o filme de Luis Buñuel]. [*Diário de S. Paulo*], São Paulo, 8 out. 1967.

A mundanidade da Bienal. *O Estado de S. Paulo*, São Paulo, 23 dez. 1967, [Suplemento Literário].

☀ Ensaios

A DÚVIDA NA POESIA DE CARLOS DRUMMOND DE ANDRADE. [Datiloscrito, 14p., Fundação Casa de Rui Barbosa, cópia IEB-USP], 1966. [Inédito]

CONSIDERAÇÕES SOBRE A OPOSIÇÃO: NARRAR OU DESCREVER, em *Revista da Escola de Comunicações Culturais*. ECC-USP, Universidade de São Paulo, n. 1, 1967, p. 121-129.

ROUSSEAU – O OFÍCIO DO IMAGINÁRIO, em *Revista da Escola de Comunicações Culturais*, ECC-USP, Universidade de São Paulo, n. 2, 1968, p. 93-104.

ARTE E ALIENAÇÃO I. *O Estado de S. Paulo*. São Paulo, 21 set. 1968, [Suplemento Literário].

ARTE E ALIENAÇÃO II. *O Estado de S. Paulo*. São Paulo, 5 out. 1968, [Suplemento Literário].

☀ Teatro

Amanhã seria diferente. "Drama leve" em três atos. [Peça inédita; há três versões datiloscritas no FLCG-IEB].

☀ Correspondência

• Ativa

Com Carlos Drummond de Andrade, Fábio Lucas, Stella Leonardos, Adalardo Cunha, Pedro Garaude, Maria de Lourdes Cotrim, entre outros.

• Passiva

Com Anna Stella Schic, Carlos Drummond de Andrade, Cassiano Ricardo, César Leal, Fábio Lucas, Guilherme de Almeida, José Condé, Pedro Garaude, Zelinda Silveira de Queiroz, Stella Leonardos, Walmir Ayala, entre outros.

Com poucas exceções, os originais da correspondência ativa e passiva com Carlos Drummond, num total de cinquenta documentos, encontram-se na FCRB, no Rio de Janeiro, dispondo o FLCG-IEB das respectivas cópias.

☀ Tradução

Goldmann, Lucien. *Ciências humanas e filosofia*. 4 ed. Trad. Garaude, Lupe Cotrim, e Giannotti, José Arthur. São Paulo: Difel, 1974.

Sobre Lupe Cotrim Garaude [*]

ADONIAS FILHO. Inventos. Rio de Janeiro [*Diário de Notícias*], 15 jun. 1968.

ALCÂNTARA, Maria Beatriz. Lupe Cotrim Garaude: aproximações à literatura portuguesa. Em *Revista das Comunidades de Língua Portuguesa*, n. 12, 1998, p. 130-139.

✻ ✻ ✻. *A poesia de Lupe Cotrim Garaude. Imanência x transcendência.* Brasília: Universidade de Brasília, 1987 [dissertação de mestrado policopiada].

ALMEIDA, Guilherme de. Raiz comum. *O Estado de S. Paulo*, São Paulo, 21 jul. 1959.

✻ ✻ ✻. Cânticos da terra. *O Estado de S. Paulo*. São Paulo, s.d. [1963].

ANDRADE, Carlos Drummond de. Lupe, à traição. *Correio da Manhã*, Rio de Janeiro, 7 nov. 1958.

✻ ✻ ✻. Lupe, rápida. *Jornal do Brasil*, Rio de Janeiro, 28 fev. 1970.

ATAÍDE, Tristão de. Literatura. Em *Quem é quem nas artes e nas letras do Brasil*. Brasília: Ministério das Relações Exteriores, 1966, p. 303.

AYALA, Walmir. Canto sem remorso. *Jornal do Comércio*, Rio de Janeiro, 19 jun. 1962.

✻ ✻ ✻. Bestiário em surdina. *Jornal do Comércio*, Rio de Janeiro, 5 fev. 1963.

✻ ✻ ✻. A coleira e a liberdade. *Jornal do Comércio*, Rio de Janeiro, 24 fev. 1966.

BAIRÃO, Reynaldo. Poema a Lupe Cotrim Garaude. [*Folha de S.Paulo?*], São Paulo, s. d., [1970].

BRAGA, Rubem. O livro da moça. *O Globo*, Rio de Janeiro, 8 ago. 1959.

CACASO. Lupe Cotrim Garaude. Em *Não quero prosa*. Vilma Areas (org.). Campinas: Ed. da Unicamp, Rio de Janeiro: Ed. da UFRJ, 1997, p. 97-99.

CARNEIRO, André. Lupe Cotrim Garaude. Em GARAUDE, Lupe Cotrim. *Poemas ao outro*. São Paulo: Conselho Estadual de Cultura, 1970, p. 5-8.

CHIODI, Vera M. Sobre uma poetisa paulista. *Correio Braziliense*, Brasília, 2 dez. 1967.

COELHO, Nelly Novaes. Lupe Cotrim Garaude. Em *Dicionário crítico de escritoras brasileiras (1711 - 2011)*. São Paulo: Escrituras, 2002, p. 381 - 382.

CONDÉ, José. Monólogos do afeto. *Correio da Manhã*, Rio de Janeiro, 25 set. 1952.

✳ ✳ ✳. O poeta e o mundo. *Correio da Manhã*, Rio de Janeiro, s.d., 1964.

CORRÊA JÚNIOR. Uma nova poetisa. *A Gazeta*, São Paulo, 16 out. 1956.

✳ ✳ ✳. A lírica de Raiz comum. *A Gazeta*, São Paulo, 18 fev. 1960.

COUTINHO, Afrânio (org.). *Brasil e brasileiros de hoje*. Rio de Janeiro: Sul Americana, 1961, v. I, p. 540.

D'ELIA, Antonio. Alguma poesia. *Correio Paulistano*, São Paulo, [jun. 1957].

✳ ✳ ✳. Mais poesia. *Correio Paulistano*, São Paulo, 2 ago. 1959.

✳ ✳ ✳. Entre a flor e o tempo. *Revista Anhembi*, São Paulo, v. XLIV, nov. 1961.

FARIA, Octávio de. Poesia, Entre a flor e o tempo. *Jornal do Comércio*, Rio de Janeiro, 6 ago. 1961.

✳ ✳ ✳. A poesia de Lupe Cotrim Garaude. *Jornal do Comércio*, Rio de Janeiro, 13 ago. 1967.

✳ ✳ ✳. Memória de Lupe Cotrim Garaude. *Jornal do Comércio*, Rio de Janeiro, 14 mar. 1970.

FIGUEIREDO, Lenita Miranda de. Hoje para Lupe, algum dia para Marcos [Marco] e Pupe [poema]. *Folha de S.Paulo*, São Paulo, 22 fev. 1970.

FLEURY, Gumercindo. Raiz comum. *Diário de S. Paulo*, São Paulo, 22 jul. 1959.

FREITAS, Newton. Lupe e sua poesia. Mundo Ilustrado, São Paulo, 8-17 ago. 1959.

GARROUX, Baby. Lupe e suas múltiplas faces. *Diário de S. Paulo*, São Paulo, 21 maio 1967.

GIANNOTTI, José Arthur; XAVIER, Ismail; WILLER, Claudio; FADUL, Anamaria et al. *Lupe Cotrim. Simpósios em comunicações e artes*. RECTOR, Marina C. (org.) n. 7. São Paulo: ECA-USP, 1990.

GOES, Fernando. Os dez melhores de 56 (S. Paulo). *Última Hora*, [São Paulo], s.d. [dez. 1956].

✳ ✳ ✳. A raiz, Paquito e o Príncipe. *Jornal Literário de São Paulo* [UBE], São Paulo, ago. 1959.

✳ ✳ ✳. Lupe e Lygia. *Jornal Literário de S. Paulo* [UBE], São Paulo, 9 jun. 1961.

GOUVÊA, Leila V.B. Versos de Keats cravados na alma. *O Estado de S. Paulo*, São Paulo, 15 fev. 1990.

✳ ✳ ✳. Vinte anos com a poesia de Lupe. *Jornal da USP*, São Paulo, 16 jun. 1970.

※ ※ ※. Alguns manuscritos. Em *Processo de criação e interações – A crítica genética em debate nas artes, literatura e ensino* [Anais do IX Congresso Internacional da Associação de Pesquisadores de Crítica Genética-APCG]. Belo Horizonte: Editora C/Arte, 2008, p. 166-170.

※ ※ ※. Lupe Cotrim: algumas lições do amigo. Em *Revista do IEB*. São Paulo: IEB, Editora 34, n. 48, 2009, p. 53-76.

※ ※ ※. Catálogo do Fundo Lupe Cotrim Garaude. Instituto de Estudos Brasileiros da Universidade de São Paulo/Fundação de Amparo à Pesquisa do Estado de São Paulo (FLCG-IEB-USP-Fapesp). [Colaboração do estagiário Alan Pereira]: Arquivo e Catálogo Eletrônico do IEB-USP.

HILST, Hilda. Despedida [poema]. *Folha de S.Paulo*, São Paulo, 22 fev. 1970.

KOPKE, Carlos Burlamáqui. Uma poetisa e sua nitidez. *Diário de S. Paulo*, São Paulo, 13 mar. 1960.

LEAL, César. Lupe Cotrim, um cristal puro. [Comunicação enviada ao seminário "Ser poeta: Lupe Cotrim, 40 anos depois", realizado no IEB-USP, 23 mar. 2010] Inédito.

LEILA MARISE. Poesia eterna. *Correio Paulistano*, São Paulo, s.d. [1961].

LEONARDOS, Stella. Duas moças poetas. *Leitura*, Rio de Janeiro, ago. 1961.

LETAYF, Sônia. Pelo espelho da poesia. *A Gazeta*, São Paulo, 3 nov. 1956.

LINHARES, Temístocles. Poetas. *O Estado de S. Paulo*, São Paulo, [1961], Suplemento Literário.

※ ※ ※. Velhos e moços ainda poetas. *O Estado de S. Paulo*, São Paulo, s.d. [1963], Suplemento Literário.

LUCAS, Fábio. Da epígrafe. Em *Fronteiras imaginárias*. Rio de Janeiro: Cátedra/MEC, 1971, p. 13-30.

※ ※ ※. Lupe Cotrim e a beleza frágil. [Comunicação apresentada no seminário "Ser poeta: Lupe Cotrim, 40 anos depois", realizado no IEB-USP, 23 mar. 2010.] Inédito.

MARTINS, Luís [L.M.]. Itinerário da poesia estreante. *O Estado de S. Paulo*, São Paulo, 22 out. 1956.

※ ※ ※. Lupe, Bairão, Bonfim. *O Estado de S. Paulo*, São Paulo, 8 ago. 1959.

※ ※ ※. Com licença da palavra. *O Estado de S. Paulo*, São Paulo, s.d. [1961].

✳ ✳ ✳. Poetas. *O Estado de S. Paulo*, São Paulo, 18 ago. 1961.

✳ ✳ ✳. Dois belos livros. *O Estado de S. Paulo*, São Paulo, 31 jan. 1963.

✳ ✳ ✳. Lupe. *O Estado de S. Paulo*, São Paulo, 20 fev. 1970.

MARTINS, Wilson. Enfim, a poesia. *O Estado de S. Paulo*, São Paulo, s.d., 1964, [Suplemento Literário].

MENEZES, Raimundo de. *Dicionário literário brasileiro ilustrado*, v. 3. São Paulo: Saraiva, s.d., p. 568.

MILANESI, Luís. O último tópico. *Primeiro Toque*, São Paulo, n. 9, 15 fev. 1990.

MILLIET, Sérgio. S/ título ["Impressionaram-me uns versos de Lupe Cotrim Garaude (...)"]. *O Estado de S. Paulo*, São Paulo, s.d. [1964].

MOISÉS, Carlos Felipe. Lupe Cotrim: Entre a flor e o tempo. [Comunicação apresentada no seminário "Ser poeta: Lupe Cotrim, 40 anos depois", realizado no IEB-USP, 23 mar. 2010] Inédito.

NOGUEIRA MOUTINHO. Três poetas contemporâneos. *Folha de S.Paulo*, São Paulo, 30 ago. 1964.

✳ ✳ ✳. Sobre poesia. *Folha de S.Paulo*, São Paulo, s.d. [1967].

✳ ✳ ✳. Lançamento de Poemas ao outro. *Folha de S.Paulo*, São Paulo, 17 set. 1970.

✳ ✳ ✳. Presença de Lupe. *Folha de S.Paulo*, São Paulo, 9 abr. 1974.

OLINTO, Antonio. Raiz Comum. *O Globo*, Rio de Janeiro, 22 ago. 1959.

✳ ✳ ✳. Três poetas. *O Globo*, Rio de Janeiro, s.d. [1961].

PALLOTTINI, Renata. "Todo poeta [...]" [poema]. *O Escritor* [Jornal da UBE], São Paulo, jun. 1983.

PAMPLONA DE ABREU, Dener. *Dener o luxo*. São Paulo: Cosac Naify, 2007.

PARKER, John M. The poetry of Lupe Cotrim Garaude. Em *Ibero-Amerikanishes Archiv*. Londres, Berlin: 1975, p. 39-60.

PENIDO, Samuel. Lupe Cotrim Garaude. *O Escritor* [Jornal da UBE], São Paulo, jun. 1983.

PICCHIA, Menotti del. Lupe. *A Gazeta*, São Paulo, 3 ago. 1961.

PIMENTEL, Cyro. A menina do pôr-do-sol. *Diário de S. Paulo*, São Paulo, 21 out. 1956.

QUEIROZ, Dinah Silveira de. Este demônio de literatura. *Jornal do Comércio*, Rio de Janeiro, 29 set. 1956.

___. Lupe. *Jornal do Comércio*, Rio de Janeiro, 8 ago. 1959.

RABASSA, Gregory. [sem título]. Em *Books abroad*. Norman: University of Oklahoma Press, jul.-set. 1962.

RAMOS, Péricles E. da Silva. O MODERNISMO NO BRASIL. Em COUTINHO, Afrânio (org.). *A literatura no Brasil*, 2 ed. Rio de Janeiro: Sul Americana, v. 5, 1971, p. 200.

RIBEIRO, Leo Gilson. [s/ título – Inventos...]. *Jornal da Tarde*, São Paulo, 28 ago. 1967.

RICARDO, Cassiano. DIÁLOGO ENTRE O TEMPO E A FLOR. [Datiloscrito no FLCG – texto serviu de apresentação ao livro de Lupe Cotrim *Entre a flor e o tempo*, 1961].

RHODMAN, Álvaro. O MONÓLOGO DE LUPE. *Diário de S. Paulo*, São Paulo, 21 out. 1956.

RODRIGUES, Urbano Tavares. UM CRAVO AZUL PARA LUPE. *República*, Lisboa; *Primeiro de Janeiro*, Porto, 8 nov. 1970.

SCALZO, Nilo. O CAMINHO PRÓPRIO DE LUPE COTRIM. *O Estado de S. Paulo*, São Paulo, s. d. [1983].

SILVA, Domingos Carvalho da. MONÓLOGOS DO AFETO. *Correio Paulistano*, São Paulo, 30 set. 1956.

___. RAIZ COMUM. *Diário de S. Paulo*, São Paulo, 19 jul. 1959.

___. O CÉU NAS MÃOS. [*Diário de S. Paulo*], São Paulo, s.d. [1961].

___. CÂNTICOS DA TERRA. *Diário de S. Paulo*, São Paulo, 30 dez. 1962.

___. MANTIDA EM TIMBRE CLARO [...]. *Diário de S. Paulo*, São Paulo, 21 jun. 1964.

___. DEPOIMENTO. *Correio Braziliense*, Brasília, 10 mar. 1970.

___. ELEGIA PARA LUPE. [*Correio Braziliense?*, Brasília], s.d. [1970].

SILVEIRA, Helena. INFÂNCIA. *Folha da Noite*, São Paulo, s.d. [1956].

___. LUPE. *Folha da Manhã*, São Paulo, 25 out. 1956.

___. LUPE, A POESIA. *Folha da Manhã*, São Paulo, 17 jul. 1959.

___. LUPE, OU O CLARO TESTEMUNHO. [*Folha de S.Paulo*], São Paulo, 9 jun. 1961.

___. LUPE, FLOR DO TEMPO E DA TERRA. [*Folha de S.Paulo*], São Paulo, s.d. [1963].

___. LUPE, A LUZ. *Folha de S.Paulo*, São Paulo, 22 fev. 1970.

SILVEIRA, Homero. POESIA E COMUNICAÇÃO. *Diário de S. Paulo*, São Paulo, 25 nov. 1956.

SIMONSEN, Dulce Ribeiro. *Onde está Sherlock?*. São Paulo: Almed, 1985.

SOUSA, Afonso Félix de. Primeira glosa elegíaca [poema]. Em *Chão básico & Itinerário leste*. São Paulo: Quíron, Brasília: INL, 1978, p. 28.

SOUTELLO, Mônica. Lupe Cotrim: a morte depois da chuva. *Jornal do Brasil*, Rio de Janeiro, 7 mar. 1970 [Caderno B].

TELLES, Lygia Fagundes. Dois poetas. *O Estado de S. Paulo*, São Paulo, 9 out. 1959.

✺ ✺ ✺. Despedida. *Folha de S.Paulo*, São Paulo, 22 fev. 1970.

VIGGIANO, Alan. Lupe ou a poesia. *Correio Braziliense*, Brasília, 10 mar. 1970.

VINIO NETO. Raios depostos e De amor, flor e mar. [Poemas datiloscritos na morte de Lupe Cotrim, s.d. (1970), FLCG-IEB].

XAVIER, Ismail. A professora poeta. [Comunicação apresentada no seminário "Ser poeta: Lupe Cotrim, 40 anos depois", realizado no IEB-USP, 23 mar. 2010] Inédito.

Principais entrevistas concedidas por Lupe Cotrim

• Eneida [de Moraes]. Um dia ela tentou voar. *Diário de Notícias*, Rio de Janeiro, 7 out. 1956.

• Maria Aparecida Saad. Uma dúzia de perguntas – Lupe Cotrim Garaude. [*Diário de S. Paulo*], São Paulo, s.d. [1957].

• Carlos Drummond de Andrade. Lupe, à traição. *Correio da Manhã*, Rio de Janeiro, 7 nov. 1958, [coluna Imagens conversadas].

• Henriqueta Vertemati. Com pensamentos novos Lupe Cotrim Garaude escreve uma forma antiga de poesia. *Correio Paulistano*, São Paulo [jul. 1959].

• Uma poetisa fala de poesia e outras coisas [s/ ass.]. *A Gazeta*, São Paulo, 22 ago. 1959.

• Leila Marise. Revelações de uma grande poeta. *A Nação* [Rio de Janeiro], s.d. [1964].

• Baby Garroux. Lupe e suas múltiplas faces. *Diário de S. Paulo*, São Paulo, 21 maio 1967.

• [S/ ass.] Para Lupe, o prêmio maior. *Diário de S. Paulo*, São Paulo, 12 out. 1969.

*Além dos textos aqui relacionados, a pesquisa sobre a autora abrangeu os 1.108 documentos do Fundo Lupe Cotrim Garaude, sob custódia do Arquivo do IEB-USP

[FLCG-IEB]. São poemas, cartas, anotações de aulas e de leituras, provas, aulas redigidas, dois diários, artigos, resenhas, notas de imprensa, reportagens fotográficas, necrológios, partituras, fotografias, num conjunto catalogado, formado por 57 espécies documentais.

Bibliografia geral consultada

AFFONSO CELSO. *Lupe*. Rio de Janeiro: Magalhães & Cia., 1894.

ANDRADE, Carlos Drummond de. *Fala, amendoeira*. Rio de Janeiro: José Olympio, 1957.

✳ ✳ ✳. *Poesia completa*. Rio de Janeiro: Nova Aguilar, 2002.

ANDRADE, Mário de. A ELEGIA DE ABRIL. Em *Aspectos da literatura brasileira*. São Paulo: Martins, s.d., p. 185-195.

ANSALDI, Marilena. *Atos: movimento na vida e no palco*. São Paulo: Maltese, 1994.

ANTONIO CANDIDO. *Literatura e sociedade*. São Paulo: Nacional, 1965.

✳ ✳ ✳. *Vários escritos*. 4 ed. São Paulo: Duas Cidades, Rio de Janeiro: Ouro sobre Azul, 2004.

ARANTES, Otília B. Fiori. NOTAS SOBRE O MÉTODO CRÍTICO DE GILDA DE MELLO E SOUZA. Em *Revista do Instituto de Estudos Brasileiros*, n. 43. São Paulo: IEB-USP, Editora 34, set. 2006, p. 37-49 .

ARANTES, Paulo Eduardo. *Um departamento francês de ultramar*. Rio de Janeiro: Paz e Terra, 1994.

AVILA, Affonso. UM CONCEITO BRASILEIRO DE VANGUARDA. *Convivium*, São Paulo, 1965, p. 19-23.

AZEVEDO, Carlito et. al. (org.). *Vozes femininas*: gêneros, mediações e práticas da escrita. Rio de Janeiro: 7 Letras, Fundação Casa de Rui Barbosa, 2003.

AYALA, Walmir (org.). *A novíssima poesia brasileira*. Rio de Janeiro: Cadernos Brasileiros, 1962.

✳ ✳ ✳. *Walmir Ayala* [org. Instituto Estadual do Livro/Rio Grande do Sul]. Porto Alegre: IEL, 1989 [Série Autores Gaúchos, n. 22].

BANDEIRA, Manuel. *Estrela da vida inteira*. 15 ed. Rio de Janeiro: José Olympio, 1988.

BAR, Décio. *Escritos*. São Paulo: Scortecci, 2008.

BATISTA, Marta Rossetti. *Anita Malfatti no tempo e no espaço*. São Paulo: Editora 34, Edusp, 2006, 2 v.

BAUDELAIRE, Charles. *As flores do mal*. Trad. Ivan Junqueira [ed. bilíngue]. Rio de Janeiro: Nova Fronteira, 1985.

BORGES, Jorge Luis. *Manual de zoologia fantástica*. México, Buenos Aires: Fondo de Cultura Economica, 1957.

BOSI, Alfredo. *História concisa da literatura brasileira*. São Paulo: Cultrix, 1970.

BOSI, Viviana. Rubens Rodrigues Torres Filho: verso e avesso. Em *Terceira Margem*, ano VIII, n° 11. Rio de Janeiro: UFRJ, Faculdade de Letras, 2004, p. 91-102.

CAMPOS, Augusto de. Concreto e ismo. *Convivium*, São Paulo, 1965, p. 34-36.

CAMPOS, Haroldo de. Poesia concreta brasileira: dados, depoimento. *Convivium*, São Paulo, 1965, p. 24-33.

※ ※ ※. *Metalinguagem e outras metas*. 4 ed. São Paulo: Perspectiva, 1992.

CARPEAUX, Otto Maria. *História da literatura ocidental*. Rio de Janeiro: O Cruzeiro, 1966, v. 7.

CASTELLO, José Aderaldo. *A literatura brasileira – origens e unidade*. São Paulo: Edusp, 1999, v. 2.

CÉSAR, Guilhermino. A poesia brasileira de 22 até hoje. Em *O livro do seminário – Ensaios Bienal Nestlé de Literatura*. São Paulo: LR, 1983, p. 221-249.

CHAMIE, Mário. Praxis: quase balanço e perspectiva. *Convivium*, São Paulo, 1995, p. 51-71.

※ ※ ※. *A palavra inscrita*. Ribeirão Preto, SP: Funpec Editora, 2004.

※ ※ ※. *Objeto selvagem*. São Paulo: Scandar, 2007, 2v.

CHARPIER, Jacques; SEGHERS, Pierre (org.). *L'art poétique*. Paris: Seghers, 1956.

COELHO, Nelly Novaes. *Carlos Nejar e a "geração 60"*. São Paulo: Saraiva, 1971.

※ ※ ※. *Dicionário crítico de escritoras brasileiras (1711-2001)*. São Paulo: Escrituras, 2002.

※ ※ ※. *A literatura feminina no Brasil contemporâneo*. São Paulo: Siciliano, 1993.

COSTA PINTO, Manuel da. *Literatura brasileira hoje*. São Paulo: Publifolha, 2004.

DAL FARRA, Maria Lúcia (org.). *Florbela Espanca, afinado desconcerto*. São Paulo: Iluminuras, 2002.

DELEUZE, Gilles; GUATTARI, Félix. *O que é filosofia?* Trad. Bento Prado Júnior e Alberto A. Muñoz. 2 ed. São Paulo: Editora 34, 1997.

DERRIDA, Jacques. *Signéponge*. Paris: Seuil, 1988.

DICKINSON, Emily. *Uma centena de poemas*. Trad. Aíla de Oliveira Gomes. São Paulo: T. A. Queiroz, Edusp, 1984.

DOSSE, François. *O desafio biográfico – Escrever uma vida*. Trad. Gilson C. Cardoso de Souza. São Paulo: Edusp, 2009.

ELIOT, T.S. O QUE É POESIA MENOR?. Em *De poesia e poetas*. Trad. Ivan Junqueira. São Paulo: Brasiliense, 1991, p. 56-75.

FARIA, Álvaro Alves de; MOISÉS, Carlos Felipe (orgs.). *Antologia poética da geração 60*. São Paulo: Nankin, 2000.

FAUSTINO, Mário. *De Anchieta aos concretos*. BOAVENTURA, Maria Eugenia (org.). São Paulo: Companhia das Letras, 2003.

※ ※ ※. *O homem e sua hora e outros poemas*. BOAVENTURA, Maria Eugenia (org.). São Paulo: Companhia das Letras, 2009.

FONSECA, Maria Augusta. *Oswald de Andrade – Biografia*. 2 ed. São Paulo: Globo, 2007.

FONTELA, Orides. *Poesia reunida*. São Paulo: Cosac Naify; Rio de Janeiro: 7 Letras, 2006.

GAGNEBIN, Jeanne-Marie. *Lembrar, escrever, esquecer*. São Paulo: Editora 34, 2006.

GIANNOTTI, José Arthur, [depoimento] em *Cerimônia de outorga do título de professor emérito a Oswaldo Porchat*. USP, 2002, p. 9-12.

GLEZER, Raquel, ALBIERI, Sara. O CAMPO DA HISTÓRIA E AS "OBRAS FRONTEIRIÇAS". *Revista do IEB*. São Paulo: IEB, Editora 34, n. 48, 2009, p. 13-30.

GULLAR, Ferreira. *Cultura posta em questão*. Rio de Janeiro: José Olympio, 2002.

HAMBURGUER, Michael. *A verdade da poesia*. Trad. Alípio C. de Franca Neto. São Paulo: Cosac Naify, 2007.

HILST, Hilda. *Poesia*. Brasília: INL; São Paulo: Quíron, 1980.

※ ※ ※. *Tu não te moves de ti*. São Paulo: Globo, 2004.

HOLANDA, Heloísa Buarque de. *Cultura e participação nos anos 60*. São Paulo: Brasiliense, 1982.

HOLANDA, Sérgio Buarque de. *O espírito e a letra*. PRADO, Antonio Arnoni (org). São Paulo: Companhia das Letras, 1996, 2 v.

HUIZINGA, Johan. *Homo ludens*. 5 ed. São Paulo: Perspectiva, 2001.

✹ ✹ ✹ A visão da morte. Em *O declínio da Idade Média*. Trad. Augusto Abelaira. Lisboa: Ulisseia, 1996, p. 145-157.

IANNACE, Ricardo. *A leitora Clarice Lispector*. São Paulo: Edusp, Fapesp, 2001.

LEAL, César. Dante e os modernos. Em *Dimensões temporais da poesia*. Rio de Janeiro: Imago, 2005, p. 61-90, v. I.

✹ ✹ ✹. Lírica moderna & lírica romântica. Em *Dimensões temporais da poesia*. Rio de Janeiro: Imago, p. 352-355, v. II.

LEJEUNE, Philippe. *O pacto autobiográfico*. NORONHA, Jovita M.G. (org.). Trad. Jovita M.G. Noronha e Maria Inês C. Guedes. Belo Horizonte: Editora da UFMG, 2008.

LEMINSKI Fo., Paulo. Anti-projeto à poesia no Brasil. *Convivium*, São Paulo, 1965, p. 104-112.

LEONARDOS, Stella. O poeta John Nist fala de literatura. *Leitura*, Rio de Janeiro, out. 1961, p. 38-39.

LISBOA, Henriqueta. *Melhores poemas*. LUCAS, Fábio (sel.). São Paulo: Global, 2001.

LÓPEZ, Telê Ancona. Acervos literários brasileiros – Interações com a literatura. Em *Processo de Criação e Interações*. CIRILO, José; GRANDO, Ângela (orgs.). Belo Horizonte: C/Arte, 2008, p. 342-346.

LUCAS, Fábio. *Crítica sem dogma*. Belo Horizonte: Imprensa Oficial, 1983.

LYRA, Pedro. *Sincretismo. A poesia da geração 60*. Rio de Janeiro: Topbooks, Fortaleza: Fundação Cultural de Fortaleza, 1995.

MALCOLM, Janet. *A mulher calada - Sylvia Plath, Ted Hughes e os limites da biografia*. Trad. Sergio Flaksman. São Paulo: Companhia das Letras, 1995.

MARTINS, Luiz. *Um bom sujeito*. São Paulo: Secretaria Municipal de Cultura, Rio de Janeiro: Paz e Terra, 1983.

MATOS, Olgária. *Contemporaneidades*. São Paulo: Lazuli, Cia. Editora Nacional, 2009.

MEIRELES, Cecília. *Poesia completa*. 4 ed. Rio de Janeiro: Nova Aguilar, 1994.

MELLO, Thiago de. *Faz escuro, mas eu canto* [apresentação de Pablo Neruda]. Rio de Janeiro: Civilização Brasileira, 1965.

MELO NETO, João Cabral de. *Antologia poética*. 4 ed. Rio de Janeiro: José Olympio, 1978.

❋ ❋ ❋. *Prosa*. 4 impr. Rio de Janeiro: Nova Fronteira, 1997.

MERLEAU-PONTY, Maurice. *O olho e o espírito*. Trad. Paulo Neves e Maria Ermantina G. Pereira. São Paulo: Cosac Naify, 2004.

MERQUIOR, José Guilherme. Comentário à comunicação do professor Guilhermino César [...].Em *O livro do seminário*. São Paulo: LR, 1983, p. 251-268.

❋ ❋ ❋. *Razão do poema*. Rio de Janeiro: Civilização Brasileira, 1965.

MICELLI, Sérgio e MATTOS, Franklin de (orgs.). *Gilda, a paixão pela forma*. São Paulo: FAPESP; Rio de Janeiro: Ouro sobre Azul, 2007.

MOISÉS, Carlos Felipe. Uma geração 60 – Dialética da transgressão [inédito].

❋ ❋ ❋. *Lição de casa & poemas anteriores*. São Paulo: Nankin, 1998.

MOISÉS, Massaud. *História da literatura brasileira – Modernismo*. 3 ed. São Paulo: Cultrix, 1996.

MORAES, Marcos Antônio, e TONI, Flávia Camargo. Mário de Andrade no Café. Em *Revista de Estudos Avançados* 13 (37), 1999, p. 261-264.

MONTERO, Paula e MOURA, Flávio (orgs.). *Retrato de grupo – 40 anos do Cebrap*. São Paulo: Cosac Naify, 2009.

NERUDA, Pablo. *Confesso que vivi*. Trad. Olga Savary. 16 ed. São Paulo: Difel, 1983.

NEJAR, Carlos. *Poesia reunida*. São Paulo: Novo Século, 2009, 2v.

❋ ❋ ❋. Poeta da condição humana. MODERNO, João Ricardo (org.). Rio de Janeiro: Gramma, 2009.

NUNES, Benedito. *Passagem para o poético*. São Paulo: Ática, 1986.

❋ ❋ ❋. A poesia de meu amigo Mário. Em FAUSTINO, Mário. *O homem e sua hora*. São Paulo: Companhia das Letras, 2009, p. 38-56.

PALLOTTINI, Renata. *Obra poética*. São Paulo: Hucitec, 1995.

PEIXOTO, Nelson Brissac. *Marco Giannotti*. São Paulo: Cosac Naify, 2007.

PERRONE-MOISÉS, Leyla. *Inútil poesia*. São Paulo: Companhia das Letras, 2000.

PESSOA, Fernando. *Obra poética*. Rio de Janeiro: Aguilar, 1960 [exemplar com marginalia de Lupe Cotrim].

PIGNATARI, Décio. Vanguarda como literatura. *Convivium*, São Paulo, 1965, p. 15-18.

POE, Edgar Allan. *Poemas e ensaios*. 3 ed. Trad. Oscar Mendes e Milton Amado. São Paulo: Globo, 1999.

POL-DROIT, Roger. *Michel Foucault – Entrevistas*. Trad. Vera Portocarrero e Gilda G. Carneiro. São Paulo: Graal, 2006.

PUCHEU, Alberto (org.). *Poesia (e) filosofia – por poetas e filósofos em atuação no Brasil*. Rio de Janeiro: 7 Letras, 1998.

QUEIROZ, Dinah Silveira de. *Floradas na serra*. 5 ed. Rio de Janeiro: José Olympio, 1944.

QUENTAL, Antero de. *Antologia*. GRUNEWALD, José Lino (org.). Rio de Janeiro: Nova Fronteira, 1991.

RAMOS, Péricles E. da Silva. *Do barroco ao modernismo*. São Paulo: Conselho Estadual de Cultura, 1967.

RICARDO, Cassiano. Autoentrevista. *Convivium*, São Paulo, 1965, p. 37-50.

❈ ❈ ❈. *Viagem no tempo e no espaço*. Rio de Janeiro: José Olympio, 1970.

RILKE, Rainer Maria. *Os cadernos de Malte Laurids Brigge*. Trad. Paulo Quintela. Coimbra: Instituto Alemão da Universidade de Coimbra, 1955.

❈ ❈ ❈. *Les Cahiers de Malte Laurids Brigge*. Trad. Maurice Betz. Paris: Éds. Émile-Paul Frères, 1947 [exemplar com marginalia de Lupe Cotrim].

ROSENFELD, Anatol. Literatura e personagem. Em *A personagem de ficção*. ANTONIO CANDIDO (org.). São Paulo: Perspectiva, 1968, p. 9-49.

ROUANET, Sérgio Paulo et al. *O homem e o discurso*. A arqueologia de Michel Foucault. Rio de Janeiro: Tempo Brasileiro, 1971.

SANT'ANNA, Affonso Romano de. Anotações sobre a poesia brasileira de 1922 a 1982. Em *O livro do seminário*. São Paulo: LR, 1983, p. 269-298.

SARLO, Beatriz. *Tempo passado. Cultura da memória e guinada subjetiva*. São Paulo: Companhia das Letras; Belo Horizonte: UFMG, 2007.

SCHELER, Max. *Nature et formes de la sympathie – Contribution à l'étude des lois de la vie affective*. Paris: Payot, 1971.

SCHLEGEL, Friedrich. *Poesía y filosofía*. Trad. Diego S. Meca e Anabel R. Obradó. Madri: Alianza Editorial, 1994.

SCHWARTZ, Adriano (org.). *Memórias do presente: 100 entrevistas do Mais*. São Paulo: Publifolha, 2003.

SCHWARZ, Roberto. Cultura e política, 1964-1969. Em *O pai de família e outros estudos*. Rio de Janeiro: Paz e Terra, 1978, p. 61-92.

SILVEIRA, Helena. *Paisagem e memória*. Rio de Janeiro: Paz e Terra, 1983.

SUSSEKIND, Flora (org.). *Correspondência de Cabral com Bandeira e Drummond*. Rio de Janeiro: Nova Fronteira, FCRB, 2001.

❊ ❊ ❊. Hagiografias. Em *Inimigo Rumor – Revista de Poesia*, n. 20. São Paulo: Cosac Naify; Rio de Janeiro: 7 Letras, 2007, p. 29-65.

❊ ❊ ❊. *Literatura e vida literária*. 2 ed. Belo Horizonte: Editora UFMG, 2004.

TELLES, Lygia Fagundes. *Conspiração de nuvens*. Rio de Janeiro: Rocco, 2007.

TORRES FILHO, Rubens Rodrigues. O simbólico em Schelling. Em *Ensaios de filosofia ilustrada*. São Paulo: Brasiliense, 1987, p. 124 - 158.

VIDIGAL, Geraldo. *Predestinação*. Apr. Mário de Andrade. São Paulo: Martins, 1944.

VILLAÇA, Alcides. *Passos de Drummond*. São Paulo: Cosac Naify, 2006.

WILLER, Cláudio. A cidade, os poetas, a poesia. Em *Antologia poética da geração 60*. São Paulo: Nankin, 2000, p. 219-231.

Depoimentos *

Anamaria Fadul. São Paulo, set. 2007 e 26 nov. 2007
Ana Maria Martins. São Paulo, 22 jan. 2008
André Seffrin. Rio de Janeiro, 14 ago. 2007
Antonio Candido. São Paulo, 11 set. 2008
Carlos Felipe Moisés. São Paulo, 10 jun. 2009 [e-mail]
Carlos Nejar. Rio de Janeiro, 23 out. 2009
César Leal. Recife, 16 nov. 2008 [telef.]
Djalma Limongi Batista. São Paulo, jul. 2009 [e-mail]
Dora Mourão. São Paulo, 24 jun. 2009
Edla van Steen. São Paulo, 19 nov. 2007
Fábio Lucas. São Paulo, 28 nov. 2007
Fernando Henrique Cardoso. São Paulo, mar. 2009 [e-mail]
Francisco Weffort. Rio de Janeiro, 10 fev. 2009 [e-mail]
José Renato Nalini. São Paulo, 29 abr. 2010
Ledo Ivo. Rio de Janeiro, ago. 2008 [telef.]
Lília Cintra Leite. São Paulo, 19 jan. 2007
João Batista Natali. São Paulo, 15 maio 2009 [e-mail]
José Marques de Melo. São Paulo, 31 out. 2007
José Possi Neto. São Paulo, 18 mar. 2008
Lena de Mello Rego Drolshagen. Curitiba, set. 2007 [telef.]
Luís Milanesi. São Paulo, 20 mar. 2008
Lygia Fagundes Telles. São Paulo, 27 jul. 2007 e 6 dez. 2007 [telef.]
Maria Ângela Morezhon. São Paulo, 15 abr. 2008 [e-mail]
Maria Antônia de Oliveira. Rio de Janeiro, 22 maio 2009 [telef. e e-mail]
Mariela Kantor. São Paulo, 29 jan. 2008
Marilena Ansaldi. São Paulo, 12 set. 2008 [telef.]
Mário Chamie. São Paulo, 23 ago. 2008
Melanie Farkas. São Paulo. 5 mar. 2008
Moira Andrade. São Paulo, 30 abr. 2010 [telef.]
Paul Singer. São Paulo, fev. 2009 [telef.]
Paulo Egydio Martins. São Paulo, 28 jun. 2007

Pedro Garaude Jr. São Paulo, 3 fev. 2009 [telef.]
Renata Pallottini. São Paulo, 1º maio 2007
Stella Leonardos. Rio de Janeiro, ago. 2008 [telef.]
Thiago de Mello. Amazonas, jan. e fev. 2007 [e-mail]
Violanda Guimarães. São Paulo, 21 nov. 2007
Yolanda Prado. São Paulo, 10 mar. 2008

*Inúmeras outras pessoas que conheceram Lupe Cotrim foram contatadas ao longo da pesquisa, mas não puderam prestar depoimento por diferentes motivos.

ÍNDICE ONOMÁSTICO

A ✺

Abelaira, Augusto ✺ 117
Abramo, Lívio ✺ 160
Abreu, Caio Fernando ✺ 260
Abreu, Casimiro de ✺ 131
Affonso Celso ✺ 90
Agostinho, Santo ✺ 90
Aguilar, Nelson ✺ 203
Alcântara, Maria Beatriz de ✺ 110, 111, 277
Alighieri, Dante ✺ 90
Allende, Salvador ✺ 68
Almeida, Guilherme de ✺ 26, 35, 38, 39, 57, 66, 111, 148, 160, 168, 274
Almeida, Manuel Antonio de ✺ 176
Almeida Prado, Décio de ✺ 66, 137
Almeida Prado, José Antônio de ✺ 11, 277
Althusser, Louis ✺ 216
Alves Pinto, Paulo ✺ 251
Alvim, Francisco ✺ 211
Amado, Jorge ✺ 141
Amado, Milton ✺ 196
Amaral, Tarsila do ✺ 89
Amiel, Henri-Frédéric ✺ 113
Anamaria *ver* Mello, Anamaria
Andrade, Carlos de Moraes ✺ 90
Andrade, Carlos Drummond de ✺ 8, 14, 17, 20, 26-29, 33, 39, 40, 42, 46, 50, 51, 60, 61, 62, 74, 76-81, 91, 92, 99, 109, 111-115, 120, 121, 126, 131, 134, 137-141, 144, 145, 146, 148, 150, 151, 153, 156, 158, 164, 166, 168, 182, 184, 185, 188, 192, 195, 196, 197, 204, 205, 212, 214, 218, 219, 222, 223, 224, 226-229, 231, 239, 240, 262, 273-276
Andrade, José Aluysio Reis de ✺ 38
Andrade, Maria Julieta Drummond de ✺ 26
Andrade, Mário de ✺ 18, 42, 89, 90, 110, 111, 123, 131, 134, 194
Andrade, Moira ✺ 38
Andrade, Oswald de ✺ 89, 99, 110, 111
Andrade, Rudá de ✺ 211

Anjos, Cyro dos ✺ 141, 213
Ansaldi, Marilena ✺ 145, 146
Ansaldi, Paolo ✺ 145, 274
Apollinaire, Guillaume ✺ 55, 144
Arantes, Paulo Eduardo ✺ 20, 46, 48, 81
Archanjo, Neide ✺ 238
Aristóteles ✺ 55, 90, 144, 194
Artaud, Antonin ✺ 162
Autran, Paulo ✺ 162
Ayala, Walmir ✺ 33, 39, 107
Azevedo, Álvares de ✺ 131

B ✺

Bach, Johann Sebastian ✺ 146
Bairão, Reynaldo ✺ 238
Bandeira, Antonio ✺ 66
Bandeira, Manuel ✺ 26, 63, 64, 65, 112, 121, 131, 137, 141, 166, 262
Bar, Décio ✺ 161, 162
Barthes, Roland ✺ 8, 194, 197, 202, 209
Bastide, Roger ✺ 203
Batista, Djalma Limongi ✺ 178, 179, 201, 202, 257
Baudelaire, Charles ✺ 35, 117, 130, 144, 203
Beauvoir, Simone de ✺ 19
Becker, Cacilda ✺ 104, 162
Beckett, Samuel ✺ 133, 176
Beethoven, Ludwig Von ✺ 146
Bell, Bernd ✺ 33
Bell, Lindolf ✺ 161, 238
Benjamin, Walter ✺ 194, 197
Bense, Max ✺ 194
Bergson, Henri ✺ 75
Bernardet, Jean-Claude ✺ 194
Bernette, Yara ✺ 23, 146
Betz, Maurice ✺ 118
Bilac, Olavo ✺ 90, 131
Boal, Augusto ✺ 161
Boaventura, Maria Eugenia ✺ 137
Boileau, Nicolas ✺ 90

Bonfim, Paulo ❋ 137, 160, 168
Borges, Jorge Luis ❋ 214
Borneil, Giraut de ❋ 130, 166
Bosi, Alfredo ❋ 10, 127, 230
Braga, Rubem ❋ 141
Braque, Georges ❋ 55
Braudel, Fernand ❋ 209
Brecht, Bertolt ❋ 176
Brizola, Leonel ❋ 17
Buñuel, Luis ❋ 200

C ❋

Cacaso (pseudônimo de Brito, Antonio Carlos de) ❋ 50, 277
Caeiro, Alberto (heterônimo de Pessoa, Fernando) ❋ 24
Caldas, Sílvio ❋ 67
Camões, Luis Vaz de ❋ 28, 30, 159, 162, 168, 263
Campos, Haroldo de ❋ 191
Campos, Paulo Mendes ❋ 141
Camus, Albert ❋ 83, 133
Canizal, Eduardo Peñuela ❋ 11, 194, 210
Cardoso, Fernando Henrique ❋ 21, 67, 69
Cardoso, Ruth ❋ 21, 67, 68, 69
Carneiro, André ❋ 238, 267
Carone, Modesto ❋ 238
Carpeaux, Otto Maria ❋ 61, 166
Carvalho da Silva, Domingos ❋ 126, 137, 138, 158, 160, 164, 214
Carvalho, Eleazar de ❋ 23
Carvalho, Genaro de ❋ 219
Cassiano Ricardo ❋ 30, 31, 32, 63, 131, 137, 141, 168, 274
Castro Alves, Antônio ❋ 92, 131
Cavalheiro, Edgard ❋ 137, 138
Caymmi, Dorival ❋ 161
Chacrinha (pseudônimo de Barbosa, Abelardo) ❋ 217
Chagas, Walmor ❋ 162
Chamie, Emilie ❋ 162

Chamie, Mário ❋ 162
Chaplin, Charles ❋ 264
Charpier, Jacques ❋ 144
Chateaubriand, François René de ❋ 110
Chauí, Marilena ❋ 69
Chaves, Anésia Pacheco ❋ 66, 235
Chénier, André ❋ 110
Chopin, Frederic ❋ 103, 104, 113, 146, 273
Coelho, Nelly Novaes ❋ 62
Comte, Augusto ❋ 90
Condé, José ❋ 141, 153
Correia, Raimundo ❋ 131
Costa e Silva, Alberto da ❋ 33
Costa Pinto, Manuel da ❋ 11
Cotrim Garaude, Lupe ❋ 7-11, 14-17, 19-24, 26-34, 36-71, 74-83, 88, 90-97, 99-105, 107-123, 125, 128, 129, 131-135, 137-148, 150-154, 156-171, 174-185, 187, 189-205, 207-220, 222-230, 234, 235, 237-243, 246-255, 257, 260-262, 264-267, 269, 270, 273, 274, 277
Cotrim Garaude, Maria José, *ver também* Cotrim Garaude, Lupe ❋ 17, 89, 145, 273
Cotrim, Maria de Lourdes Lins ❋ 89, 90, 92, 95, 108, 109, 251, 273
Coutinho, Afrânio ❋ 33, 50
Cruz Costa, João ❋ 46, 56, 76, 137, 275
Cruz e Sousa, João da ❋ 131
Cunha, Adalardo ❋ 234
Cunha, Fausto ❋ 213

D ❋

Danda *ver também* Prado, Yolanda ❋ 38, 235
Dantas, Paulo ❋ 26
Dantas, San Tiago ❋ 150
Debussy, Claude ❋ 57, 146
D'Elia, Antonio ❋ 159
Del Picchia, Menotti ❋ 28, 30, 236, 240
Dener *ver também* Pamplona de Abreu, Dener ❋ 23, 25, 41, 56, 57, 60, 240
Descartes, René ❋ 75

Di Cavalcanti, Emiliano ✺ 52
Dickinson, Emily ✺ 64, 166
Dilthey, Wilhelm ✺ 47
Djanira *ver* Motta e Silva, Djanira
Doca *ver também* Ferreira, Maria Aparecida Matheus ✺ 107, 108
Dominguez, Francisco Reis ✺ 162
Dostoiévski, Fiódor ✺ 28, 133, 262
Drolshagen, Lena ✺ 97, 99
Duarte Lanna, Ana Lúcia ✺ 11
Dufrenne, Mikel ✺ 203
Duke Lee, Wesley ✺ 17, 23, 26, 58
Duquinha *ver também* Simonsen, Dulce Ribeiro ✺ 242
Dutra, Benedito Frazão ✺ 207

E ✺

Eco, Umberto ✺ 194
Eliot, T.S. ✺ 125
Éluard, Paul ✺ 130
Espanca, Florbela ✺ 7

F ✺

Fábio Lucas ✺ 11, 49, 170, 213, 214, 218, 219, 237, 275
Fadul, Anamaria ✺ 11, 15, 47, 48, 59, 208, 240-242
Fagundes, Lourdes ✺ 251, 254
Fagundes Telles, Lygia *ver também* Liginha ✺ 11, 19, 26, 41, 60, 61, 66, 145, 156, 158, 164, 168, 181, 189-191, 201, 212, 213, 224, 250, 251, 260, 269, 274
Faria, Álvaro Alves de ✺ 161
Faria, Octávio de ✺ 99
Farkas, Melanie ✺ 251
Faulkner, William ✺ 38
Faustino, Mário ✺ 32, 137, 228
Fausto, Rui ✺ 208
Fellini, Federico ✺ 200
Fernandes, Florestan ✺ 56

Ferrari, Elly ✺ 206
Ferreira de Camargo, Candido Procópio ✺ 251
Ferreira, Maria Aparecida Matheus *ver também* Doca ✺ 107
Ferreira, Waldir ✺ 11
Feuerbach, Ludwig ✺ 20
Flaubert, Gustave ✺ 176
Fleury, Gumercindo ✺ 64
Flosi, Atílio ✺ 38
Flusser, Vilém ✺ 218
Fontela, Orides ✺ 45
Foucault, Michel ✺ 8, 19, 75, 81, 102, 197, 198, 209
Francastel, Pierre ✺ 194, 197
Francisco, de Assis, São ✺ 35
Frei, Eduardo ✺ 67
Freud, Sigmund ✺ 119
Fromm, Erich ✺ 19
Furtado, Caio ✺ 158

G ✺

Garaude, Júlia ✺ 92
Garaude Júnior, Pedro ✺ 92, 107, 108, 109
Garaude, Pedro *ver também* Garodinho ✺ 90-92, 95, 100, 101, 107, 108, 115, 273
García Lorca, Federico ✺ 50, 122, 130, 144
García Márquez, Gabriel ✺ 199
Garodinho *ver também* Garaude Júnior, Pedro ✺ 108
Garroux, Baby ✺ 151, 181, 192
Gasparian, Fernando ✺ 69
Giannotti, José Arthur *ver também* Zezinho ✺ 11, 17, 20, 21, 37, 38, 46, 47, 48, 51, 54, 66, 67, 69, 70, 74, 75, 161, 162, 175, 180, 181, 182, 184, 192, 193, 198, 199, 219, 220, 222, 223, 235, 240, 242, 243, 247, 250, 251, 252, 254, 275, 276
Giannotti, Marco ✺ 174, 175, 178, 181, 182, 184, 232, 275, 277
Giannotti, Sebastião *ver também* Tião ✺ 123
Gide, André ✺ 41, 133

Ginzburg, Jacob ✺ 194
Godard, Jean-Luc ✺ 199, 200, 201
Góes, Fernando ✺ 137, 138
Goethe, J. W. ✺ 78, 117, 264
Going, Thomas ✺ 202
Goldmann, Lucien ✺ 180, 275
Goldschmidt, Victor ✺ 46
Gomes, Aíla de Oliveira ✺ 64
Gonzaga, Tomás Antônio ✺ 131
Goulart, João ✺ 10, 15, 52, 55, 67, 150, 208
Goulart, Maria Teresa ✺ 23, 56
Graciano, Clóvis ✺ 17, 57, 160
Granger, Gilles-Gaston ✺ 223
Grant, Earl ✺ 23
Grassman, Marcelo ✺ 160
Guevara, Alfredo ✺ 211
Guevara, Ernesto "Che" ✺ 71, 205, 275
Guimaraens, Alphonsus de ✺ 131
Guimarães, Cyro Queiroz ✺ 34
Guimarães Rosa, João ✺ 137, 153, 171

H ✺
Haddad, Jamil Almansur ✺ 162, 163
Hamburger, Michael ✺ 79
Hauser, Arnold ✺ 194, 197, 198
Hegel, G. W. F. ✺ 75, 203
Heidegger, Martin ✺ 8, 75, 78, 194, 197
Hesíodo ✺ 144
Hildinha *ver também* Hilst, Hilda ✺ 260
Hilst, Hilda ✺ 8, 26, 27, 28, 39, 45, 66, 134, 156-161, 206, 238, 260, 261, 274, 276
Hirata, Helena ✺ 208
Holanda, Sérgio Buarque de ✺ 127
Hölderlin, Friedrich ✺ 78, 232
Huizinga, Johan ✺ 117
Husserl, Edmund ✺ 49
Huxley, Aldous ✺ 133

I ✺
Ianni, Octávio ✺ 21

Iavelberg, Iara ✺ 208
Ida Laura ✺ 26
Império, Flávio ✺ 194
Ivo, Ledo ✺ 126, 141, 216

J ✺
Jaspers, Karl ✺ 47
Jesus Cristo ✺ 205
Jiménez, Juan Ramón ✺ 33, 50, 130
Junqueira, Ivan ✺ 117

K ✺
Kafka, Franz ✺ 133, 176
Kant, Immanuel ✺ 194, 203
Kantor, Mariela ✺ 38, 235
Keats, John ✺ 38, 254
Kennedy, Robert (Bob) ✺ 207
Kubitschek de Oliveira, Jucelino ✺ 9
Kubrick, Stanley ✺ 199

L ✺
Laurito, Ilka B. ✺ 277
Leal, César ✺ 11, 190, 191, 213
Lebrun, Gérard ✺ 81
Léger, Fernand ✺ 69
Leigh, Vivian ✺ 23
Leila Marise ✺ 19, 55, 66
Leite, Lília Cintra ✺ 59, 109, 110, 181, 249
Lemos, Fernando ✺ 160, 243
Leonardos, Stella ✺ 166, 216
Leone, Eduardo ✺ 201
Letayf, Sônia ✺ 138
Lévi-Strauss, Claude ✺ 8, 75, 76, 185, 194, 197, 203, 214
Liginha *ver também* Fagundes Telles, Lygia ✺ 60
Lima, Jorge de ✺ 126, 131, 166
Lima, Mariângela Alves de ✺ 202
Linhares, Temístocles ✺ 224
Lins do Rego, José ✺ 26

Lisboa, Henriqueta ✸ 137
Lispector, Clarice ✸ 30, 216
Loanda, Fernando Ferreira de ✸ 126
Lopes, Fúlvia de Carvalho ✸ 238
Lopez, Telê Ancona Porto ✸ 11, 164
Lukács, Georg ✸ 20, 218, 276
Lupe Maria *ver também* Ribeiro Lima, Lupe Maria ✸ 7, 37, 174
Luther King, Martin ✸ 207
Lyra, Pedro ✸ 128

M ✸

Machado de Assis, Joaquim Maria ✸ 8, 176
Magaldi, Sábato ✸ 194, 209
Magalhães, Jairo Navarro de ✸ 225
Magalhães, J.H. ✸ 96
Magno, Paschoal Carlos ✸ 57, 176
Maiakovski, Vladimir ✸ 233
Maia, Pedro Moacir ✸ 219
Mallarmé, Stéphane ✸ 38, 195
Mammi, Lorenzo ✸ 175
Mann, Thomas ✸ 176
Marcuse, Herbert ✸ 209, 216, 241
Maria Fernanda ✸ 41
Maria José ✸ 90
Marinho *ver também* Ribeiro Lima, Marinho ✸ 22, 23, 24, 26, 41, 225
Martins, Aldemir ✸ 35, 36, 39, 41, 160, 164, 275
Martins, Ana Maria ✸ 26, 162
Martins, José de Barros ✸ 58, 148
Martins, Luís ✸ 26, 39, 41, 162
Martins, Paulo Egydio *ver também* Paulinho ✸ 250, 251, 252
Marx, Karl ✸ 8, 20, 21, 57, 75, 180, 194, 209, 216
Massa, Jean-Michel ✸ 145
Matarasso, Henri ✸ 70
Matarazzo Sobrinho, Francisco ✸ 164
Matos, Joaquina Cecília de ✸ 146
Mautner, Jorge ✸ 41
McLuhan, Marshall ✸ 194, 216, 217

Medauar, Jorge ✸ 41
Meireles, Cecília ✸ 28, 126, 131, 137, 141, 158, 166, 204, 205
Mello, Anamaria ✸ 69
Mello e Souza, Antonio Candido de ✸ 66, 77, 90, 170, 203
Mello e Souza, Gilda de ✸ 8, 203, 275
Mello, Thiago de ✸ 67, 68, 69, 70, 74
Melo, José Marques de ✸ 211
Melo Neto, João Cabral de ✸ 10, 32, 50, 62, 127, 128, 135, 137, 185, 188, 190, 204, 212, 218, 230, 231
Mendes, Oscar ✸ 196
Merleau-Ponty, Maurice ✸ 8, 24, 75, 78, 194, 197, 203, 270
Merquior, José Guilherme ✸ 77, 230
Milanesi, Luís ✸ 11, 200
Milliet, Sérgio ✸ 19, 63, 64, 160
Moisés, Carlos Felipe ✸ 11, 42, 161, 162
Montaigne, Michel de ✸ 144
Monteiro, João Paulo ✸ 21
Montero, Paula ✸ 21
Moraes, Eneida de ✸ 91, 92, 94, 111, 114, 119, 128, 129, 133, 140
Moraes, Marcos Antonio de ✸ 89
Moraes, Vinicius de ✸ 144, 147, 166, 168
Morejón, Julio García ✸ 193
Morezhon, Maria Ângela ✸ 119
Morgan, Charles ✸ 133
Morin, Edgar ✸ 211
Mota Filho, Candido ✸ 212
Motta e Silva, Djanira ✸ 160
Moura, Emílio ✸ 213
Moura, Flávio ✸ 21
Mourão, Dora ✸ 198
Mozart, Wolfgang Amadeus, ✸ 74, 145
Musset, Alfred de ✸ 110

N ✸

Nalini, José Renato ✸ 38

Natali Jr., João Batista ✺ 198
Nazário, Joaquim Pinto ✺ 17, 26, 52, 53, 164, 274
Nejar, Carlos ✺ 226, 228
Neruda, Pablo *ver também* Paulinho ✺ 67, 68, 69, 70, 71, 72, 74, 130, 275
Neves, Tancredo ✺ 208
Nietzsche, Friedrich ✺ 66
Nist, John ✺ 166
Nogueira Moutinho, José Geraldo ✺ 63, 64, 238
Novaes, Guiomar ✺ 23, 56, 146
Novais, Fernando ✺ 21
Noya Pinto, Virgílio ✺ 194, 209, 241
Nunes, Benedito ✺ 50

O ✺

Ohno, Massao ✺ 35, 36, 39, 161, 275
Oliveira, Aloysio Raulino de ✺ 202
Oliveira, Franklin de ✺ 17
Oliveira, Maria Antonia ✺ 142
Ometto, Pedro ✺ 11

P ✺

Paes, José Paulo ✺ 127
Pallottini, Renata ✺ 8, 11, 26, 45, 134, 137, 156, 158, 159, 160, 194, 266, 277
Pamplona de Abreu, Dener *ver também* Dener ✺ 56, 57
Parker, John M. ✺ 32, 64, 75, 276
Paulinho *ver também* Martins, Paulo Egydio ✺ 250, 252
Paulinho *ver também* Neruda, Pablo ✺ 67, 69
Paulini, Celso Luiz ✺ 161
Pedreira, Fernando ✺ 69
Peixoto, Nelson Brissac ✺ 175
Pennaforte, Onestaldo de ✺ 141
Penteado, Darcy ✺ 44, 52, 134, 164, 165
Peregrino Júnior ✺ 216
Pereira, Regina Simone ✺ 102
Perez, Renard ✺ 30
Perrone-Moisés, Leyla ✺ 10, 204

Pessoa, Fernando ✺ 23, 41, 118, 131
Picasso, Pablo ✺ 55
Piccinini, Alex ✺ 198
Pignatari, Décio ✺ 216, 217, 218, 276
Pimentel, Cyro ✺ 134
Pinochet, Augusto ✺ 68
Piñon, Nélida ✺ 188, 190, 213, 240
Piva, Roberto ✺ 161
Platão ✺ 18, 45, 55, 144, 194
Poe, Edgar Allan ✺ 195, 196
Pompeu de Toledo, Roberto ✺ 238
Ponge, Francis ✺ 10, 49, 79, 204, 218
Pontes, Roberto ✺ 50
Porchat, Oswaldo ✺ 46, 47
Portella, Eduardo ✺ 162
Possi Neto, José ✺ 197, 209, 240, 241
Pound, Ezra ✺ 30, 162
Prado, Adélia ✺ 45
Prado, Antonio Arnoni ✺ 127
Prado Júnior, Bento ✺ 15, 46, 75
Prado Júnior, Caio ✺ 38
Prado, Yolanda *ver também* Danda ✺ 38, 235
Pretti, Dino ✺ 211
Pucheu, Alberto ✺ 45, 46
Pupe *ver também* Lupe Maria ✺ 25, 41, 43, 54, 55, 74, 174, 181, 224, 243

Q ✺

Quasimodo, Salvatore ✺ 61
Queiroz, Rachel de ✺ 216
Quental, Antero de ✺ 30, 32
Quintela, Paulo ✺ 118

R ✺

Rabassa, Gregory ✺ 33
Ramos, Graciliano ✺ 166
Ramos, Péricles Eugênio da Silva ✺ 126, 158, 160, 214, 238
Read, Herbert ✺ 194, 197
Régio, José ✺ 131

Reis, Ricardo (heterônimo de Pessoa, Fernando) ✱ 41
Reynolds, Debbie ✱ 23
Ribeiro Lima Filho, Mário *ver também* Marinho ✱ 22
Ribeiro Lima, Lourdes ✱ 54
Ribeiro Lima, Lupe Maria *ver também* Pupe ✱ 25, 41, 43
Ribeiro Lima, Marinho *ver também* Ribeiro Lima Filho, Mário ✱ 23, 37, 52, 199, 224, 225, 274
Ribeiro Neto, Oliveira ✱ 238
Riedel, Diaulas ✱ 167
Rilke, Rainer Maria ✱ 28, 33, 76, 117, 130, 133, 144, 166, 233, 234, 263
Rimbaud, Arthur ✱ 7, 38, 70, 124
Rivera, Diego ✱ 69
Rizzini, Carlos ✱ 164
Rocha, Glauber ✱ 211
Rocha, Wilson ✱ 219
Ronsard, Pierre de ✱ 110, 144
Rosenfeld, Anatol ✱ 169, 170
Rossellini, Roberto ✱ 211
Rousseau, Jean-Jacques ✱ 75, 76, 218, 276
Rubião, Murilo ✱ 213, 214, 275

S ✱

Saad, Maria Aparecida ✱ 82, 138
Sá, Álvaro de ✱ 50
Saint-Exupéry, Antoine ✱ 133, 134
Salinas, Pedro ✱ 116
Salles Gomes, Paulo Emílio ✱ 66, 194, 201, 211, 251, 270
Saraceni, Paulo César ✱ 201
Sarraute, Nathalie ✱ 202
Sartre, Jean-Paul ✱ 19, 75, 113, 133, 204
Savary, Olga ✱ 71
Scalzo, Nilo ✱ 152
Scheler, Max ✱ 164
Schic, Anna Stella ✱ 23, 41, 146, 198, 199, 223, 240
Schlomann, Henrique ✱ 119

Schwarz, Roberto ✱ 21, 56, 176
Segall, Bernardo ✱ 23
Seghers, Pierre ✱ 144
Shakespeare, William ✱ 8, 78, 103, 104, 113, 176, 217, 265, 273
Shelley, Percy Bysshe ✱ 38
Silva, Aparício Basílio da ✱ 58, 102
Silva Brito, Mário da ✱ 26, 164
Silva Telles, Gofredo da ✱ 109
Silveira de Queiroz, Dinah ✱ 8, 26, 98, 99, 100, 102, 103, 104, 133, 142, 216, 273
Silveira de Queiroz, Zelinda *ver também* Zel ✱ 99, 100, 107, 219, 273
Silveira, Ênio ✱ 141
Silveira, Helena ✱ 17, 19, 26, 53, 54, 59, 99, 100, 102, 131, 133, 135, 142, 161, 162, 219, 265, 273
Silveira, Miroel ✱ 41
Simonsen, Dulce Ribeiro *ver também* Duquinha ✱ 23, 37, 58, 66, 146, 242, 243, 249, 250
Simonsen, Victor ✱ 23, 37, 38, 58, 243
Singer, Paul ✱ 251
Sousa, Afonso Félix de ✱ 126
Sousa Lima, João de ✱ 23
Soutello, Mônica ✱ 53, 61
Souto, Edson Luís de Lima ✱ 206
Spinoza, Baruch ✱ 55, 75
Steen, Edla van ✱ 66, 180, 181, 235
Steinbeck, John ✱ 38
Sussekind, Flora ✱ 138

T ✱

Tagliatti, Eduardo ✱ 11
Tagore, Rabindranath ✱ 130
Tambasco Neto, Vicente ✱ 198
Tavares-Bastos, A. D. ✱ 144
Tavares, Haeckel ✱ 23
Tavares, Miguel Urbano ✱ 270
Tavares Rodrigues, Urbano ✱ 269, 270
Teixeira, Lívio ✱ 241

Teixeira, Maria de Lourdes ✻ 162
Telles, José Carlos de Queiroz ✻ 238
Tennyson, Alfred ✻ 108
Tião *ver também* Giannotti, Sebastião ✻ 123
Tiradentes (pseudônimo de Xavier, Joaquim José da Silva) ✻ 205
Toledo, Vânia ✻ 201
Tomás, de Aquino, Santo ✻ 90
Toni, Flávia de Camargo ✻ 89
Torres Filho, Rubens Rodrigues ✻ 8, 45, 46
Trevisan, Armindo ✻ 228, 229
Tumanova, Tamara ✻ 23
Turner, Lana ✻ 100

U ✻
Urrutia, Matilde ✻ 68, 69

V ✻
Valéry, Paul ✻ 130, 144, 195
Valle, Lygia de Freitas ✻ 59
Vaneau, Maurice ✻ 177
Vargas, Getúlio ✻ 89, 126
Vélez, Lupe ✻ 90
Verinha ✻ 99
Verlaine, Paul ✻ 38, 130

Vertemati, Henriqueta ✻ 131
Victor Hugo ✻ 110
Vidal, Gore ✻ 38
Vieira, José Geraldo ✻ 162
Villaça, Alcides ✻ 78
Villa-Lobos, Heitor ✻ 89
Villon, François ✻ 110

W ✻
Wagner, Richard ✻ 146, 263
Weffort, Francisco ✻ 21, 67, 69
Willer, Cláudio ✻ 116, 121, 122, 161
Wilson, Edmund ✻ 195

X ✻
Xavier, Ismail ✻ 9, 11, 201, 210, 211
Xavier, Lívio ✻ 26, 164
Xisto de Carvalho, Pedro ✻ 238

Z ✻
Zel *ver também* Silveira de Queiroz, Zelinda ✻ 99, 100, 107
Zezinho *ver também* Giannotti, José Arthur ✻ 199
Zola, Émile ✻ 176

POSFÁCIO

✳ Leila V.B. Gouvêa entende de poesia e se entende com ela. Depois do doutoramento sobre Cecília Meireles, logo publicado, imergiu na obra de mais uma poeta de primeira grandeza – Lupe Cotrim Garaude. Organizando-lhe o acervo no Instituto de Estudos Brasileiros da Universidade de São Paulo (IEB-USP), percorreu a fragmentada autobiografia que são os acervos dos escritores e pôde, assim, compreender a poesia multiplicada nos muitos trajetos de uma vida breve. Poesia que permanece, pois soube tocar verdades humanas dilatando o compromisso com um tempo de esperança e desengano; que, aplaudida pela crítica, recebeu também o entusiasmo de leitores mestres no ofício, como Drummond, Guilherme de Almeida, Neruda, Hilda Hilst e Renata Pallottini.

A poesia de Lupe, vivenciada no cotidiano, impregnou figuras do seu convívio – familiares, amigos, críticos e alunos –, cujas reminiscências, invocadas no momento certo, animam *Estrela breve* do mesmo modo que as citações de poemas, sempre pertinentes. Estas, no espaço aberto para a voz do eu lírico, refletem, transfigurada pela arte, a intensidade da vida desta mulher poeta, bela e digna no seu ser. A biografia recorre à autobiografia, ao fracionamento nas memórias que os poemas concretizam, ao discurso do eu nos diários, cartas e entrevistas, para se assegurar no distanciamento necessário ao historiador e ao crítico; objetiva-se na montagem original, no texto preciso, elegante, que paralelamente nos conta a vida cultural paulistana no contexto e nas contradições do Brasil, de 1950 a 1970.

Telê Ancona Lopez
Professora de Literatura Brasileira
curadora do acervo de Mário de Andrade
IEB-USP

AGRADECIMENTOS ✳ Agradeço à Fapesp e ao IEB, que viabilizaram a pesquisa que resultou neste livro; e, de maneira muito especial, à professora Yêdda Dias Lima, supervisora de meu pós-doutorado, que abriu as portas para que eu prosseguisse em meu trabalho de pesquisa, e o seu coração, para que dela eu me tornasse amiga.

Expresso meu reconhecimento à família de Lupe Cotrim, em particular aos seus filhos, Lupe Maria Ribeiro Lima e Marco Giannotti, pela confiança depositada desde o início em meu trabalho; e também às professoras Ana Lúcia Duarte Lanna, diretora do IEB no período em que minha investigação ali transcorreu, pelo fundamental apoio a diferentes etapas de minha pesquisa; Ana Maria de Almeida Camargo, que concebeu o modelo inovador de organização do Fundo Lupe Cotrim Garaude no IEB, e o de seu respectivo catálogo; Maria Angela Faggin Pereira Leite e Marina de Mello e Souza, atuais diretora e vice-diretora do Instituto, pela autorização à reprodução de documentos e imagens do acervo de Lupe neste volume.

Agradeço ainda aos professores Antonio Candido, Cleusa Rios Pinheiros Passos e Júlio Caio Velloso, pelo valioso estímulo ao prosseguimento de minhas atividades de pesquisa.

Meu reconhecimento também ao professor José Arthur Giannotti, pelo apoio inicial e por alguns importantes esclarecimentos; ao poeta Herculano Villas-Boas, pela leitura atenta da primeira versão do estudo; e à professora Telê Ancona Lopez, pelo interesse, a pronta leitura e a escritura do posfácio.

Minha gratidão, *in memoriam*, ao compositor e caro amigo Almeida Prado, pela bela transcrição musical de alguns dos poemas sobre bichos de Lupe Cotrim, que, como ele disse, tanto o encantaram. Sou grata também aos estudiosos da obra da poeta, principalmente os professores Maria

Beatriz Alcântara e John M. Parker, cujos alentados estudos ajudaram a iluminar a minha compreensão da poesia lírica de Lupe.

Agradeço ao Arquivo-Museu de Literatura Brasileira da Fundação Casa de Rui Barbosa, no Rio de Janeiro, em particular a seus responsáveis, Eliane Vasconcellos e Eduardo Coelho, à Agência Riff e à família de Carlos Drummond de Andrade, pela colaboração com minha pesquisa e a cessão de cópias da correspondência entre Lupe e o autor de *Fazendeiro do ar*, já incorporadas ao acervo da escritora no IEB – documentos em parte aqui transcritos. E ainda a Frederico Barbosa, por ter-me aberto o acesso aos arquivos da Casa Guilherme de Almeida.

Devo ainda agradecer aos escritores, estudiosos, amigos e parentes de Lupe Cotrim, nomeados ao fim deste volume, pelos depoimentos prestados ao longo da pesquisa; aos professores e críticos que participaram do seminário *Ser poeta: Lupe Cotrim, 40 anos depois*,* e a seus moderadores. Ao fotógrafo André Perazzo, que registrou lindamente a exposição sobre Lupe Cotrim, realizada no primeiro semestre de 2010 no IEB; e a Davi Matos e ao Instituto Goethe de São Paulo pela obtenção de cópias de importantes estudos.

E por último, mas não menos importante, agradeço à Imprensa Oficial pelo pronto acolhimento deste trabalho.

Leila V.B. Gouvêa ※ São Paulo, dezembro de 2010

---

* Lamentamos que, no dia desse evento, tenha falecido o professor Istvan Jancso, ex-diretor do IEB.

SOBRE O LIVRO

Tecida em linguagem atraente e ágil, esta biografia intelectual de Lupe Cotrim demonstra plena familiaridade de Leila V. B. Gouvêa não só com os documentos do arquivo pessoal da escritora paulista, mas, em particular, com a sua poesia lírica, produção que lamentavelmente foi cedo interrompida, quando a autora se acercava de sua maturidade poética. O que não invalida o fato de Lupe nos ter legado inúmeros poemas de fatura acabada e grande força – muitos deles apresentados, contextualizados e comentados por Leila ao longo desta *Estrela breve*.

Yêdda Dias Lima
Professora e pesquisadora de Literatura Brasileira no IEB,
supervisora do pós-doutorado de Leila V.B. Gouvêa no Instituto.

SOBRE A AUTORA

Leila V.B. Gouvêa é doutora em Literatura Brasileira pela Universidade de São Paulo, em cujo Instituto de Estudos Brasileiros (IEB), na condição de bolsista da FAPESP, realizou pós-doutorado. É autora, entre outros livros, de *Pensamento e 'lirismo puro' na poesia de Cecília Meireles* (São Paulo: Edusp, 2008), prêmio Jabuti de teoria e crítica literária em 2009; *Cecília em Portugal* (São Paulo: Iluminuras, 2001), fruto de pesquisas viabilizadas por uma bolsa de lusofonia do Centro Nacional de Cultura de Portugal; e organizadora de *Ensaios sobre Cecília Meireles* (São Paulo: Humanitas/Fapesp, 2007). Antes de dedicar-se a pesquisas na área da literatura, teve longa experiência no jornalismo, sendo autora também de *Maurice Vaneau, artista múltiplo*, publicado na Coleção Aplauso desta editora Imprensa Oficial do Estado de São Paulo (2006). *Estrela breve: Lupe Cotrim, uma biografia literária* resulta de estudos sobre obra, vida e documentos do acervo da poeta paulista prematuramente desaparecida, desenvolvidos em seu pós-doutorado.

© Leila V. B. Gouvêa, 2011

Dados Internacionais de Catalogação na Publicação
Biblioteca da Imprensa Oficial do Estado de São Paulo

Gouvêa, Leila V. B.
    Estrela breve: Lupe Cotrim, uma biografia literária / Leila V. B. Gouvêa
São Paulo: Imprensa Oficial do Estado de São Paulo, 2011.
    320 p.

    Bibliografia.
    ISBN 978-85-7060-962-5.

    1. Cotrim Garaude, Lupe, 1933-1970 - biografia 2. Poesia brasileira I. Título.

CDD 869.1

Índice para catálogo sistemático:
1. Poesia brasileira 869.1

Proibida a reprodução total ou parcial sem a autorização prévia dos editores

Direitos reservados e protegidos
(lei n° 9.610, de 19.02.1998)

Foi feito o depósito legal na Biblioteca Nacional
(lei n° 10.994, de 14.12.2004)

Impresso no Brasil 2011

A despeito dos esforços de pesquisa empreendidos pela autora e pela editora para identificar a autoria das fotos expostas nesta obra, algumas delas não são de autoria conhecida.

Agradecemos o envio de comunicação de toda informação relativa à autoria ou a outros dados que porventura estejam incompletos, para que sejam devidamente creditados em próxima edição.

Grafia atualizada segundo o Acordo Ortográfico da Língua Portuguesa de 1990, em vigor no Brasil desde 2009.

Imprensa Oficial do Estado de São Paulo
Rua da Mooca 1.921 Mooca
03103 902 São Paulo SP Brasil
SAC 0800 0123 4014
sac@imprensaoficial.com.br
livros@imprensaoficial.com.br
www.imprensaoficial.com.br

Coordenação Editorial
CECÍLIA SCHARLACH

Assistência Editorial
BIA LOPES

Estagiárias
AMINAH HAMAN
ARIADNE MARTINS

Projeto Gráfico
ANA LUISA ESCOREL • *Ouro sobre Azul*

Arte Finalização
ERICA LEAL • *Ouro sobre Azul*

Tratamento de Imagens
LEANDRO ALVES BRANCO

Produção Gráfica
LAÍS CERULLO

Supervisão e Acompanhamento da Impressão
EDSON LEMOS

CTP • Impressão • Acabamento
IMPRENSA OFICIAL DO ESTADO DE SÃO PAULO

- Formato do miolo 15,7cm x 22,5cm
- Tipo Fournier MT Std. regular
- Miolo em couchê fosco 150g/m²
- Guarda em Colorplus Los Angeles 180g/m²
- Nº de páginas 320 • tiragem 1 000

GOVERNO DO ESTADO DE SÃO PAULO

Governador
GERALDO ALCKMIN

Casa Civil
Secretário-chefe
SIDNEY BERALDO

Imprensa Oficial do Estado de São Paulo
Diretor-presidente
MARCOS ANTONIO MONTEIRO

Impresso nas oficinas gráficas
da Imprensa Oficial do Estado de São Paulo
setembro • 2011